普通高等教育土建学科专业"十二五"规划教材
全国高职高专教育土建类专业教学指导委员会规划推荐教材

房地产开发企业会计

（房地产经营与估价专业适用）

陈雪飞 主编
张 华
陈 颖 主审

中国建筑工业出版社

图书在版编目(CIP)数据

房地产开发企业会计/陈雪飞主编．—北京：中国建筑工业出版社，2012.12

普通高等教育土建学科专业"十二五"规划教材．全国高职高专教育土建类专业教学指导委员会规划推荐教材（房地产经营与估价专业适用）

ISBN 978-7-112-14962-9

Ⅰ.①房… Ⅱ.①陈… Ⅲ.①房地产企业-会计 Ⅳ.①F293.33

中国版本图书馆 CIP 数据核字(2012)第 290017 号

本书按照《企业会计准则》的要求，在介绍房地产开发企业会计的基本理论、基本方法以及操作程序的基础上，针对房地产开发企业会计核算中涉及的资产、负债、所有者权益、成本、收入、费用和利润的确认、记录、计量，及房地产开发企业的财务会计报告等内容进行全面介绍，以实际经济业务事项为例，深入浅出地进行阐述。本书具有较强的理论性、实践性和可操作性，既可作为高职院校培养应用型人才的教材及教学参考书，也可以作为房地产从业人员业务学习和培训用书。

本书附配套素材，下载地址如下：
www.cabp.com.cn/td/cabp23018.rar

* * *

责任编辑：张 晶 朱首明
责任设计：张 虹
责任校对：张 颖 刘 钰

普通高等教育土建学科专业"十二五"规划教材
全国高职高专教育土建类专业教学指导委员会规划推荐教材

房地产开发企业会计

（房地产经营与估价专业适用）

陈雪飞 主编
张 华 陈 颖 主审

*

中国建筑工业出版社出版、发行（北京西郊百万庄）
各地新华书店、建筑书店经销
北京科地亚盟排版公司制版
北京富生印刷厂印刷

*

开本：787×1092 毫米 1/16 印张：15¼ 字数：376 千字
2013 年 5 月第一版 2013 年 5 月第一次印刷
定价：29.00 元（附网络下载）
ISBN 978-7-112-14962-9
（23018）

版权所有 翻印必究
如有印装质量问题，可寄本社退换
（邮政编码 100037）

教材编审委员会名单

主　任：陈锡宝
副主任：武　敬　银　花
秘　书：滕永健
委　员：（按姓氏笔画排序）
　　　　刘　霁　李元美　杨　晶　杨　锐
　　　　杨光辉　佟颖春　陈旭平　周中元
　　　　孟庆杰　钟　林　唐茂华　章鸿雁

序　言

全国高职高专教育土建类专业教学指导委员会房地产类专业分指导委员会，是住房和城乡建设部受教育部委托，聘任和管理的专家机构。其主要工作职责是，在住房和城乡建设部、教育部、全国高职高专教育土建类专业教学指导委员会的领导下，研究高职高专房地产类专业的教学和人才培养方案，按照以能力为本位的教学指导思想，围绕房地产类专业的就业领域、就业岗位群组织制定并及时修订各专业培养目标、专业教育标准、专业培养方案、专业教学基本要求、实训基地建设标准等重要教学文件，以指导全国高职高专院校规范房地产类专业办学，达到专业基本标准要求；研究房地产类专业建设、教材建设，组织教材编审工作；组织开展教育教学改革研究，构建理论与实践紧密结合的教学体系，构筑"校企合作、工学结合"的人才培养模式，进一步促进高职高专院校房地产类专业办出特色，提升服务房地产行业的能力。

在住房和城乡建设部人事司和全国高职高专教育土建类专业教学指导委员会的领导下，全国高职高专教育土建类专业教学指导委员会房地产类专业分指导委员会成立以来，在专业建设上取得了多项成果；在对"房地产经营与估价专业"、"物业管理专业"职业岗位（群）调研的基础上，制定了"房地产经营与估价"和"物业管理"等专业教学基本要求；制定了"房地产经营与估价"和"物业管理"两个专业校内实训及校内实训基地建设导则；并根据"房地产经营与估价专业"、"物业管理专业"两个专业的专业教学基本要求，校内实训及校内实训基地建设导则，组织了"房地产经营与估价专业"、"物业管理专业"理论教材和实训教材编审工作；启动了职业教育房地产类专业人才培养模式的研究工作。

本套教材的编写体现了"以就业为导向，以能力为本位，以岗位需求和职业能力标准为依据，以促进学生的职业发展生涯为目标"这一指导思想。其特点：(1) 教材体系完整、重点突出，配套性好，整套教材为一个完整的知识与技能体系；(2) 教材贯彻了"工作过程"、"行动导向"的教育改革理念，在内容上尽量结合生产和工作实际进行编写；(3) 教材在总结近几年教育教学改革与实践的基础上，通过开发新课程，更新课程内容，增加实训教材，构建了新的课程体系；(4) 教材编写聘请了全国各高职院校本专业多年从事"房地产经营与估价"、"物业管理"专业教学副教授以上的专家担任主编，同时吸收工程一线具有丰富实践经验的工程技术人员及优秀中青年教师参加编写；(5) 教材主审全部由房地产领域的著名学者和企业专家担任。本套教材充分体现了其先进性、针对性、创新性、适用性，反映了国内外最新技术和研究成果，突出高等职业教育的特点。

"房地产经营与估价"、"物业管理"两个专业教材的编写工作得到了教育部、住房和城乡建设部人事司的支持，得到了全国高职高专教育土建类专业教学指导委员会的指导。该系列教材的出版凝聚了全国各高职高专院校"房地产经营与估价"、"物业管理"两个专业同行的心血，也是他们多年来教学工作的结晶。值此教材出版之际，全国高职高专教育土建类教学指导委员会房地产类专业分指导委员会谨向全体主编、主审及参编人员致以崇高的敬意。对大力支持这套教材出版的中国建筑工业出版社表示衷心的感谢，向在编写、审稿、出版过程中给予关心和帮助的单位和同仁致以诚挚的谢意。深信本套教材的使用将会受到高职高专院校和从事房地产开发、经营、管理的专业人员的欢迎，必将推动房地产类专业的建设和发展。

全国高职高专教育土建类专业教学指导委员会
房地产类专业分指导委员会

前　言

本书根据财政部颁发的《企业会计准则》和《企业会计准则应用指南》，以及有关房地产开发企业的法律规定，严格按照教育部高职高专规划教材的编写原则和高职教育的教学特点进行编写。编写中结合我国房地产开发企业的经营与核算特点，在介绍房地产开发企业会计的基本理论、基本方法以及操作程序的基础上，对房地产开发企业的货币资金、应收及预付款项、存货、金融资产、长期股权投资、固定资产、无形资产、投资性房地产、负债、所有者权益、开发产品成本、收入、费用和利润的核算以及财务会计报告的编制作了详尽的介绍。

本书立足法律、法规、制度，面向实际，具有可操作性；内容深浅适宜，通俗易懂，具有可读性；体系完整，结构合理，既吸收了同行的成果，又倾注了编者多年来的教学、科研成果，具有新颖性。本书在有关章节后面安排了精选的练习题，以突出本书的实用性和可操作性。本书既可作为高职院校培养应用型人才的教材及教学参考书，也可以作为房地产从业人员业务学习和培训用书。

本书由上海城市管理职业技术学院陈雪飞担任主编，负责拟定全书提纲并对全书进行了修改和总纂，上海城市管理职业技术学院褚小囡担任副主编。本书由江苏大学财经学院财务管理专业带头人张华、上海城开房地产经纪有限公司总经理陈颖担任主审。全书共14章，其中第1、2、6、7、9、10、12、13、14章由陈雪飞编写，第3、5、8、11章由褚小囡编写，第4章由武汉职业技术学院章晓霞编写。

由于编者水平有限，本书疏漏之处恳请大家批评指正。

目 录

- 1 总论 ·· 1
  - 1.1 会计概述 ·· 1
  - 1.2 会计核算的基本前提和基础 ·· 2
  - 1.3 会计信息质量要求 ··· 3
  - 1.4 会计对象、会计要素与会计等式 ··· 5
  - 1.5 会计计量 ·· 10
- 2 会计核算基础 ·· 12
  - 2.1 会计核算的基本方法 ··· 12
  - 2.2 会计科目与会计账户 ··· 13
  - 2.3 借贷记账法 ··· 17
  - 2.4 会计循环 ·· 23
  - 2.5 财产清查 ·· 29
  - 练习题 ·· 32
- 3 货币资金 ·· 35
  - 3.1 库存现金 ·· 35
  - 3.2 银行存款 ·· 38
  - 3.3 其他货币资金 ··· 46
  - 练习题 ·· 49
- 4 应收及预付款项 ·· 50
  - 4.1 应收账款 ·· 50
  - 4.2 应收票据 ·· 52
  - 4.3 预付账款 ·· 54
  - 4.4 其他应收款 ·· 55
  - 4.5 应收款项减值 ··· 56
  - 练习题 ·· 58
- 5 存货 ··· 59
  - 5.1 存货概述 ·· 59
  - 5.2 按实际成本计价的原材料的核算 ·· 64
  - 5.3 按计划成本计价的原材料的核算 ·· 68
  - 5.4 周转材料的核算 ··· 72
  - 5.5 存货的期末计价 ··· 75
  - 5.6 存货清查 ·· 77
  - 练习题 ·· 79

目录

6 金融资产 ... 82
- 6.1 金融资产概述 ... 82
- 6.2 交易性金融资产 ... 82
- 6.3 持有至到期投资 ... 86
- 6.4 可供出售金融资产 ... 90
- 练习题 ... 93

7 长期股权投资 ... 95
- 7.1 长期股权投资概述 ... 95
- 7.2 长期股权投资的初始计量 ... 96
- 7.3 长期股权投资的后续计量 ... 100
- 练习题 ... 105

8 固定资产、无形资产和其他资产 ... 107
- 8.1 固定资产概述 ... 107
- 8.2 固定资产的初始计量 ... 109
- 8.3 固定资产的后续计量 ... 113
- 8.4 固定资产的处置 ... 120
- 8.5 无形资产 ... 122
- 8.6 其他资产 ... 131
- 练习题 ... 132

9 投资性房地产 ... 134
- 9.1 投资性房地产概述 ... 134
- 9.2 投资性房地产的确认和初始计量 ... 135
- 9.3 投资性房地产的后续计量 ... 137
- 9.4 投资性房地产的转换 ... 139
- 9.5 投资性房地产的处置 ... 143
- 练习题 ... 144

10 负债 ... 145
- 10.1 流动负债 ... 145
- 10.2 非流动负债 ... 156
- 练习题 ... 162

11 所有者权益 ... 165
- 11.1 所有者权益概述 ... 165
- 11.2 实收资本 ... 165
- 11.3 资本公积 ... 169
- 11.4 盈余公积 ... 172
- 11.5 未分配利润 ... 173
- 练习题 ... 174

12 开发产品成本 ... 176
- 12.1 开发产品成本概述 ... 176

    12.2　开发间接费用的核算 …………………………………………… 177
    12.3　土地开发成本的核算 …………………………………………… 178
    12.4　配套设施开发成本的核算 ……………………………………… 180
    12.5　房屋开发成本的核算 …………………………………………… 184
    12.6　代建工程开发成本的核算 ……………………………………… 188
    练习题 ………………………………………………………………… 190
13　收入、费用和利润 ……………………………………………………… 192
    13.1　收入 ……………………………………………………………… 192
    13.2　期间费用 ………………………………………………………… 197
    13.3　利润 ……………………………………………………………… 199
    13.4　利润分配 ………………………………………………………… 204
    练习题 ………………………………………………………………… 206
14　财务会计报告 …………………………………………………………… 208
    14.1　财务会计报告概述 ……………………………………………… 208
    14.2　资产负债表 ……………………………………………………… 209
    14.3　利润表 …………………………………………………………… 216
    14.4　现金流量表 ……………………………………………………… 219
    14.5　所有者权益变动表 ……………………………………………… 226
    14.6　附注 ……………………………………………………………… 229
    练习题 ………………………………………………………………… 230
参考文献 ………………………………………………………………………… 232

1 总　　论

1.1　会计概述

1.1.1　会计的概念

会计的产生与发展取决于社会生产力的发展和人们管理经济活动的客观需要。会计最初表现为人类对经济活动的计量与记录行为,例如我国在原始社会末期的"结绳记事"、"刻石计数"等计量、记录的方法,就是我国会计的萌芽。但是,最初的会计只是生产职能的附带部分。随着社会经济的不断发展、生产力的不断提高、剩余产品的大量出现,会计作为生产经营过程的附带职能逐步独立出来,成为独立的职能。会计有了一个从简单到复杂、从低级到高级的不断发展的过程。会计的核算内容、核算方法等得到了巨大的发展,逐步由简单的计量与记录行为,发展成为以货币单位综合反映和监督经济活动过程的一种经济管理活动。

现在,会计是以货币为主要计量单位,以提高经济效益为主要目标,运用专门方法对一个单位的经济活动进行全面、综合、连续、系统的核算和监督,提供会计信息,并随着社会经济的日益发展,逐步开展预测、决策、控制和分析的一种经济管理活动。

房地产开发企业会计,就是对房地产开发企业的开发、经营、管理、服务和其他业务活动进行核算和监督的一种经济管理工作。

1.1.2　会计的职能

会计的职能是指会计本身在经济管理中具有的功能。会计的基本职能是核算和监督,随着经济的不断发展,它的职能领域也逐步开拓,包括预测、决策、控制和分析等。

1. 会计的核算职能

核算职能也称反映职能,是指会计人员通过确认、计量、记录和报告,从数量上反映特定主体已经发生或完成的经济活动,为经营管理提供所需的信息。

核算职能是会计最基本的职能,包括记账、算账和报账。记账就是把一个特定主体发生的所有经济业务运用一定的记账方法在账簿上记录。算账是在记账的基础上,计算反映特定主体的经营活动和成果。报账是在记账和算账的基础上,将特定主体的财务状况、经营成果和现金流量情况,通过编制财务会计报告的形式向有关部门和利害关系各方进行报告。

2. 会计的监督职能

监督职能是指会计人员在进行会计核算的过程中对经济活动的合法性、真实性、准确性、完整性进行审查。

合法性，是指会计确认经济业务或生成会计资料的程序必须符合会计法律、法规和其他相关法律、法规的规定；真实性，是指会计计量、记录的经济业务必须是实际发生或按规定生成的会计资料，避免会计资料因人为因素而失真；准确性，是指生产经营过程中产生的各种会计资料所记录的会计数据之间应当相互吻合；完整性，是指在会计核算过程中形成和提供的各种会计资料应当齐全。

会计的核算职能和监督职能是相辅相成、不可分割的。会计核算是会计监督的基础，没有会计核算提供的会计资料，会计监督就失去了依据；会计监督是会计核算质量的保证，没有会计监督，就无法确保会计核算资料的真实性、完整性。

1.1.3 会计的目标

会计目标是指会计工作要达到的目的，它体现了会计信息的使用者对现代会计的要求。会计目标所要解决的问题是向谁提供信息和提供什么样的信息。在我国，《企业会计准则》规定：企业应当编制财务会计报告。财务会计报告的目标是向财务会计报告使用者提供与企业财务状况、经营成果和现金流量等有关的会计信息，反映企业管理层受托责任履行情况，有助于财务会计报告使用者作出经济决策。

财务会计报告使用者包括投资者、债权人、政府及其有关部门和社会公众等。

1.2 会计核算的基本前提和基础

1.2.1 会计核算的基本前提

会计核算的基本前提也称会计假设，是指为了保证会计工作正常进行和会计信息的质量，对会计核算的范围、内容、基本程序和方法所作的限定，是进行会计核算的前提条件。我国《企业会计准则》中规定了会计核算的四个基本前提是：会计主体、持续经营、会计分期、货币计量。

1. 会计主体

会计主体是指会计信息所反映的特定单位或者组织。它明确了会计工作的空间范围。

在会计主体前提下，企业应当对其本身发生的交易或事项进行会计确认、计量、记录和报告，反映企业本身所从事的各项生产经营活动和其他相关活动，而不能核算、反映企业投资者或者其他经济主体的经济活动。

会计主体不同于法律主体。法律主体是指在政府部门注册登记，有独立的财产、能够承担民事责任的法律实体。一般来说，法律主体必然是会计主体，但会计主体不一定是法律主体。例如，在企业集团中，一个母公司拥有若干子公司，母子公司虽然是不同的法律主体，但是母公司对于子公司拥有控制权，为了全面反映企业集团的财务状况、经营成果和现金流量，就有必要将企业集团（不是法律主体）作为一个会计主体，编制合并财务报表。

2. 持续经营

持续经营是指在可以预见的将来，企业将会按照当前的规模和状态继续经营下去，不会停业，也不会大规模削减业务。它明确了会计工作的时间范围。

在持续经营前提下，会计核算应当以企业持续、正常的生产经营活动为前提。例如，企业的固定资产可以在一个较长的时期内发挥作用，如果可以判断某房地产开发企业会持续经营，就可以对资产按照历史成本计价和计提折旧。

3. 会计分期

会计分期又称会计期间，是指将企业持续不断的经营过程划分为一个个连续的、长短相同的期间，以便分期结算账目和编制财务会计报告。它是对会计工作时间范围的具体划分。

我国会计期间分为年度、半年度、季度和月度，均按公历起讫日期确定。半年度、季度和月度均称为会计中期。

4. 货币计量

货币计量是指会计主体在会计核算过程中采用货币作为主要计量单位，计量、记录和报告会计主体的生产经营活动。

我国企业的会计核算以人民币为记账本位币。业务收支以人民币以外的货币为主的企业，可以选定其中一种货币作为记账本位币，但是编报的财务会计报告应当折算为人民币。在境外设立的中国企业向国内报送的财务会计报告，应当折算为人民币。

1.2.2 会计核算的基础

企业应当以权责发生制为基础进行会计确认、计量和报告。权责发生制要求，凡是当期已经实现的收入和已经发生或应当负担的费用，不论款项是否收付，都应当作为当期的收入和费用，计入利润表；凡是不属于当期的收入和费用，即使款项已在当期收付，也不应当作为当期的收入和费用。

有时，企业发生的货币收支业务与交易或事项本身在时间上并不完全一致。例如，款项已经收到，但销售并未实现；或者款项已经支付，但并不是为本期生产经营活动而发生的。为了明确会计核算的确认基础，更真实地反映特定会计期间的财务状况和经营成果，就要求企业在会计核算过程中应当以权责发生制为基础。

收付实现制是与权责发生制相对应的一种确认基础，又称现金收付制或现金制，它以收到或支付现金作为确认收入和费用的依据。目前，我国的行政单位采用收付实现制，事业单位除经营业务采用权责发生制外，其他业务也采用收付实现制。

1.3 会计信息质量要求

会计信息质量要求是对企业财务会计报告中所提供会计信息的质量的基本要求，是对投资者等会计信息使用者决策有用应具备的基本特征。主要包括可靠性、相关性、可理解性、可比性、实质重于形式、重要性、谨慎性和及时性。

1.3.1 可靠性

可靠性要求企业应当以实际发生的交易或者事项为依据进行会计确认、计量和报告，如实反映符合确认和计量要求的各项会计要素及其他相关信息，保证会计信息真实可靠、内容完整。

为了贯彻可靠性要求，企业应当做到：

（1）以实际发生的交易或者事项为依据进行确认、计量，将符合会计要素定义及其确认条件的资产、负债、所有者权益、收入、费用和利润等如实反映在财务会计报告中。

（2）在符合重要性和成本效益原则的前提下，保证会计信息的完整性，其中包括应当编制的报表及其附注内容等保持完整，不能随意遗漏或者减少应予披露的信息。

（3）财务会计报告中的会计信息应当是中立的、无偏的。如果企业在财务会计报告中为了达到事先设定的结果或效果，通过选择或列示有关会计信息以影响决策和判断的，这样的财务会计报告信息就不是中立的。

1.3.2 相关性

相关性要求企业提供的会计信息应当与财务会计报告使用者的经济决策需要相关，有助于财务会计报告使用者对企业过去、现在或者未来的情况作出评价或者预测。

会计信息的有用程度一方面取决于会计信息本身是否真实可靠，另一方面取决于会计信息与会计信息使用者特定的决策是否相关。相关的会计信息有助于会计信息使用者评价过去的决策，证实或修正某些预测，从而具有反馈价值；也有助于会计信息使用者预测未来，把握可能的结果，改善当前的决策，从而具有预测价值。在会计工作中坚持相关性原则，就要求在收集、加工、处理和提供会计信息的过程中，充分考虑会计信息使用者的决策模式和信息需求。

1.3.3 可理解性

可理解性要求企业提供的会计信息应当清晰明了，便于投资者等财务会计报告使用者理解和使用。

提供会计信息的目的在于使用，要使用会计信息首先必须了解会计信息的内涵，弄懂会计信息的内容，这就要求会计核算和财务会计报告必须清晰明了，使具备一定专业知识而且也愿意花费一定时间与精力分析会计信息的使用者能够了解企业的财务状况、经营成果和现金流量情况。

1.3.4 可比性

可比性要求企业提供的会计信息应当相互可比。

同一企业不同时期发生的相同或者相似的交易或者事项，应当采用一致的会计政策，不得随意变更。确需变更的，应当在附注中说明。

不同企业同一会计期间发生的相同或者相似的交易或者事项，应当采用规定的会计政策，确保会计信息口径一致、相互可比。

坚持可比性要求并不意味着企业的会计处理方法在任何情况下都不允许变更。如果实际情况发生变化，原有的会计处理方法明显不再适合实际情况，可以在遵循会计准则、符合会计制度的前提下，变更会计政策，但应当将变更的情况在财务会计报告附注中予以说明。

1.3.5 实质重于形式

实质重于形式要求企业应当按照交易或者事项的经济实质进行会计确认、计量和报告,不仅仅以交易或者事项的法律形式为依据。

企业发生的交易或者事项在多数情况下,其经济实质和法律形式是一致的。但在有些情况下,会出现不一致。例如,以融资租赁方式租入的固定资产,虽然从法律形式来看承租企业并不拥有其所有权,但是由于租赁合同中规定的租赁期相当长,接近于该资产的使用寿命;租赁期结束时承租企业有优先购买该资产的选择权;在租赁期内承租企业有权支配资产并从中受益等,从其经济实质来看,企业能够控制其创造的未来经济利益。所以,会计核算上应将以融资租赁方式租入的固定资产视为企业的资产。

1.3.6 重要性

重要性要求企业提供的会计信息应当反映与企业财务状况、经营成果和现金流量等有关的所有重要交易或者事项。

在会计核算过程中对交易或事项应当区别其重要程度,采用不同的核算方式。在实务中,如果某项会计信息的省略或者错报会影响投资者等财务会计报告使用者作出决策的,该信息就具有重要性,应在财务会计报告中予以充分、准确地披露;对于次要的交易或事项,在不影响会计信息真实性的情况下,可适当简化处理。

1.3.7 谨慎性

谨慎性要求企业对交易或者事项进行会计确认、计量和报告应当保持应有的谨慎,不应高估资产或者收益、低估负债或者费用。

企业的经营活动充满着风险和不确定性,谨慎性要求企业在面临不确定因素的情况下作出判断时,应当保持必要的谨慎,充分估计到各种风险和损失,既不高估资产或收益,也不低估负债或费用。例如,要求企业定期或者至少于每年年末对可能发生的各项资产损失计提资产减值准备,固定资产折旧采用加速折旧方法等。

1.3.8 及时性

及时性要求企业对于已经发生的交易或者事项,应当及时进行会计确认、计量和报告,不得提前或者延后。

会计信息具有时效性,市场经济风云变幻,会计信息使用者对会计信息的及时性要求越来越高。在会计核算中贯彻及时性,要求及时收集会计信息、及时处理会计信息、及时将会计信息传递给会计信息使用者以便供其决策之用。

1.4 会计对象、会计要素与会计等式

1.4.1 会计对象

会计对象是指会计所要核算和监督的内容。前已述及,会计需要以货币为主要计量单位,对一定主体的经济活动进行核算与监督。也就是说,会计所要核算和监督的只是能用货币表现的那些经济活动内容。企业的经济活动内容虽各有不同,但它们所有的财产物资都是以货币形式表现出来的,这些财产物资的货币表现以及货币本身称为资金,资金在生

产经营和收支活动中不断发生变化，构成了资金运动。因此，概括地说，会计的对象就是资金运动及其所反映的经济活动。

1.4.2 会计要素

会计对象内容繁多，为了便于会计核算，必须对其作进一步的分类。会计要素就是根据交易或者事项的经济特征所确定的会计对象和基本分类。会计要素按照其性质分为资产、负债、所有者权益、收入、费用和利润六项。其中，资产、负债和所有者权益是静态要素，侧重于反映企业一定时点的财务状况；收入、费用和利润是动态要素，侧重于反映企业一定期间的经营成果。

1. 资产

（1）资产的定义

资产是指企业过去的交易或者事项形成的、由企业拥有或者控制的、预期会给企业带来经济利益的资源。资产具有以下基本特征：

1）资产是由于过去的交易或者事项所形成的。过去的交易或者事项包括购买、生产、建造行为或其他交易或者事项。预期在未来发生的交易或者事项不形成资产。

2）资产是企业拥有或者控制的。拥有或者控制，是指企业享有某项资源的所有权，或者虽然不享有某项资源的所有权，但该资源能被企业所控制（如融资租入固定资产）。

3）资产预期会给企业带来经济利益。预期会给企业带来经济利益是指资产直接或者间接导致现金和现金等价物流入企业的潜力。如果预期不能带来经济利益，就不能确认为企业的资产。

（2）资产的确认条件

将一项资源确认为资产，首先应符合资产的定义，同时还需满足以下两个条件：

1）与该资源有关的经济利益很可能流入企业。

2）该资源的成本或者价值能够可靠地计量。

（3）资产的分类

资产按其流动性可分成流动资产和非流动资产。

流动资产是指可以在1年（含1年）或超过1年的一个营业周期内变现或耗用的资产，主要包括货币资金、交易性金融资产、应收票据、应收账款、预付账款、应收利息、应收股利、其他应收款、存货等。

流动资产以外的资产应当归类为非流动资产，主要包括可供出售金融资产、持有至到期投资、长期应收款、长期股权投资、投资性房地产、固定资产、在建工程、无形资产、商誉、递延所得税资产等。

2. 负债

（1）负债的定义

负债是指企业过去的交易或者事项形成的、预期会导致经济利益流出企业的现时义务。负债具有以下基本特征：

1）负债是由于过去的交易或事项所形成的。也就是说，企业预期在将来要发生的交易或事项可能产生的债务，不能作为会计上的负债处理。

2）负债的清偿会导致经济利益流出企业。偿债的形式可以是货币资金，也可以是非货币资金或提供劳务等形式。无论形式如何,最终都会导致经济利益流出企业。

3) 负债是企业承担的现时义务。现时义务是指企业已经承担的义务,未来发生的交易或事项将会形成的义务,不是现时义务,不应当确认为负债。

(2) 负债的确认条件

将一项现时义务确认为负债,首先应符合负债的定义,同时还需满足以下两个条件:

1) 与该义务有关的经济利益很可能流出企业。

2) 未来流出的经济利益的金额能够可靠地计量。

(3) 负债的分类

负债按其流动性可分成流动负债和非流动负债。

流动负债是指将在1年(含1年)或超过1年的一个营业周期内偿还的债务,主要包括短期借款、交易性金融负债、应付票据、应付账款、预收账款、应付职工薪酬、应交税费、应付利息、应付股利、其他应付款等。

流动负债以外的负债应当归类为非流动负债,主要包括长期借款、应付债券、长期应付款、预计负债、递延所得税负债等。

3. 所有者权益

(1) 所有者权益的定义

所有者权益是指企业资产扣除负债后由所有者享有的剩余权益。公司的所有者权益又称为股东权益。所有者权益具有以下基本特征:

1) 除非发生减资、清算,企业不需要偿还所有者权益。

2) 企业清算时,只有在清偿所有的负债后,所有者权益才返还给所有者。

3) 所有者凭借所有者权益能够参与利润的分配。

(2) 所有者权益的来源

所有者权益的来源包括所有者投入的资本、直接计入所有者权益的利得和损失、留存收益等。通常由股本(或实收资本)、资本公积(含资本溢价或股本溢价、其他资本公积)、盈余公积和未分配利润等构成。

1) 所有者投入的资本既包括构成企业注册资本或者股本部分的金额,也包括投入资本超过注册资本或者股本部分的金额,即资本溢价或股本溢价。

2) 直接计入所有者权益的利得和损失,是指不应计入当期损益、会导致所有者权益发生增减变动的、与所有者投入资本或者向所有者分配利润无关的利得或者损失。

利得是指由企业非日常活动所形成的、会导致所有者权益增加的、与所有者投入资本无关的经济利益的流入。

损失是指由企业非日常活动所发生的、会导致所有者权益减少的、与向所有者分配利润无关的经济利益的流出。

3) 留存收益是企业历年实现的净利润留存于企业的部分,主要包括累计计提的盈余公积和未分配利润。

(3) 所有者权益的确认条件

由于所有者权益体现的是所有者在企业中的剩余权益,因此,所有者权益的确认主要依赖于其他会计要素,尤其是资产和负债的确认;所有者权益金额的确定也主要取决于资产和负债的计量。

4. 收入

(1) 收入的定义

收入是指企业在日常活动中形成的、会导致所有者权益增加的、与所有者投入资本无关的经济利益的总流入。收入具有以下基本特征：

1) 收入是企业在日常活动中形成的，不是从偶发的交易或事项中形成的。

2) 收入是与所有者投入资本无关的经济利益的总流入。收入应当会导致经济利益的流入，从而导致资产的增加。但有时经济利益的流入是所有者投入资本的增加所导致的，所有者投入资本的增加不应当确认为收入，应将其直接确认为所有者权益。

3) 收入会导致所有者权益的增加。与收入相关的经济利益的流入应当会导致所有者权益的增加，不会导致所有者权益增加的经济利益的流入不符合收入的定义，不应确认为收入。

(2) 收入的确认条件

收入的确认除了应当符合定义外，同时还需满足以下三个条件：

1) 与收入相关的经济利益应当很可能流入企业。

2) 经济利益流入企业的结果会导致企业资产的增加或者负债的减少。

3) 经济利益的流入额能够可靠地计量。

(3) 收入的分类

按企业经营业务的主次分类，收入可以分为主营业务收入和其他业务收入。其中，主营业务收入是企业为完成其经营目标而从事主要经营活动所取得的收入，其他业务收入是企业从事主营业务以外的其他业务活动所取得的收入。

在房地产开发企业，主营业务收入主要包括土地转让收入、商品房销售收入、配套设施销售收入、代建工程结算收入等。其他业务收入主要包括商品房售后服务收入、材料销售收入、无形资产和固定资产出租收入、投资性房地产租金收入等。

5. 费用

(1) 费用的定义

费用是指企业在日常活动中发生的、会导致所有者权益减少的、与向所有者分配利润无关的经济利益的总流出。

费用具有以下基本特征：

1) 费用是企业在日常活动中形成的，而不是在偶发的交易或事项中形成的。

2) 费用是与向所有者分配利润无关的经济利益的总流出。费用的发生应当会导致经济利益的流出，从而导致资产的减少或者负债的增加。企业向所有者分配利润也会导致经济利益的流出，而该经济利益的流出属于所有者权益的抵减项目，不应确认为费用。

3) 费用会导致所有者权益的减少。与费用相关的经济利益的流出应当会导致所有者权益的减少，不会导致所有者权益减少的经济利益的流出不符合费用的定义，不应确认为费用。

(2) 费用的确认条件

费用的确认除了应当符合定义外，同时还需满足以下三个条件：

1) 与费用相关的经济利益应当很可能流出企业。

2) 经济利益流出企业的结果会导致企业资产的减少或者负债的增加。

3) 经济利益的流出额能够可靠地计量。

(3) 费用的分类

房地产开发企业的费用按经济用途的不同，分为开发产品成本和期间费用。

开发产品成本是房地产开发企业在开发经营过程中为某个特定开发项目所发生的各种费用。期间费用是房地产开发企业本期发生的、不能直接或间接计入某个特定开发项目成本的、应直接计入损益的各项费用，包括销售费用、管理费用和财务费用。

6. 利润

(1) 利润的定义

利润是指企业在一定会计期间的经营成果。

(2) 利润的构成

利润包括收入减去费用后的净额、直接计入当期利润的利得和损失等。

其中收入减去费用后的净额反映的是企业日常活动的业绩。直接计入当期利润的利得和损失，是指应当计入当期损益、最终会引起所有者权益发生增减变动的、与所有者投入资本或者向所有者分配利润无关的利得或者损失。

(3) 利润的确认条件

利润反映的是收入减去费用、利得减去损失后的净额，因此，利润的确认主要依赖于收入和费用以及利得和损失的确认，其金额的确定也主要取决于收入、费用、利得、损失金额的计量。

1.4.3 会计等式

会计要素之间存在着严格的数量关系，揭示各会计要素之间关系的等式称为会计等式或会计恒等式。前述六项会计要素反映了资金运动的静态和动态两个方面，具有紧密的相关性，分别表现为静态会计等式和动态会计等式。

1. 静态会计等式：资产＝负债＋所有者权益

这是最基本的会计等式，通常称为第一会计等式。任何企业要从事生产经营或其他活动，都必须拥有一定数量的资产。这些资产的提供者是企业的投资者和债权人，为企业提供资产的组织和个人对资产拥有索偿权，会计上将这种索偿权称为权益，因此，资产恒等于权益。通常，我们把债权人权益称为负债，把投资者权益称为所有者权益，因此，资产的价值量必然等于负债和所有者权益之和。

这一会计等式反映了企业资产的归属关系，它是设置账户、复式记账和编制资产负债表等会计核算方法建立的理论依据。

2. 动态会计等式：收入－费用＝利润

企业经营的目的是获取收入，实现盈利。企业在取得收入的同时，也必然要发生相应的费用。企业通过收入与费用的比较，才能计算确定一定会计期间的盈利水平，确定当期实现的利润。

这一会计等式称为第二会计等式，是计算经营成果、编制利润表的理论依据。

在实际中，由于收入不包括固定资产处置净收益、出售无形资产收益等，费用也不包括处置固定资产净损失、自然灾害损失等，所以，收入减去费用并经过调整后，才等于利润。

3. 会计等式的扩展形式

企业在运营过程中，取得收入会带来资产流入或负债减少，发生费用或导致资产减少或负债增加，利润是资产、负债增减比较的结果，会带来所有者权益的增减。企业在一定期间实现的利润往往是以资产的增加为表现形式，另一方面也导致所有者权益等额增加。在会计期间的任一时点，前述两个会计基本等式可以合并为：

$$资产 = 负债 + 所有者权益 + (收入 - 费用)$$

在会计期末结算时，将收入和费用配比，计算出利润，并进行利润分配，转入所有者权益中，上面的会计等式又恢复为：资产=负债+所有者权益。

1.5 会计计量

会计计量，是为了将符合确认条件的会计要素登记入账，并列于财务报表中而确定其金额的过程。企业应当按照规定的会计计量属性进行计量，确定相关金额。

计量属性是指计量客体的特征或外在表现形式。不同的计量属性，会使相同的会计要素表现为不同的货币数量，从而使会计信息反映的财务状况和经营成果建立在不同的计量基础上。会计计量属性主要包括历史成本、重置成本、可变现净值、现值和公允价值等。

1.5.1 历史成本

历史成本又称实际成本，是指取得或制造某项财产物资时所实际支付的现金或者其他等价物。在历史成本计量下，资产按照其购置时支付的现金或现金等价物的金额，或者按照购置资产时所付出的对价的公允价值计量。负债按照其因承担现时义务而实际收到的款项或者资产的金额，或者承担现时义务的合同金额，或者按照日常活动中为偿还负债预期需要支付的现金或者现金等价物的金额计量。

历史成本具有可靠性，采用历史成本计量具有丰富的实践经验和理论基础。但是在物价变动明显时，其可比性、相关性下降，收入与费用的配比缺乏逻辑统一性，经营业绩和持有收益不能分清，非货币性资产和负债被低估或高估，难以真实揭示企业的财务状况。

1.5.2 重置成本

重置成本又称现行成本，是指按照当前市场条件，重新取得同样一项资产所需支付的现金或现金等价物金额。在重置成本下，资产按照现在购买相同或者相似资产所需支付的现金或者现金等价物的金额计量。负债按照现在偿付该项债务所需支付的现金或者现金等价物的金额计量。

重置成本计量能反映企业真实的财务状况，但是确定重置成本较困难，无法与原持有资产完全吻合，从而影响信息的可靠性。同时，它仍然不能消除货币购买力变动的影响，也无法以持有资本的形式解决资本保值问题，使以后的生产能力难以得到补偿。

1.5.3 可变现净值

可变现净值，是指在生产经营过程中，以预计售价减去进一步加工成本和销售所必需的预计税金、费用后的净值。在可变现净值计量下，资产按照其正常对外销售的所能收到现金或者现金等价物的金额扣减该资产至完工时估计将要发生的成本、估计的销售费用以及相关税金后的金额计量。

这种计量属性能反映预期变现能力，体现了谨慎性，但它仅适用于计划将来销售的资产，并不适用于所有资产的计量。

1.5.4 现值

现值，是指对未来现金流量以恰当的折现率进行折现后的价值，是考虑资金时间价值因素等的一种计量属性。在现值计量下，资产按照预计从其持续使用和最终处置中所产生的未来现金流入量的折现金额计量。负债按照预计期限内需要偿还的未来现金流出量的折现金额计量。

这种计量属性考虑了资金时间价值，所产生的会计信息与决策的相关性最强，但其未来现金流入量现值是不确定的，可靠性较差。

1.5.5 公允价值

公允价值，是指在公平交易中，熟悉情况的交易双方自愿进行资产交换或者债务清偿的金额。在公允价值计量下，资产和负债按照在公平交易中，熟悉情况的交易双方自愿进行资产交换或者债务清偿的金额计量。

由于目前我国的产权、生产要素市场还不很活跃，使用公允价值这一计量属性还存在一定的难度；相关的公允价值又难以取得，从而给一些企业利用公允价值计量操纵利润留下了一定的空间，也对会计信息的可靠性、相关性提出了挑战。

我国《企业会计准则》规定，企业在对会计要素进行计量时，一般应当采用历史成本，采用重置成本、可变现净值、现值、公允价值计量的，应当保证所确定的会计要素金额能够取得并可靠计量。

2 会计核算基础

2.1 会计核算的基本方法

会计方法是核算与监督会计对象，完成会计任务的手段。会计方法包括会计核算方法、会计分析方法和会计检查方法。其中，会计核算方法是对经济业务进行完整、连续和系统的记录和计算，为经营管理提供必要的信息所应用的方法，一般包括以下几个方面：设置会计科目和账户、复式记账、填制和审核会计凭证、登记账簿、成本计算、财产清查、编制财务会计报告和会计资料分析利用。

2.1.1 设置会计科目和账户

设置会计科目和账户是对会计对象的具体内容分类进行核算的方法。有了会计科目和账户，就可以有序地、分类地将各项经济业务的数据记入账户，从而分门别类地取得各种数据和信息，提供给信息使用者。

2.1.2 复式记账

复式记账是对每一项经济业务都以相等的金额，同时记入两个或两个以上相互联系的账户，以此了解每项经济业务的来龙去脉，并通过账户平衡关系，检查有关业务的记录是否正确。

2.1.3 填制和审核会计凭证

会计凭证是登记账户的依据，也是记录经济业务、明确经济责任的书面证明。每一项经济业务发生后，都应填制会计凭证，并经有关部门和人员审核确认无误后作为记账的依据。

2.1.4 登记账簿

登记账簿是根据会计凭证，在账簿上连续地、系统地、完整地记录交易或事项的一种方法。按照记账的方法和程序登记账簿并定期进行对账、结账，为编制会计报表和经营管理提供所需要的会计数据。

2.1.5 成本计算

成本计算是指在会计核算中按照一定的对象归集和分配费用，以计算确定该对象的总成本和单位成本。通过准确计算成本可以掌握成本构成情况，考核成本计划的完成情况，了解生产经营活动的成果，促使企业加强核算，节约支出，提高经济效益。

2.1.6 财产清查

财产清查包括盘点实物和核对账目，以确定账实是否相符。如有不符，须调整账簿记录。通过财产清查，可以查明各项财产物资、债权债务、所有者权益情况，加强物资管理，监督财产是否完整，并为核算损益提供正确的资料。

2.1.7 编制财务会计报告

编制财务会计报告是定期总括地反映企业财务状况、经营成果和现金流量等会计信息的一种方法。编制财务会计报告可以为财务报告使用者集中提供主要会计信息，有助于其作出经济决策。

2.1.8 会计资料分析利用

对会计资料的分析利用是对会计资料所反映的各项经济指标进行分析对比，以便挖掘潜力，进一步提高企业经营管理水平。

就会计核算的工作过程来说，主要体现为三个环节：填制和审核会计凭证、登记账簿、编制财务会计报告。为了完成这三个环节的工作，就必须要借助于其他的会计核算方法。所以，以上的会计核算方法相互联系，形成一个完整的会计核算方法体系，实际运用时必须密切配合，以达到会计核算的最终目的。

会计核算工作的程序如图 2-1 所示。

图 2-1 会计核算工作程序图

2.2 会计科目与会计账户

2.2.1 会计科目

1. 会计科目的概念

会计科目是对会计要素进行分类的项目名称，也就是对各项会计要素在科学分类的基础上所赋予的名称。

会计为了记录经济业务，提供会计信息，需要对会计对象按照一定的标准划分为六个会计要素，这是对会计对象的第一次分类，也是最基本的分类。但是，为了满足会计信息使用者进行决策和管理经济的需要，除了提供各个会计要素增减变化及其结果的总括资料外，还需要提供详细的资料。例如，固定资产和原材料，虽然都属于资产，但两者的经济内容、在生产经营中的周转方式及作用都不同。因此，为了满足管理要求，在会计核算中，对于性质、内容不同的各个会计要素项目，必须分门别类地进行核算和监督，也就是需要设置会计科目。

2. 设置会计科目的原则

会计科目必须根据《企业会计准则》和国家统一会计制度的规定设置和使用。设置会计科目应遵循下列基本原则：

(1) 会计科目的设置要满足本企业会计核算的要求。企业在不影响会计核算要求和财务指标汇总，以及对外提供统一的财务会计报告的前提下，可以根据实际情况自行增设、减少或合并某些会计科目和明细科目。

(2) 会计科目的设置要保持会计指标体系的完整和统一，要在会计要素的基础上对会计对象的具体内容作进一步分类，达到全面而概括地反映企业生产经营活动情况的目的，便于清晰地提供会计信息。

(3) 会计科目应按国家规定的会计制度统一编号，以便编制会计凭证，登记会计账簿，查阅会计账目，实行会计电算化。

(4) 会计科目名称力求简明扼要，内容确切。每一科目原则上反映一项内容，各科目之间不能互相混淆。企业可以根据本企业具体情况，在不违背会计科目使用原则的基础上，确定适合于本企业的会计科目名称。

3. 会计科目的分类

(1) 按反映的经济内容分类

会计科目按其反映的经济内容不同，可分为：资产类、负债类、所有者权益类、成本类和损益类。其中成本类科目也属于资产要素类科目；损益类科目包括了收入和费用两个会计要素类科目；利润要素类科目归入了所有者权益类，因为利润属于所有者权益。

(2) 按隶属关系分类

会计科目按其隶属关系可分为总账科目和明细科目。

1) 总账科目

总账科目又称一级科目，也称为总分类科目，它是对会计要素的具体内容进行总括分类，提供总括信息的会计科目，如"固定资产"、"应收账款"、"原材料"等。总账科目原则上由国家统一规定。

2) 明细科目

明细科目是对总账科目包含的内容作进一步分类，提供更详细、具体信息的会计科目，如"应收账款"总账科目下进一步按债务人的名称设置明细科目，反映应收哪一单位的款项。明细科目又可分为二级明细科目（子目）、三级明细科目（细目）等。

我国《企业会计准则——应用指南》中设置的基本会计科目，如表2-1所示。

会计科目表（部分） 表 2-1

顺序号	编号	名称	顺序号	编号	名称
		一、资产类			二、负债类
1	1001	库存现金	43	2001	短期借款
2	1002	银行存款	44	2010	交易性金融负债
3	1012	其他货币资金	45	2201	应付票据
4	1101	交易性金融资产	46	2202	应付账款
5	1121	应收票据	47	2203	预收账款
6	1122	应收账款	48	2211	应付职工薪酬
7	1123	预付账款	49	2221	应交税费
8	1131	应收股利	50	2231	应付利息
9	1132	应收利息	51	2232	应付股利
10	1221	其他应收款	52	2241	其他应付款
11	1231	坏账准备	53	2501	长期借款
12	1401	材料采购	54	2502	应付债券
13	1402	在途物资	55	2701	长期应付款
14	1403	原材料	56	2702	未确认融资费用
15	1404	材料成本差异	57	2801	预计负债
16	1405	库存商品	58	2901	递延所得税负债
17	1406	发出商品			三、所有者权益类
18	1407	商品进销差价	59	4001	实收资本
19	1408	委托加工物资	60	4002	资本公积
20	1411	周转材料	61	4101	盈余公积
21	1461	融资租赁资产	62	4103	本年利润
22	1471	存货跌价准备	63	4104	利润分配
23	1501	持有至到期投资			四、成本类
24	1502	持有至到期投资减值准备	64	5001	生产成本
25	1503	可供出售金融资产	65	5201	劳务成本
26	1511	长期股权投资	66	5301	研发支出
27	1512	长期股权投资减值准备			五、损益类
28	1521	投资性房地产	67	6001	主营业务收入
29	1531	长期应收款	68	6051	其他业务收入
30	1601	固定资产	69	6061	汇兑损益
31	1602	累计折旧	70	6101	公允价值变动损益
32	1603	固定资产减值准备	71	6111	投资收益
33	1604	在建工程	72	6301	营业外收入
34	1605	工程物资	73	6401	主营业务成本
35	1606	固定资产清理	74	6402	其他业务成本
36	1701	无形资产	75	6403	营业税金及附加
37	1702	累计摊销	76	6601	销售费用
38	1703	无形资产减值准备	77	6602	管理费用
39	1711	商誉	78	6603	财务费用
40	1801	长期待摊费用	79	6701	资产减值损失
41	1811	递延所得税资产	80	6711	营业外支出
42	1901	待处理财产损溢	81	6801	所得税费用
			82	6901	以前年度损益调整

房地产开发企业在设置和使用会计科目时,在不违背会计科目使用原则的基础上,可以根据实际情况确定适合于本企业的会计科目名称。原《房地产开发企业会计制度》所规定的、体现行业特点的会计科目仍可以使用。如:资产类科目中的"开发产品"、"库存设备"等科目;成本类科目中的"开发成本"、"开发间接费用"等科目。

2.2.2 会计账户

1. 会计账户的概念

会计科目将会计要素作了进一步的分类,为详细反映经济活动的各项具体内容准备了前提条件。然而,会计科目本身仅界定了其反映经济内容的具体范围,但无法反映经济内容的数量变化及其结果,而这些数量变化及结果却是会计信息的主要内容。为此,我们利用会计账户来解决这一问题。

会计账户是根据会计科目开设的,具有一定的结构,用来分类、系统、连续地记录会计科目所反映的经济内容增减变化及其结果的户头。

会计账户的设置要与会计科目相适应。会计科目有总账科目和明细科目,会计账户也要相应地分为总分类账户(一级账户)和明细分类账户(二级、三级账户)。

2. 会计账户的基本结构

会计是从数量上来反映经济活动的。会计事项的发生所引起会计要素的变动,从数量上来看,不外乎是增加和减少两种情况。例如,有关现金的收支业务,是出纳人员所经管的库存现金的增加和减少。因此,用来分类记录经济业务的账户,在结构上应相应地分为两个基本部分,用以分别记录增加和减少。所以,账户的基本结构分为左右两方,一方登记增加,另一方登记减少。至于账户左右两方的名称,用哪一方登记增加,用哪一方登记减少,则取决于经济业务的内容和记账方法。

借贷记账法(详见 2.3)下账户的基本结构可用"T"形表示,见表 2-2 所示。

账户的基本结构 表 2-2

上列账户左右两方,用来记录增加额和减少额。增减额相抵后的差额,称为账户余额。余额按其表现的不同时间,分为期初余额和期末余额。因此通过账户记录的数额,可提供期初余额、本期增加额、本期减少额和期末余额四个核算指标。本期增加额,就是在一定时期内账户所登记的增加额的合计数,也称本期增加发生额;本期减少额,就是在一定时期内账户所登记的减少额的合计数,也称本期减少发生额。本期发生额是一个动态指标,它说明资金的增减变动情况。本期增加发生额与本期减少发生额相抵后的差额,再加期初余额,就称为期末余额。余额是一个静态指标,它说明资金在某一时日增减变化的结果。本期期末余额就是下期的期初余额。账户期末余额的计算公式如下:

$$期末余额 = 期初余额 + 本期增加发生额 - 本期减少发生额 \qquad (式2-1)$$

账户余额、本期增加发生额和本期减少发生额是记在左方或右方,要根据不同的账户性质和记账方法来确定。

2.2.3 会计科目和会计账户的关系

会计科目与会计账户是两个既有联系,又有区别的概念。

联系在于,会计账户是根据会计科目设置的,两者在经济内容上完全相同。正因为如此,在两者表示经济内容时,往往不加区别,科目即是账户,账户即是科目。

区别在于,会计科目仅仅是账户的名称,它仅仅规定账户的经济内容,而账户除了要有账户名称外,更主要的还要有一定的结构,以便反映账户经济内容的增减变化及其结果,因此,账户比科目分类更为明细,内容也更为丰富。

2.3 借贷记账法

2.3.1 借贷记账法的概念

借贷记账法是以"借"、"贷"作为记账符号,反映会计要素增减变化及其结果的复式记账法。而所谓"复式记账法"是指对每项经济业务都必须用相等的金额,在两个或两个以上相互联系的账户中进行全面登记的一种记账方法。例如,用银行存款购买原材料 1 000 元,在记账时,既要登记原材料增加了 1 000 元,又要登记银行存款减少了 1 000 元。这样,根据账户记录,就能全面反映经济活动的来龙去脉,从而使账簿记录能较完整、系统地反映各项经济活动的发生过程和结果。同时,通过账户的对应关系,检查各项经济业务是否合法、合理,充分发挥会计反映、监督的作用。

2.3.2 借贷记账法的内容

1. 借贷记账法的记账符号

借贷记账法以"借"、"贷"为记账符号,分别作为账户的左方和右方。这里的"借"、"贷"已失去其原有的含义,变成了纯粹的记账符号。至于"借方"表示增加还是"贷方"表示增加,则取决于账户的性质和结构。

2. 借贷记账法的账户结构

在借贷记账法下,任何账户都分为借方和贷方两个基本部分,左方为借方,右方为贷方,其中一方记录金额的增加,另一方记录金额的减少。

(1) 资产类账户、负债类账户和所有者权益类账户

在资产类账户中,借方登记期初余额和本期增加数,贷方登记本期减少数。在正常情况下,资产类账户的期末余额总是在借方。资产类账户的结构见表 2-3 所示。

资产类账户的结构 表 2-3

借方	资产类账户	贷方
期初余额 ×××		
本期增加数 ×××	本期减少数 ×××	
本期发生额 ×××	本期发生额 ×××	
期末余额 ×××		

在负债类账户和所有者权益类账户（合称为权益类账户）中，贷方登记期初余额和本期增加数，借方登记本期减少数。在正常情况下，权益类账户的期末余额总是在贷方。权益类账户的结构见表2-4所示。

权益类账户的结构　　　　表2-4

借方	负债或所有者权益类账户	贷方
		期初余额　××× 本期增加数　×××
本期减少数　×××		
本期发生额　×××		本期发生额　××× 期末余额　×××

各项经济业务在登入各账户之前，如果有期初余额，应先将期初余额登入账内，本期期初余额即是该账户上期的期末余额。借方合计即为借方本期发生额，贷方合计即为贷方本期发生额，期末余额反映某账户在本期增减变动后的结果。

资产类账户的期末余额可根据以下公式计算：

$$\text{期末余额（借方）} = \text{期初余额（借方）} + \text{借方本期发生额} - \text{贷方本期发生额} \quad \text{(式 2-2)}$$

权益类账户的期末余额可根据以下公式计算：

$$\text{期末余额（贷方）} = \text{期初余额（贷方）} + \text{贷方本期发生额} - \text{借方本期发生额} \quad \text{(式 2-3)}$$

(2) 成本类账户的结构

成本类账户与资产类账户的性质相似，结构基本相同。这是因为企业在生产经营过程中发生的成本费用，可以用来抵减收入，实质上是一种资产形态。因此，成本类账户借方登记增加额，贷方登记减少数或转销数，一般没有期末余额。如果有余额，必定为借方余额，表示为资产额。成本类账户的结构见表2-5所示。

成本类账户的结构　　　　表2-5

借方	成本类账户	贷方
成本增加数　×××		成本减少数或转销数　×××
本期发生额　×××		本期发生额　×××

(3) 损益类账户的结构

损益类账户，又可以分为收入（包括利得）类账户和费用（包括损失）类账户。收入类账户与权益类账户性质相似，结构基本相同。这是因为企业在生产经营中取得的各项收入，必将使企业权益增加，并作为企业各种资金耗费（即费用成本）的补偿来源。因此收入类账户的贷方登记增加数，借方登记减少数或转销数。期末时，本期收入增加数减去本期收入减少数、转销数后的差额，应转入"本年利润"账户，所以期末没有余额。费用类账户与收入类账户结构相反，期末也没有余额。损益类账户的结构见表2-6、表2-7所示。

收入类账户的结构　　　　　　　　　　　　　表 2-6

借方	收入类账户	贷方
收入减少数或转销数　×××		收入增加数　×××
本期发生额　×××		本期发生额　×××

费用类账户的结构　　　　　　　　　　　　　表 2-7

借方	费用类账户	贷方
费用增加数　×××		费用减少数或转销数　×××
本期发生额　×××		本期发生额　×××

为了便于掌握和使用不同的账户，上述各类账户的结构，可归纳如表 2-8 所示。

借贷记账法的账户结构　　　　　　　　　　　表 2-8

账户类别	账户		
	借方	贷方	余额
资产类	+	−	在借方
负债、所有者权益类	−	+	在贷方
成本类	+	−	一般无余额，若有在借方
收入类	−	+	无余额
费用类	+	−	无余额

以上都是以 T 字形账户来说明账户结构的。在实际工作中，账户格式一般使用三栏式，如表 2-9 所示。

三栏式的账户结构
账户名称（会计科目）　　　　　　　　　　　表 2-9

20××年		凭证号数	摘　要	过　账	借　方	贷　方	借或贷	余　额
月	日							

3. 借贷记账法的记账规则

企业经济业务是千变万化的，但无论多么复杂的经济业务，都能通过会计要素的变化得到反映。会计要素有资产、负债、所有者权益、收入、费用、利润六类，但从账户结构角度可将它们归纳为两类，资产类属性的会计要素和权益类属性的会计要素。资产类属性会计要素包括资产、费用（含成本），权益类属性会计要素包括负债、所有者权益、收入、利润。两类会计要素在数量上还具有恒等的关系：

$$资产＝权益$$

经济业务无论怎样复杂，对两类会计要素的影响均可以概括为以下四种类型：

第一种类型：资产、权益同时增加，金额相等为 A。记账时，资产增加登记在资产账户的借方，权益增加登记在权益账户的贷方。

【例 2-1】 某房地产开发企业购入原材料 1 200 元,已验收入库,货款未付。见表 2-10 所示。

表 2-10

第二种类型:资产、权益同时减少,金额相等为 B。记账时,资产减少登记在资产账户的贷方,权益减少登记在权益账户的借方。

【例 2-2】 某房地产开发企业以银行存款 840 元交纳欠交的税金。见表 2-11 所示。

表 2-11

第三种类型:资产内部一增一减,金额相等为 C。记账时,资产增加登记在资产账户的借方,资产减少登记在资产账户的贷方。

【例 2-3】 某房地产开发企业从银行提取现金 720 元。见表 2-12 所示。

表 2-12

第四种类型:权益内部一增一减,金额相等为 D。记账时,权益增加登记在权益账户的贷方,权益减少登记在权益账户的借方。

【例 2-4】 某房地产开发企业按规定将资本公积 6 000 元转为企业的资本。见表 2-13 所示。

表 2-13

经济业务从其引起的会计要素的变化来看,只有以上四种类型,不可能出现资产同增、同减,权益同增、同减这些违背会计恒等式的变化类型。并且,每一类型在记账时,总遵循一方或几方记入借方,另一方或几方记入贷方,借贷双方金额相等的规律。于是,可总结出借贷复式记账法的记账规则:有借必有贷、借贷必相等。

2.3.3 借贷记账法的应用

1. 确定会计分录

在实际中,经济业务并不是直接记入各有关账户的。由于同一笔经济业务的内容分别记录在两个或多个账户中，而每一账户各为一页，当业务数量繁多时，记账时必定前后翻阅，容易发生漏记、重记等记账错误，事后检查也很不方便。为了保证账户记录的正确性，在把经济业务记入账户之前，先要编制会计分录。

会计分录简称分录，是对每笔经济业务列示其应借记和应贷记的账户名称及其金额的一种记录。会计分录在经济业务发生时，根据原始凭证（详见 2.4）编制，是账户记录的依据。每笔会计分录都必须包括：会计科目、记账符号、变动金额三个要素。

会计分录可分为简单会计分录和复合会计分录。当一笔经济业务只涉及两个账户发生增减变化时，编制的一借一贷的会计分录称为简单会计分录；当一笔经济业务引起两个以上账户发生增减变化时，编制的一借多贷、多借一贷、多借多贷的会计分录称为复合会计分录。为易于了解经济业务的来龙去脉，一般不宜把不同类型的经济业务合并在一起编制多借多贷的复合会计分录。

会计分录可在记账凭证或普通日记账上编制。教学中用到的格式为：先列示借方、后列示贷方，每一个会计科目及相应金额占一行，借方与贷方错位表示。

【例 2-5】 某房地产开发企业购入原材料 1 200 元，已验收入库，货款未付。编制会计分录如下：
　　借：原材料　　　　　　　　1 200
　　　贷：应付账款　　　　　　　　1 200

【例 2-6】 某房地产开发企业以银行存款 840 元交纳欠交的税金。编制会计分录如下：
　　借：应交税费　　　　　　　840
　　　贷：银行存款　　　　　　　　840

【例 2-7】 某房地产开发企业从银行提取现金 720 元。编制会计分录如下：
　　借：库存现金　　　　　　　720
　　　贷：银行存款　　　　　　　　720

【例 2-8】 某房地产开发企业按规定将资本公积 6 000 元转为企业的资本。编制会计分录如下：
　　借：资本公积　　　　　　　6 000
　　　贷：实收资本　　　　　　　　6 000

【例 2-9】 某房地产开发企业收到投资人投入的资金 12 000 元存入银行，收到投入的设备价值 24 000 元。编制会计分录如下：
　　借：银行存款　　　　　　　12 000
　　　固定资产　　　　　　　24 000
　　　贷：实收资本　　　　　　　　36 000

【例 2-10】 某房地产开发企业以银行存款 5 400 元、现金 600 元偿付应付账款。编制会计分录如下：
　　借：应付账款　　　　　　　6 000
　　　贷：银行存款　　　　　　　　5 400
　　　　 库存现金　　　　　　　　600

2. 登记账户

根据各项经济业务编制会计分录以后应登记有关账户，期末要结出每个账户的本期发生额和期末余额。

【例 2-11】 某房地产开发企业各总分类账户的月初余额如表 2-14 所示。

各总分类账户的月初余额　　　　　　　　　单位：元　表 2-14

会计账户	借方余额	会计账户	贷方金额
库存现金	1 240	应付账款	9 120
银行存款	8 160	应交税费	1 080
原材料	15 040	实收资本	30 600
固定资产	25 360	资本公积	9 000
合计	49 800	合计	49 800

根据本月发生的经济业务编制的会计分录见上述例 2-5～例 2-10。

根据会计分录登记账户如表 2-15 所示。

登记账户举例　　　　　　　　　　　　表 2-15

借方	库存现金		贷方	借方	应付账款		贷方
期初余额	1 240	⑥	600	⑥	6 000	期初余额	9 120
③	720					①	1 200
本期发生额	720	本期发生额	600	本期发生额	6 000	本期发生额	1 200
期末余额	1 360					期末余额	4 320

借方	银行存款		贷方	借方	应交税费		贷方
期初余额	8 160	②	840	②	840	期初余额	1 080
⑤	12 000	③	720				
		⑥	5 400				
本期发生额	12 000	本期发生额	6 960	本期发生额	840	本期发生额	—
期末余额	13 200					期末余额	240

借方	原材料		贷方	借方	实收资本		贷方
期初余额	15 040					期初余额	30 600
①	1 200					④	6 000
						⑤	36 000
本期发生额	1 200	本期发生额	—	本期发生额		本期发生额	42 000
期末余额	16 240					期末余额	72 600

借方	固定资产		贷方	借方	资本公积		贷方
期初余额	25 360			④	6 000	期初余额	9 000
⑤	24 000						
本期发生额	24 000	本期发生额	—	本期发生额	6 000	本期发生额	—
期末余额	49 360					期末余额	3 000

从以上举例可以看出，运用借贷记账法记账时，在有关账户之间都会形成应借、应贷的相互关系。这种关系称为账户对应关系，发生对应关系的账户称为对应账户。

3. 试算平衡

根据借贷记账法"有借必有贷，借贷必相等"的记账规则，任何一笔会计分录都要有等额的借项与贷项，这必然形成了全部总分类账户借贷两方的本期发生额总数以及借贷两方余额总数的平衡关系。所以，登账以后，两者相等，便可以认为各账户的登记是基本正确的。试算平衡就是运用上述原理，来检查和验证账户记录正确与否的一种方法，它包括发生额试算平衡和余额试算平衡两种方法。试算平衡的公式是：

(1) 所有账户期初借方余额合计＝所有账户期初贷方余额合计　　　　（式2-4）
(2) 所有账户本期借方发生额合计＝所有账户本期贷方发生额合计　　（式2-5）
(3) 所有账户期末借方余额合计＝所有账户期末贷方余额合计　　　　（式2-6）

试算平衡通常是通过编制试算平衡表来进行的。

【例2-12】 根据上述例2-5～例2-11的资料编制的试算平衡表，如表2-16所示。

试算平衡表　　　　　　　　单位：元　表2-16

会计账户	期初余额		本期发生额		期末余额	
	借方	贷方	借方	贷方	借方	贷方
库存现金	1 240		720	600	1 360	
银行存款	8 160		12 000	6 960	13 200	
原材料	15 040		1 200		16 240	
固定资产	25 360		24 000		49 360	
应付账款		9 120	6 000	1 200		4 320
应交税费		1 080	840			240
实收资本		30 600		42 000		72 600
资本公积		9 000	6 000			3 000
合计	49 800	49 800	50 760	50 760	80 160	80 160

从表2-16可以看出，期初余额、本期发生额、期末余额的借方合计数与贷方合计数都相等，说明账户记录是基本正确的。之所以说基本正确，是因为有些错误不能通过试算平衡检查出来。例如，漏记某个会计分录，重记某个会计分录，错记了会计分录所确定的应借、应贷账户，金额错记但偶然一多一少恰好互相抵消等。

如果试算平衡表借贷方不相等，则说明肯定存在错误，应当予以查明纠正。

2.4 会 计 循 环

会计循环是指企业在一个会计期间内，必须根据原始凭证填制记账凭证，根据记账凭证登记账簿并进行试算平衡，经过调整结清各账户的记录，最后编制出会计报表的程序。会计核算总是按照这个基本程序有步骤地、连续不断地、周而复始地进行。

2.4.1 审核和填制会计凭证

会计凭证简称凭证，是记录经济业务、明确经济责任、作为记账依据的书面证明。

正确填制和审核会计凭证是会计工作的起点和基础。在会计核算中，处理任何一项经济业务都必须以处理经济业务相关人员和会计人员填制的会计凭证为依据。会计人员必须对一切会计凭证的真实性、正确性、合法性以及手续的完备性予以严格的审核,会计凭证在审核无误后才能作为经济业务的证明和记账的依据。

会计凭证按其填制程序和用途不同,可分为原始凭证和记账凭证两大类。

1. 原始凭证

(1) 原始凭证的概念

原始凭证是在经济业务发生或完成时取得或填制的,用来记载经济业务的具体内容、明确经济责任、具有法律效力的书面证明。它是组织会计核算的原始资料和重要依据。

(2) 原始凭证的基本内容

由于经济业务的内容多种多样,从而各个原始凭证的名称、格式和内容也各不相同。但各种原始凭证都应具备一些共同的基本内容,主要包括:

1) 原始凭证的名称;
2) 原始凭证的编号及填制日期;
3) 接受凭证单位的名称(俗称抬头);
4) 经济业务的内容摘要;
5) 经济业务所涉及的财物数量和金额;
6) 填制单位的名称及经办人员的签名或盖章。

为了满足经营管理的需要,除上述内容外,还可有必要的补充内容,以使原始凭证能够发挥多方面的作用。

(3) 原始凭证的种类

原始凭证按其来源不同,分为外来原始凭证和自制原始凭证两种。

外来原始凭证是指经济业务发生或完成时从其他单位或个人取得的原始凭证。如购货时由销货单位开给的增值税专用发票,付款时由收款方开给的收据,购买车船票时运输单位提供的车票、船票等。

自制原始凭证是指经济业务发生或完成时由本单位内部经办业务的部门或人员自行填制的凭证。如仓库保管员填制的收料单,用料部门向仓库领用材料时填制的领料单,发放职工工资时编制的工资单等。

(4) 原始凭证的审核

原始凭证的审核,是保证会计记录真实和正确,充分发挥会计监督作用的重要环节。原始凭证的审核,主要包括合法性、合规性、合理性审核,完整性审核以及正确性审核。

2. 记账凭证

(1) 记账凭证的概念

记账凭证是会计人员根据审核无误的原始凭证或原始凭证汇总表编制的,用来确定会计分录,作为记账直接依据的会计凭证。

(2) 记账凭证的内容

由于记账凭证所反映的经济业务不同,因而记账凭证的具体格式也各异,但其基本内容一般应包含以下几方面:

1) 记账凭证的名称;
2) 记账凭证的编号及填制日期;
3) 经济业务的内容摘要;

4）应借、应贷会计账户的名称和金额；
5）所附原始凭证的张数；
6）填制、审核、记账、会计主管等有关人员签名或盖章；收付款凭证还应有出纳人员的签名或盖章。
7）记账备注。

（3）记账凭证的种类

记账凭证按其所反映的经济业务与货币资金有无联系分为收款凭证、付款凭证和转账凭证。

收款凭证是用来反映现金与银行存款收入业务的记账凭证，又可分为现金收款凭证和银行存款收款凭证，它们是根据现金或银行存款收入的原始凭证填制的。收款凭证的一般格式见表 2-17 所示。

收款凭证　　　　　　银收字第001号　　表 2-17

借方科目　银行存款　　×年1月23日

摘 要	贷方科目		金额（元）	附单据1张
	总账科目	明细科目		
产品销售收入	主营业务收入		40 000	
合计			40 000	

会计主管　　　　记账　　　　出纳　　　　审核　　　　填制

付款凭证是用来反映现金与银行存款支出业务的记账凭证，又可分为现金付款凭证和银行存款付款凭证。它们是根据现金或银行存款付出的原始凭证填制的。付款凭证的一般格式见表 2-18 所示。

付款凭证　　　　　　现付字第001号　　表 2-18

贷方科目　库存现金　　×年1月23日

摘 要	借方科目		金额（元）	附单据1张
	总账科目	明细科目		
偿还借款利息	财务费用		800	
合计			800	

会计主管　　　　记账　　　　出纳　　　　审核　　　　填制

转账凭证是用来记录那些不涉及货币资金的转账业务的记账凭证，它是根据有关转账业务的原始凭证填制的。转账凭证的一般格式见表 2-19 所示。

转账凭证　　　　　　转字第001号　　表 2-19

×年1月4日　　　　　　　　　　单位：元

摘 要	总账科目	明细科目	借方金额	贷方金额	附单据2张
收到外商投资	固定资产		200 000		
	实收资本			200 000	
合计			200 000	200 000	

会计主管　　　　记账　　　　出纳　　　　审核　　　　填制

需要注意的是：现金与银行存款之间的相互划转业务，如从银行提取现金，或将现金存入银行，通常只填制付款凭证，以避免重复记账。

(4) 记账凭证的审核

为确保账簿记录的正确性，在记账前必须对记账凭证进行审核。审核的主要内容有：1) 是否附有原始凭证，所附原始凭证的内容与张数是否与记账凭证相符；2) 应借、应贷的账户名称和金额是否正确，账户对应关系是否清晰；3) 有关项目是否填写齐全、有关人员是否签名或盖章。

2.4.2 登记会计账簿

1. 会计账簿的概念

会计账簿是由具有专门格式并互相联系的账页所组成，以会计凭证为依据，用来全面、系统、连续、分类地记录反映各项经济业务的会计簿籍。

2. 会计账簿的种类和登记方法

(1) 会计账簿按其用途分类，可分为序时账、分类账和备查账。

1) 序时账。序时账又称日记账，是按照经济业务完成的时间先后顺序逐日逐笔地顺序登记的账簿。序时账有两种形式，一种是把全部经济业务的会计分录都按照时间顺序记录在账中，称为分录簿或普通日记账。另一种是把性质相同的经济业务分别登记下来，称为特种日记账。如常用的现金和银行存款，收付频繁，企业通常设置现金日记账和银行存款日记账以便加强对货币资金的管理。此外还有转账日记账等。

现金日记账和银行存款日记账是由出纳人员根据审核后的收、付款凭证逐日逐笔顺序登记的。

2) 分类账。分类账是对全部经济业务进行分类登记的账簿。根据分类概括程度的不同，按照总分类科目设置和登记的账簿称为总分类账户，简称总账；按照明细分类科目设置和登记的账簿称为明细分类账户，简称明细账。

总分类账的登记也就是过账。最基本的过账方法是逐笔过账法，即根据记账凭证逐笔过入各账户的方法。

明细分类账根据记账凭证和原始凭证的内容登记入账。

3) 备查账。备查账是对某些在序时账和分类账中未能记载的事项进行补充登记的账簿。如租入固定资产登记簿、受托加工材料登记簿等。备查账只是对某些经济业务的内容提供必要的参考资料，所以又称辅助登记簿，它与其他账簿之间不存在严密的依存、勾稽关系。

(2) 会计账簿按其外表形式分类，可分为订本账、活页账和卡片账。

1) 订本账是在启用前就把若干具有一定格式的账页加以顺序编号，并固定装订成册的会计账簿。其优点是可避免账页的散失，防止账页被人抽换。其缺点是账页固定后，不利于记账分工，而且账页不能随意增减，多则浪费，少则影响账户连续登记。这种账簿主要适用于重要的会计记录，如现金日记账、银行存款日记账和总分类账户。

2) 活页账是将一定数量的账页用账夹固定，账页可根据记账内容随时增减的账簿。其优点是使用灵活，便于记账分工。其缺点是其账页容易散失和被抽换，因此，在使用时必须将空白账页和账卡连续编号，使用后应在期末装订成册或扎封保管。这种账簿主要适用于一般的明细分类账户。

3）卡片账是用卡片作为账页，将其插在专设的卡片箱里保管的账簿。其优缺点与活页账相同，但卡片账可跨年度使用，不一定每年更换新账。这种账簿主要适用于一些财产物资的明细核算，如固定资产明细账、低值易耗品明细账等。

3. 总账和明细账的平行登记

总账和明细账，两者登记的经济业务内容相同，仅是详简程度不一样。因而两者的关系，从提供的会计核算资料的角度看，存在着统驭和从属关系；从数量上看，存在着平衡关系。因此，在核算中对两者采用平行登记的方法。所谓平行登记，就是凡涉及明细账的同一笔经济业务要在总账和所属的明细账中同时、同向、等额地进行登记。平行登记的要点可以概括如下：

（1）同时期登记。对同一笔经济业务，登记总账及其所属明细账的会计期间应一致。

（2）同方向登记。对同一笔经济业务，在总账及其所属明细账中登记的方向必须相同。这里所指的方向是增减变动的方向，而不一定是指账户的借贷方向。总账如登记增加额，明细账也应登记增加额；总账如登记减少额，明细账也应登记减少额。

（3）同金额登记。即记入总账的金额必须与记入所属明细账的金额相等。若一笔经济业务涉及一个总账下的几个明细账时，则记入总账的金额，应与记入几个明细账的金额之和相等。

下面以"原材料"账户为例，说明总账和明细账的平行登记方法。

【例 2-13】 某房地产开发企业"原材料"账户期初余额为 400 000 元，由下列明细数组成：

甲材料	300 千克	800 元/千克	总额 240 000 元
乙材料	50 立方米	2 400 元/立方米	总额 120 000 元
丙材料	200 米	200 元/米	总额 40 000 元

本期购入原材料 292 000 元，货款尚未支付。材料由以下品种组成：

甲材料	250 千克	800 元/千克	总额 200 000 元
乙材料	30 立方米	2 400 元/立方米	总额 72 000 元
丙材料	100 米	200 元/米	总额 20 000 元

本期领用原材料为 514 000 元，其中：

甲材料	400 千克	800 元/千克	总额 320 000 元
乙材料	60 立方米	2 400 元/立方米	总额 144 000 元
丙材料	250 米	200 元/米	总额 50 000 元

根据上述经济业务，编制会计分录如下：

购入原材料时：

借：原材料——甲材料　　　　　200 000
　　　　　——乙材料　　　　　 72 000
　　　　　——丙材料　　　　　 20 000
　　贷：应付账款　　　　　　　292 000

行政管理部门领用原材料时：

借：管理费用　　　　　　　　　514 000

贷：原材料——甲材料　　320 000
　　　　　——乙材料　　144 000
　　　　　——丙材料　　 50 000

根据上述资料，在原材料总分类账户及其所属的明细分类账户中进行平行登记，登记的结果见表 2-20 所示。

表 2-20

借方	原材料		贷方	借方	原材料——甲材料		贷方
期初余额	400 000	②	514 000	期初余额	240 000	②	320 000
①	292 000			①	200 000		
本期发生额	292 000	本期发生额	514 000	本期发生额	200 000	本期发生额	320 000
期末余额	178 000			期末余额	120 000		

借方	原材料——乙材料		贷方	借方	原材料——丙材料		贷方
期初余额	120 000	②	144 000	期初余额	40 000	②	50 000
①	72 000			①	20 000		
本期发生额	72 000	本期发生额	144 000	本期发生额	20 000	本期发生额	50 000
期末余额	48 000			期末余额	10 000		

从上例可以看出，平行登记的结果，"原材料"总账的期初余额、借方本期发生额、贷方本期发生额和期末余额，分别与其所属的三个明细账的期初余额之和、借方本期发生额之和、贷方本期发生额之和以及期末余额之和相等。这样不仅可以起到提供总括与详细指标的作用，而且可以利用相互核对的方法来检查核算资料是否正确、完整。

2.4.3　试算平衡

试算平衡的内容见 2.3 所述。

2.4.4　调整、对账和结账

账簿的日常记录，由于多种原因，可能产生账实不符的情况；或者由于其他原因，致使账簿日常记录不能确切反映本期的收入和费用。由此，在编制会计报表前，应对总账的某些记录作必要调整，将已发生而且应由本期成本负担的费用全部计入本期成本，如预提租金、预提借款利息等；并将已发生而且应归属于本期的收入全部计入本期收入，如应收存款利息、应收出租包装物租金收入等。把本期发生的实际成本与本期获得的实际收入加以配比，正确确定本期损益。

为了保证编制的会计报表数据准确、内容真实，在调整有关账户之后，还必须对账簿记录进行核对，这就是对账工作，具体包括账证核对、账账核对和账实核对。完成对账工作后，即可结转有关账户，结束各账户的日常记录。

2.4.5　编制财务会计报告

结账以后就可以编制财务会计报告，以总结反映企业财务状况、经营成果和现金流量。财务会计报告的编制详见本书第十四章。

至此，一次会计循环终止。但是，会计处理工作是依次继起，周而复始的，下一次会计循环又在此循环的基础上继续进行。

2.5 财产清查

2.5.1 财产清查意义和种类

1. 财产清查的意义

财产清查是指通过对各项财产物资和库存现金的实地盘点，以及对银行存款和债权债务的询证核对，来查明各项财产物资、货币资金和债权债务的实有数和账面数是否相一致的一种会计方法。

房地产开发企业各项财产物资、债权债务的日常增减变动及其结果都通过会计凭证及时地反映在账簿记录中，虽然通过对会计凭证的审核和对账，保证了账簿记录的正确性，但仍不能保证账簿记录的真实性和客观性，因为在实际工作中还可能产生账实不符。其原因概括起来有以下两个方面：

一是客观原因，包括气候影响使某些财产物资自然挥发或增重、发生自然灾害造成损失，以及由于机械操作、切割等技术原因造成某些财产物资发生一定的损耗。

二是主观原因，包括有关人员在工作中的收发计量差错或核算不准等失误，以及因管理制度不严发生贪污、盗窃等造成的账实不符。

因此，企业需对各项财产进行定期或不定期的清查。财产清查的意义主要体现在以下几个方面：

（1）保证会计信息资料的可靠性。通过财产清查，做到账实相符，切实保证账簿记录真实、正确，为管理提供可靠的资料。

（2）挖掘各项财产物资的潜力。通过财产清查，可查明各项财产物资的储备情况，对储备不足的，应当及时组织采购；对超储积压的材料物资，应及时处理，加速资金周转。

（3）改善经营管理，保护各项财产安全、完整。通过财产清查，可暴露出经营管理上的薄弱环节，促使企业进一步完善各方面的规章制度，从根本上杜绝因管理不善和贪污、盗窃等引起的财产物资的短缺和损失，从而保护企业财产物资的安全、完整。

2. 财产清查的种类

（1）按照财产清查的范围，可分为全面清查和局部清查

1) 全面清查是指对所有财产进行盘点和核对。全面清查范围广、内容多、工作量大、费用高。一般在年终决算前、单位撤销合并或改变隶属关系时、企业转制或合资前、单位主要领导调离工作时以及开展清产核资时，都要进行全面清查。

2) 局部清查是指根据需要对一部分财产所进行的清查。局部清查的对象主要是流动性较大的或较贵重的资产，主要有：库存现金每日清点一次；银行存款和银行借款每月至少核对一次；流动性较大或容易短缺损耗的存货年内应轮流盘点或重点抽查；贵重物资每月盘点一次；各项债权、债务每年至少核对一至两次。在实物保管人办理交接或财产遭受自然灾害或意外损失时，也需要进行局部清查。

(2) 按照财产清查的时间，可分为定期清查和不定期清查

1) 定期清查是指按计划安排的时间对财产所进行的清查，一般在年度、半年度、季度、月度结账时进行。年末清查一般是全面清查，半年末、季末、月末清查一般是局部清查。

2) 不定期清查是指根据实际需要而进行的临时性的清查。例如，更换财产保管人、发生自然灾害和意外事故、上级或其他有关部门对本单位进行检查、国家对商品或产品进行统一价格调整、企业关停并转时所进行的清查，都是不定期清查。

定期清查和不定期清查的对象不同，它们可以是局部清查，也可以是全面清查，具体根据实际需要决定。

2.5.2 财产清查的方法

1. 财产物资的清查方法

财产物资清查包括对原材料、在产品、产成品及固定资产等财产物资的清查。对这些物资的清查，不仅要从数量上核对账面与实物是否相符，而且要查明实物的质量是否完好，查明是否有毁损、变质等情况。其清查盘点方法如下：

(1) 确定财产物资账面结存数的方法

在会计核算中，确定财产物资账面结存数有实地盘存制和永续盘存制两种方法。

1) 实地盘存制

实地盘存制是指平时对各项财产物资只在账簿中登记增加数，不登记减少数，期末通过对实物的实地盘点来确定财产物资的结余数，然后倒挤出本期减少数的盘存制度。其计算公式为：

$$本期减少数 = 期初结存数 + 本期增加数 - 期末实存数 \qquad (式2\text{-}7)$$

采用实地盘存制，由于平时只登记增加数、不登记减少数，因此，核算比较简便。但是，正因为如此，使各项财产物资的减少没有严密的手续。这样，因管理不善等原因造成的财产物资的短缺与损失都被本期成本所掩盖，不利于对财产物资的实物管理。同时，也不能从账面上随时反映财产物资的收、发、存动态信息。因此，这种方法只适用于品种多、价值低、进出频繁的财产物资。

2) 永续盘存制

永续盘存制是指对各项财产物资增加和减少的数量和金额都必须根据原始凭证和记账凭证在有关账簿中登记，并随时结出库存账面余额的一种盘存制度。其计算公式为：

$$期末结存数 = 期初结存数 + 本期增加数 - 本期减少数 \qquad (式2\text{-}8)$$

在永续盘存制下，财产物资仍需要进行定期或不定期的实地盘点，将实存数与账存数进行核对，以查明账实是否相符。采用这种方法，可以从账面上随时反映各种财产物资的收、发、存数量，通过账实核对，及时发现溢缺，以便分析原因，采取措施，加强对财产物资的管理。但是，永续盘存制与实地盘存制相比，日常的核算工作量较大。由于永续盘存制对财产收发都有严密的手续，便于加强会计监督，因此，在实际工作中，除了特殊情况外，一般都采用永续盘存制。

由于在实地盘存制下进行财产清查的目的主要是确定存货的数量，从而计算本期成本，它并不具备账实核对的作用。因此，下面所介绍的财产清查方法及清查结果的账务处理都是在采用永续盘存制下进行的。

(2) 确定财产物资实物数量的方法

由于实物的形态、体积、重量、堆放方式等不同,采用的清查方法也不相同。主要有以下两种:

1) 实地盘点法

它是指对实物逐一清点数量或用计量器具确定财产物资实存数的方法。采用这种方法清点工作量较大,但确定实存数准确、可靠,适用于大多数财产物资的清点。

2) 技术推算法

技术推算法是指通过量方、计尺等技术来推算财产物资实存数的方法。采用这种方法工作量较小,但确定实存数的准确性差,因此,只适用于大量成堆、难以逐一清点的财产物资。

对实地盘点的结果应填制"盘存单"(见表2-21),并与账存数核对。确认盘点盈亏数后,再填制"实存账存对比表"(见表2-22),作为调整账面的原始凭证,进行财产清查后的有关账务处理。具体会计处理在相关章节中进行详细介绍。

盘存单　　　　　　　　　　　　　表2-21

单位名称:　　　　　　盘点时间:
财产类别:　　　　　　存放地点:　　　　　　编号:

序号	名称	计量单位	数量	单价	金额	备注

盘点人　　　　　　　　实物保管人

实存账存对比表　　　　　　　　　表2-22

单位名称:　　　　　　年　月　日

序号	类别及名称	计量单位	单价	实存		账存		差异				备注
								盘盈		盘亏		
				数量	金额	数量	金额	数量	金额	数量	金额	

2. 货币资金的清查方法

(1) 库存现金的清查

库存现金清查的基本方法是实地盘点。每日工作终了,出纳员应清点现金的实存数,并将实存数与现金日记账的当天余额核对相符。发现账实不符,应填制"现金盘点报告表"(见表2-23),并据以调整现金日记账的账面记录,同时查明原因,加以处理。

现金盘点报告表　　　　　　　　　表2-23

单位名称:　　　　　　年　月　日

实存金额	账存金额	实存账存对比		备注
		盘盈	盘亏	

盘点人　　　　　　　　出纳员

(2) 银行存款的清查

银行存款的清查是采用与开户银行核对账目的方法进行的，即把银行存款日记账与银行定期发来的对账单进行核对，以查明银行存款的实存数与账存数是否相符。银行存款日记账与银行对账单结存数发生不符有两个原因：一是企业单位或银行某一方或双方记账发生差错，二是企业单位与银行由于结算凭证在传递上的时间差异而存在未达账项。对于未达账项，应通过编制"银行存款余额调节表"进行调整，具体方法在第三章中进行详细介绍。

3. 往来款项的清查方法

对各种往来款项的清查，可采用函证核对法，即通过发函与对方单位查询核对，以确定其实际数额与本单位账面记录是否相符的方法。采用这种方法应在保证本单位往来账目正确、完整的基础上，向往来单位发出"往来款项对账单"（见表2-24）。对方核对相符后，在回联单上加盖公章退回。如果核对不符，则对方在回联单上注明不符情况，或者另外说明情况，退回本单位，作为进一步核对的依据。

函证信　　　　　　　　　　　　　　　表2-24

××公司：

本公司与贵单位的业务往来款项有下列各项目，为了清对账目，特函请查证，是否相符，请在回联单中注明后盖章寄回。此致敬礼。

往来款项对账单

单位＿＿＿＿＿＿　地址＿＿＿＿＿＿　编号＿＿＿＿＿＿

账户名称	截止日期	经济事项摘要	账面余额

　　　　　　　　　　　　　　　　　　　××公司（公章）
　　　　　　　　　　　　　　　　　　　　年　月　日

收到回联单后，应编制"往来款项清查表"（见表2-25）。

往来款项清查表　　　　　　　　　　　表2-25
年　月　日　　　　　　　　　　　　　单位：元

总分类账户		明细分类账户		清查结果		核对不符单位原因及分析	备注
名称	金额	名称	金额	核对相符金额	核对不符金额		

记账员　　　　　　　　　　　清查人员

在往来款项核对过程中，如发现未达账项，双方都应采用调节账面余额的方法核对是否相符。通过清查，对双方有争议的款项，以及无法收回的或无须支付的款项，应及时采取措施，加以处理，避免或减少坏账损失。

练习题

习题一

一、目的：了解资产、负债、所有者权益的内容。

二、资料：某房地产开发企业2011年12月31日的资产、负债、所有者权益的状况如下：

序 号	项 目	金额（元）
1	投资人投入的资本	1 380 820
2	库存各种材料	154 134
3	尚未交纳的税金	19 776
4	向银行借入的短期借款	148 460
5	机器设备	60 000
6	财会部门库存现金	782
7	应付购入材料款	111 800
8	办公室用的小轿车	230 000
9	应收取的商品房销售款	73 740
10	工作人员暂借差旅费	2 400
11	存在银行的款项	107 200
12	办公楼	1 700 000
13	应付未付的罚款	12 000
14	预付材料采购款	20 000
15	累计未分配的利润	675 400

三、要求：

1. 根据上述资料，区分哪些属于资产，哪些属于负债，哪些属于所有者权益。
2. 根据各项目内容确定所属的会计科目，填入下表内。
3. 将各会计科目的有关金额分别填入下表内各相应栏内，加计合计数，并验算合计数是否平衡。

单位：元

序 号	会计科目	资产金额	负债金额	所有者权益金额
1				
2				
3				
4				
5				
6				
7				
8				
9				
10				
11				
12				
13				
14				
15				
合计				

习题二

一、目的：熟悉各账户的结构。

二、资料：某房地产开发企业2011年10月份部分账户资料如下所示。

单位：元

账户名称	期初余额	本期借方发生额	本期贷方发生额	期末余额
应收账款		4 850	5 370	1 400
实收资本	35 000		3 800	32 500
应付票据	6 700	5 900		7 500
固定资产	28 400		12 000	31 500
银行存款	16 800	2 670	8 470	
原材料	8 950	7 350		6 440
应付账款	13 400		9 790	9 990
短期借款		50 000	45 000	38 000

三、要求：根据各类账户的结构，计算并在上列表格的空格里填上数字。

习题三

一、目的：练习借贷记账法。

二、资料：某房地产开发企业 2011 年 11 月 1 日各账户期初余额如下（单位：元）。

资 产		权 益	
账户名称	金 额	账户名称	金 额
库存现金	4 000	短期借款	60 000
银行存款	90 000	应付账款	12 000
原材料	20 000	应交税费	20 000
固定资产	60 000	实收资本	100 000
应收账款	16 000	资本公积	10 000
应收票据	10 000		
其他应收款	2 000		
资产合计	202 000	权益合计	202 000

11 月该公司发生以下经济业务：

1. 2 日，从银行提取现金 4 000 元，以备零用。
2. 5 日，投资人投入资金 100 000 元，存入银行。
3. 10 日，以银行存款 4 000 元，交纳应交税金。
4. 12 日，购买材料一批 10 000 元，货款暂欠。
5. 15 日，以银行存款偿还前欠货款 12 000 元。
6. 18 日，一张不带息的商业汇票到期，面值 10 000 元存入银行。
7. 21 日，从银行取得临时借款 40 000 元，存入银行。
8. 26 日，以银行存款 20 000 元购买设备一台。
9. 28 日，副总经理出差，预借差旅费 2 000 元，以现金付讫。
10. 30 日，将资本公积 8 000 元转增资本。

三、要求：

1. 采用借贷记账法编制会计分录。
2. 开设有关账户，对上述分录登记入账。
3. 编制试算平衡表。

3 货币资金

货币资金是指企业在生产经营活动中处于货币形态的那一部分资金。货币资金是企业资产的重要组成部分，也是企业资产中流动性较强的一种资产。货币资金按存放地点和用途的不同，可以分为库存现金、银行存款和其他货币资金。

3.1 库存现金

3.1.1 现金管理规定

现金是指存放在企业财会部门由出纳人员经管的库存现金。现金的定义有狭义和广义之分。狭义的现金仅指库存现金，包括人民币现金和外币现金；广义的现金是指除了库存现金外，还包括银行存款和其他符合现金定义的票证等。我国会计上所说的现金是指狭义的现金。现金是流动性最强的一种资产。企业应严格遵守国家有关现金管理的制度，正确进行现金收支的核算，监督现金使用的合法性与合理性。

1. 库存现金的使用范围

根据《现金管理暂行条例》的规定，企业发生的经济往来，可以使用库存现金结算的范围有：

（1）职工工资、津贴；
（2）个人劳务报酬；
（3）根据国家规定颁发给个人的科学技术、文化艺术、体育等各种奖金；
（4）各种劳保、福利费用以及国家规定的对个人的其他支出；
（5）向个人收购农副产品和其他物资的款项；
（6）出差人员必须随身携带的差旅费；
（7）结算起点（1000元）以下的零星支出；
（8）中国人民银行确定需要支付现金的其他支出。

企业与其他单位或个人的经济往来，除上述规定的范围可以使用现金外，其他款项的支付应通过开户银行办理转账结算。

2. 库存现金的限额

为了满足企业日常零星开支的需要，企业可以根据国家规定保留一定数额的库存现金。企业库存现金的限额由开户银行根据企业的实际需要核定，一般为企业3～5天的日常零星开支需要量。边远地区和交通不便地区的企业，库存现金的限额可以多于5天，但不能超出15天的日常零星开支所需现金量。企业由于业务的发展和变化需要调整库存现金限额的，可以向开户银行提出申请，经批准后进行调整。企业必须严格遵守核定的库存现金限额，超过限额的现金，必须及时送存银行。

3. 有关库存现金收支的规定

企业在经营活动中发生的现金收入,应及时送存银行。企业支付现金,可以从本单位库存现金限额中支付或从开户银行提取,不得从本单位的现金收入中直接支付,即不得"坐支"现金。因特殊情况需要坐支现金的,应当事先报经开户银行审查批准,由开户银行核定坐支范围和限额。

此外,出纳人员在现金收付工作中,不准用不符合财务制度的凭证顶替库存现金,即不得"白条抵库";不准谎报用途套取现金;不准用银行账户代其他单位和个人存入或支取现金;不准将单位收入的现金以个人名义存储;不准挪用现金;不准单位之间套换现金;不准保留账外现金;不得私设"小金库"等。

3.1.2 库存现金的核算

1. 库存现金收支的总分类核算

为了反映和监督库存现金的收入、支出和结余情况,企业应设置"库存现金"账户进行总分类核算。该账户属于资产类账户,借方登记库存现金的收入金额,贷方登记库存现金的支出金额,期末余额在借方,反映库存现金的结余数。"库存现金"总账应由不从事出纳工作的会计人员负责登记。企业发生现金收入和现金支出业务后,会计人员都必须根据审核无误的原始凭证,编制记账凭证后据以登记"库存现金"账户。"库存现金"账户的登记可以根据现金收付款凭证或银行存款付款凭证直接登记,如果企业日常现金收支业务量较大,为简化核算工作,也可以根据汇总记账凭证或科目汇总表定期或月终登记"库存现金"账户。

企业从银行提取现金和取得其他各种现金收入时,应借记"库存现金"账户,贷记有关账户。企业将现金存入银行和支付各种现金支出时,应借记有关账户,贷记"库存现金"账户。

【例3-1】 2011年7月1日,某企业开出现金支票一张,从开户银行提取现金6 000元,补足库存现金限额。编制会计分录如下:

借:库存现金　　　　　　6 000
　　贷:银行存款　　　　　　6 000

【例3-2】 2011年7月1日,某企业预收客户李某购房定金10 000元。编制会计分录如下:

借:库存现金　　　　　　10 000
　　贷:预收账款　　　　　　10 000

【例3-3】 2011年7月1日,某企业购买办公用品一批,价款总计为625元,以现金支付。编制会计分录如下:

借:管理费用　　　　　　625
　　贷:库存现金　　　　　　625

【例3-4】 2011年7月1日,某企业管理部门职工张某出差,预借差旅费5 000元,以现金支付。编制会计分录如下:

借:其他应收款——张某　　5 000
　　贷:库存现金　　　　　　5 000

【例3-5】 2011年7月12日，企业管理部门职工张某出差回来，报销差旅费4 800元，并交回现金余额200元。编制会计分录如下：

借：管理费用　　　　　　　　　4 800
　　库存现金　　　　　　　　　　200
　　贷：其他应收款——张某　　　　5 000

2. 库存现金收支的序时核算

库存现金收支的序时核算又称库存现金收支的明细分类核算。为了加强对库存现金的管理，随时掌握库存现金的收入、支出和结余的详细情况，企业应设置"库存现金日记账"进行序时核算。

"库存现金日记账"为订本式账簿，一般采用收入、支出和结余三栏式格式，见表3-1所示。由出纳人员根据审核无误的收款凭证和付款凭证，按照现金收付业务发生的先后顺序，逐日逐笔登记。"库存现金日记账"应做到日清月结，账款相符，账账相符。每日终了，应计算当日的现金收入合计数、现金支出合计数和结余数，并将账面结余数额与库存现金的实有数额进行核对，做到账款相符。月份终了，应结出全月的现金收入和支出发生额，计算出月末库存现金余额，并将"库存现金日记账"的余额与"库存现金总账"的余额进行核对，做到账账相符。

有外币现金的企业，应分别用人民币和各种外币设置"库存现金日记账"进行序时核算。

根据例3-1、例3-2、例3-3、例3-4这4笔经济业务，登记"库存现金日记账"，见表3-1所示。

库存现金日记账　　　　　　　　　　单位：元　表3-1

2011		凭证字号	摘　要	对方科目	收　入	付　出	结　余
月	日						
7	1		期初余额				560
	1	银付01	提取现金	银行存款	6 000		
	1	现收01	收到购房定金	预收账款	10 000		
	1	现付01	购买办公用品	管理费用		625	
	1	现付02	预借差旅费	其他应收款		5 000	
			本日合计		16 000	5 625	10 935
7	31		本期发生额及余额		59 805	47 082	13 283

3. 库存现金清查的核算

现金清查是指对库存现金的盘点与核对，包括出纳人员每日营业终了前进行的现金账款核对和清查小组定期或不定期的现金盘点、核对。

清查结束后，应根据清查盘点的结果，填制"现金盘点报告单"，填写现金实存数、账存数和盈亏情况。对于清查中发现的挪用现金、白条抵库等情况，应及时予以纠正；对于超限额留存的现金，应及时送存开户银行。

为了核算各种财产物资的盘盈、盘亏及毁损的发生和处理情况，企业应设置"待处理财产损溢"账户。借方登记发生的各种财产物资的盘亏、毁损金额和批准转销的盘盈金额，贷方登记发生的财产物资的盘盈额及批准转销的盘亏金额。借方余额表示尚未处理的各种财产物资的净损失，贷方余额表示尚未处理的各种财产物资的净溢余。处理后，本账户期末应无余额。该账户下应设置"待处理流动资产损溢"和"待处理固定资产损溢"两个明细账户。

现金清查中发现的有待查明原因的现金短缺或溢余,应通过"待处理财产损溢——待处理流动资产损溢"账户核算。

对于现金短缺,应按实际短缺的金额,借记"待处理财产损溢——待处理流动资产损溢"账户,贷记"库存现金"账户。待查明原因后,作如下会计处理:属于应由责任人、保险公司赔偿的部分,应借记"其他应收款"或"库存现金"账户,贷记"待处理财产损溢——待处理流动资产损溢"账户;属于无法查明的其他原因,在报经批准后,应借记"管理费用"账户,贷记"待处理财产损溢——待处理流动资产损溢"账户。

对于现金溢余,应按实际溢余的金额,借记"库存现金"账户,贷记"待处理财产损溢——待处理流动资产损溢"账户。待查明原因后,作如下会计处理:属于应支付给有关人员或单位的,应借记"待处理财产损溢——待处理流动资产损溢"账户,贷记"其他应付款"账户;属于无法查明原因的现金溢余,经批准后,借记"待处理财产损溢——待处理流动资产损溢"账户,贷记"营业外收入"账户。

【例3-6】 某企业在现金清查中,发现库存现金实有数比账面数多出160元,原因待查。查明原因前,应编制如下会计分录:

借:库存现金　　　　　　　　　　　　　　　　160
　　贷:待处理财产损溢——待处理流动资产损溢　　160

【例3-7】 经核查,上述现金溢余160元中,有50元属于出纳人员少付给职工李某的,应予补付。其余110元无法查明原因,经批准转入营业外收入。查明原因后,应编制如下会计分录:

借:待处理财产损溢——待处理流动资产损溢　　160
　　贷:其他应付款——李某　　　　　　　　　　50
　　　　营业外收入　　　　　　　　　　　　　110

【例3-8】 某企业在现金清查中,发现库存现金实有数比账面数短缺90元,原因待查。查明原因前,应编制如下会计分录:

借:待处理财产损溢——待处理流动资产损溢　　90
　　贷:库存现金　　　　　　　　　　　　　　　90

【例3-9】 经核查,上述现金短缺系出纳员王某工作失误造成的,应由其赔偿。查明原因后,应编制如下会计分录:

借:其他应收款——王某　　　　　　　　　　　90
　　贷:待处理财产损溢——待处理流动资产损溢　90

3.2 银行存款

3.2.1 银行存款管理规定

1. 银行存款开户的有关规定

银行存款是指企业存放在银行或其他金融机构的货币资金。按照国家有关规定,凡是独立核算的企业都必须在所在地银行开设账户,以办理银行存款的存款、取款和转账结算业务。

企业在银行开设账户以后,除按核定的限额保留库存现金外,超过限额的现金必须存入银行。企业在经营、管理过程中发生的货币资金收支业务,除了在规定的范围内可用现金直接支付的款项外,都必须通过银行办理转账结算。由银行按照事先规定的结算方式将款项从付款单位的账户划出,转入收款单位的账户。银行存款账户分为基本存款账户、一般存款账户、临时存款账户和专用存款账户。

基本存款账户是指企业办理日常结算和现金收付的账户。企业的工资、奖金等现金的支取,只能通过本账户办理。一个企业只能选择一家银行的一个营业机构开立一个基本存款账户,不得在多家银行机构开立基本存款账户。一般存款账户是指企业在基本存款账户以外的银行借款转存、与基本存款账户的企业不在同一地点的附属非独立核算单位开立的账户,企业可以通过本账户办理存款人借款转存、借款归还和其他结算的资金收付,但不能支取现金。企业不得在同一家银行的几个分支机构开立一般存款账户。临时存款账户是指企业因临时生产经营活动的需要并在规定期限内使用而开立的账户,如企业设立临时机构、异地临时经营活动、注册验资等。本账户既可以办理转账结算,又可以根据国家现金管理规定存取现金。专用存款账户是指企业对其特定用途资金进行专项管理和使用而开立的账户,如基本建设专项资金、社会保障基金、证券交易结算资金等。

2. 银行结算纪律

企业通过银行办理支付结算时,应当认真执行国家各项管理办法和银行结算纪律,正确进行银行存款业务的结算。

(1) 不得利用银行结算账户进行偷盗税款、逃废债务、套取现金及其他违法犯罪活动;

(2) 不得出租、出借银行结算账户;

(3) 不得利用银行结算账户套取银行信用;

(4) 不得将单位款项转入个人银行结算账户;

(5) 不得签发没有资金保证的票据和远期支票,套取银行信用;

(6) 不得签发、取得和转让没有真实交易和债权债务的票据,套取银行和他人资金;

(7) 不准无理拒绝付款,任意占用他人资金;

(8) 不准违反规定开立和使用银行账户。

3.2.2 银行存款的核算

银行存款的核算分为总分类核算和序时核算。

1. 银行存款收支的总分类核算

为了反映和监督银行存款的收入、支出及其结存情况,企业应设置"银行存款"账户进行总分类核算。该账户属于资产类账户,借方登记银行存款的存入金额,贷方登记银行存款的支出金额,期末余额在借方,表示银行存款的结余数额。银行存款总账应由不从事出纳工作的会计人员进行登记,会计人员可以根据银行存款收付款凭证和现金付款凭证直接登记,也可以根据汇总记账凭证或科目汇总表定期登记"银行存款"总账。

企业将款项存入银行或其他金融机构时,借记"银行存款"账户,贷记"库存现金"

等账户；从银行或其他金融机构提取或付出款项时，借记"库存现金"等有关账户，贷记"银行存款"账户。

【例 3-10】 2011 年 8 月 1 日，某企业购入办公用品一批，价款总计 2 600 元，开出转账支票支付款项。编制会计分录如下：

借：管理费用　　　　　　2 600
　　贷：银行存款　　　　　　　2 600

【例 3-11】 2011 年 8 月 1 日，企业将超过限额的现金 800 元送存开户银行。编制会计分录如下：

借：银行存款　　　　　　800
　　贷：库存现金　　　　　　　800

【例 3-12】 2011 年 8 月 1 日，某房地产企业收到 A 公司归还前欠本企业购房款的转账支票一张，金额 20 000 元。企业将支票送存银行后，根据有关凭证编制会计分录如下：

借：银行存款　　　　　　20 000
　　贷：应收账款　　　　　　　20 000

2. 银行存款收支的序时核算

银行存款收支的序时核算又称银行存款收支的明细分类核算。为了加强对银行存款的管理，随时掌握银行存款的收入、支出和结余的详细情况，企业应按开户银行名称、存款种类及币种等分别设置"银行存款日记账"进行明细分类核算。

"银行存款日记账"必须使用订本式账簿，一般采用收入、付出和结余三栏式账页，其格式与"库存现金日记账"基本相同。银行存款日记账也是由出纳人员根据审核无误的银行存款收付款凭证和现金付款凭证，按照经济业务发生的先后顺序逐日登记，每日终了应结出账面余额。月末，应结出本月收入合计数、本月付出合计数和月末结存数。月末，"银行存款日记账"的余额必须与"银行存款总账"的余额核对相符。此外，"银行存款日记账"的余额还应定期与银行转来的对账单余额进行核对。

根据例 3-10、例 3-11、例 3-12 这 3 笔经济业务，登记"银行存款日记账"，见表 3-2 所示。

银行存款日记账　　　　　　　　　　　　单位：元　**表 3-2**

2011		凭证字号	摘　要	对方科目	收　入	付　出	结　余
月	日						
8	1		期初余额				12 900
	1	银付 01	购买办公用品	管理费用		2 600	
	1	现付 01	现金送存银行	库存现金	800		
	1	银收 01	收到前欠购房款	应收账款	20 000		
			本日合计		20 800	2 600	31 100
8	31		本期发生额及余额		326 000	205 000	133 900

3.2.3　银行存款的核对

银行存款的核对是指企业银行存款日记账的账面余额与其开户银行转来的银行对账单

的余额进行的核对。每月至少核对一次。经过核对，如果发现同一日期双方余额不一致，主要原因有两个：一是企业和银行任何一方或双方可能发生错账、漏账；二是存在未达账项。所谓未达账项，是指由于企业与银行之间取得有关凭证的时间不同而发生的一方已经收到凭证并登记入账，另一方尚未收到凭证而未登记入账的款项。未达账项通常有以下四种情况：

(1) 企业已经收款记账，而银行尚未收款记账；
(2) 企业已经付款记账，而银行尚未付款记账；
(3) 银行已经收款记账，而企业尚未收款记账；
(4) 银行已经付款记账，而企业尚未付款记账。

上述任何一种情况的发生，都会使双方的账面余额不相一致。对于未达账项，企业应在查明后通过编制"银行存款余额调节表"进行调节。在实务中，调节表的编制方法是：在双方的账面余额基础上，各自加上对方已收、本方未收的款项，减去对方已付、本方未付的款项，计算双方应有的余额。其调节公式如下：

$$\text{企业银行存款日记账余额} + \text{银行已收企业未收款项} - \text{银行已付企业未付款项} = \text{银行对账单余额} + \text{企业已收银行未收款项} - \text{企业已付银行未付款项}$$

(式 3-1)

【例 3-13】 某房地产企业 2011 年 5 月 31 日银行存款日记账的余额是为 87 230 元，银行对账单上的企业存款余额为 88 380 元。经过逐笔核对，查明有以下几笔未达账项：

(1) 5 月 30 日，企业收到其他单位开出的转账支票一张，金额为 2 900 元，当日送存银行，企业已入账，但银行尚未入账。

(2) 5 月 31 日，企业购买建筑材料，开出转账支票一张，金额为 6 000 元，企业已付款记账，持票人尚未到银行办理转账手续，银行尚未入账。

(3) 5 月 31 日，银行受企业委托，代收款项 3 250 元，银行已收款入账，而企业尚未接到银行的收款通知，尚未入账。

(4) 5 月 31 日，银行代企业支付电费 5 200 元，已付款记账，但企业尚未接到银行的付款通知，尚未入账。

根据以上未达账项，企业可编制"银行存款余额调节表"，如表 3-3 所示：

银行存款余额调节表　　　　　　　　　　　　　　　　表 3-3
2011 年 5 月 31 日　　　　　　　　　　　　　　　　　　单位：元

项 目	金 额	项 目	金 额
企业银行存款日记账余额	87 230	银行对账单的存款余额	88 380
加：银行已收，企业未收的托收款项	3 250	加：企业已收，银行未收的转账支票	2 900
减：银行已付，企业未付的电费	5 200	减：企业已付，银行未付的转账支票	6 000
调节后的存款余额	85 280	调节后的存款余额	85 280

经过调节后，如果双方余额相等，一般说明双方记账没有差错，调节后的存款余额就是企业银行存款的实有数。如果调节后双方的余额仍然不相等，说明企业和银行一方或双方记账有差错，应进一步查明原因进行更正。需要指出的是，银行存款余额调节表主要是

用来核对双方余额是否一致,有无记账错误,并不能作为调整银行存款账面余额的依据。对于银行已经记账而企业尚未入账的未达账项,企业无须作账面调整,待实际收到未达账项的有关结算凭证后再进行账务处理,登记入账。

3.2.4 银行转账结算方式

银行转账结算,是指单位、个人在社会经济活动中使用票据、信用卡、汇兑、委托收款、托收承付等结算方式,通过银行转账进行货币资金收付的行为。按现行银行结算办法规定,房地产企业发生货币资金收付业务时,可以采用以下几种结算方式,通过银行办理结算业务。

1. 支票

支票是单位或个人签发的,委托办理支票存款业务的银行在见票时无条件支付确定的金额给收款人或持票人的票据。

支票结算方式是单位或个人在同城结算中应用比较广泛的一种结算方式。支票由银行统一印制,支票分为现金支票、转账支票和普通支票。支票上印有"现金"字样的为现金支票,现金支票只能用于支取现金。支票上印有"转账"字样的为转账支票,转账支票只能用于转账。未印有"现金"或"转账"字样的为普通支票,普通支票可以用于支取现金,也可以用于转账。在普通支票左上角划两条平行线的,为划线支票。划线支票只能用于转账,不得支取现金。

支票的提示付款期限为自出票日起10日,但中国人民银行另有规定的除外。超过提示付款期限提示付款的,持票人开户银行不予受理,付款人不予付款。转账支票可以根据需要在票据交换区域内背书转让。

存款人领购支票,必须填写"票据和结算凭证领用单"并加盖预留银行印鉴。存款账户结清时,必须将剩余的空白支票全部交回银行注销。

企业财会部门在签发支票前,出纳人员应认真查明银行存款的账面结余数额,防止签发超过存款余额的空头支票,签发空头支票,银行除退票外,还按票面金额处以5%但不低于1 000元的罚款。持票人有权要求出票人赔偿支票金额2%的赔偿金。签发支票时,应使用蓝黑墨水或碳素墨水填写,并在支票上加盖其预留银行印鉴。出票人预留银行的印鉴是银行审核支票付款的依据。银行也可以与出票人约定使用支付密码,作为银行审核支付支票金额的条件。

企业签发支票支付款项时,应根据支票存根和有关原始凭证进行账务处理,借记"原材料"等有关账户,贷记"银行存款"账户;企业收到支票时,应于当日填制进账单连同支票送交银行,根据银行盖章退回的进账单和有关原始凭证进行账务处理,借记"银行存款"账户,贷记"主营业务收入"、"其他业务收入"、"应收账款"等账户。

2. 银行本票

银行本票是银行签发的,承诺自己在见票时无条件支付确定金额给收款人或者持票人的票据。

银行本票分定额本票和不定额本票,定额本票面值分别为1 000元、5 000元、10 000元和50 000元。银行本票可以用于转账,注明"现金"字样的银行本票可以用于支取现金。

银行本票由银行签发并保证兑付,而且见票即付,具有信誉高、支付功能强等特点。用银行本票购买材料物资,销货方可以见票付货,购货方可以凭票提货;债权债务双方可以凭票清偿;收款人将本票交存银行,银行即可为其入账。无论单位或个人,在同一票据交换区域支付各种款项,都可以使用银行本票。

银行本票的付款期限为自出票日起最长不超过2个月,在付款期内银行本票见票即付。

企业支付购货款等款项时,应向银行提交"银行本票申请书",填明收款人名称、申请人名称、支付金额、申请日期等事项并签章。申请人或收款人为单位的,银行不予签发现金银行本票。出票银行受理银行本票申请书后,收妥款项签发银行本票。不定期银行本票用压数机压印出票金额,出票银行在银行本票上签章后交给申请人。

申请人取得银行本票后,即可向填明的收款单位办理结算。收款单位可以根据需要在票据交换区域内背书转让银行本票。

收款企业在收到银行本票时,应该在向开户银行提示付款时在本票背面"持票人向银行提示付款签章"处加盖预留银行印鉴,同时填写进账单,连同银行本票一并交开户银行转账,并根据银行盖章退回的进账单和有关原始凭证进行账务处理,借记"银行存款"账户,贷记"主营业务收入"、"其他业务收入"、"应收账款"等账户。付款企业使用银行本票结算方式的账务处理方法详见本章第三节"其他货币资金"。

3. 银行汇票

银行汇票是汇款人将款项交存当地出票银行,由出票银行签发给汇款人持往异地办理转账结算,并由出票银行在见票时按照实际结算金额无条件支付给收款人或者持票人的票据。

银行汇票具有使用灵活、票随人到、兑现性强等特点,适用于先收款后发货或钱货两清的商品交易。单位和个人需要向异地汇拨的各种款项,均可使用银行汇票。

银行汇票一般用于转账,填明"现金"字样的银行汇票也可用于支取现金。银行汇票的付款期限为自出票日起1个月内。持票人超过付款期限提示付款不获付款的,在票据权利时效内请求付款时须向出票银行作出说明,并提供本人身份证件或单位证明,持银行汇票和解讫通知向出票银行请求付款。

企业支付购货款等款项时,应向出票银行填写"银行汇票申请书",填写收款人名称、支付金额、申请人、申请日期等事项并签章,签章为其预留银行的印鉴。银行受理银行汇票申请书,收妥款项后签发银行汇票,并用压数机压印出票金额,然后将银行汇票和解讫通知一并交给汇款人。

申请人取得银行汇票后即可持银行汇票向填明的收款单位办理结算。银行汇票的收款人可以将银行汇票背书转让给他人。背书转让以不超过出票金额的实际结算金额为限,未填写实际结算金额或实际结算金额超过出票金额的银行汇票不得背书转让。

收款企业在收到付款单位送来的银行汇票时,应在出票金额以内,根据实际需要的款项办理结算,并将实际结算金额和多余金额准确、清晰地填入银行汇票和解讫通知的有关栏内,银行汇票的实际结算金额低于出票金额的,其多余金额由出票银行退交申请人。收款企业还应填写进账单并在汇票背面"持票人向银行提示付款签章"处签章,签章应与预留银行的印鉴相同,然后,将银行汇票和解讫通知、进账单一并交开户银行办理结算,银行审核无误后,办理转账。收款企业应根据银行盖章后退回的进账单和有关原始凭证进行账务处理,借记"银行存款"账户,贷记"主营业务收入"、"其他业务收入"、"应收账款"等账户。付款企业使用银行汇票结算方式的账务处理方法详见本章第三节"其他货币资金"。

4. 商业汇票

商业汇票是出票人签发的,委托付款人在指定日期无条件支付确定的金额给收款人或者持票人的票据。在银行开立存款账户的法人以及其他组织之间须具有真实的交易关系或债权债务关系,才能使用商业汇票。商业汇票的付款期限由交易双方商定,但最长不得超过6个月。商业汇票的提示付款期限自汇票到期日起10日内。

存款人领购商业汇票,必须填写"票据和结算凭证领用单"并加盖预留银行印鉴,存款账户结清时,必须将全部剩余空白商业汇票交回银行注销。

商业汇票可以由付款人签发并承兑,也可以由收款人签发交由付款人承兑。商业汇票可以背书转让。符合条件的商业汇票的持票人可持未到期的商业承兑汇票连同贴现凭证,向银行申请贴现。

商业汇票按承兑人不同分为商业承兑汇票和银行承兑汇票两种。

(1) 商业承兑汇票

商业承兑汇票是由银行以外的付款人承兑。商业承兑汇票按交易双方约定,由销货企业或购货企业签发,由购货企业承兑。承兑时,购货企业应在汇票正面记载"承兑"字样和承兑日期并签章。承兑不得附有条件,否则视为拒绝承兑。汇票到期时,购货企业的开户银行凭票将票款划给销货企业或贴现银行。销货企业应在提示付款期限内通过开户银行委托收款或直接向付款人提示付款。对异地委托收款的,销货企业可匡算邮程,提前通过开户银行委托收款。汇票到期时,如果购货企业的存款不足支付票款,开户银行应将汇票退还销货企业,银行不负责付款,由购销双方自行处理。

(2) 银行承兑汇票

银行承兑汇票由银行承兑,由在承兑银行开立存款账户的存款人签发。承兑银行按票面金额向出票人收取万分之五的手续费。

购货企业应于汇票到期前将票款足额交存其开户银行,以备由承兑银行在汇票到期日或到期日后的见票当日支付票款。销货企业应在汇票到期时将汇票连同进账单送交开户银行以便转账收款。承兑银行凭汇票将承兑款项无条件转给销货企业,如果购货企业于汇票到期日未能足额交存票款时,承兑银行除凭票向持票人无条件付款外,对出票人尚未支付的汇票金额按照每天万分之五计收罚息。

采用商业汇票结算方式,可以使企业之间的债权债务关系表现为外在的票据,使商业信用票据化,加强约束力。对于购货企业来说,由于可以延期付款,可以在资金暂时不足的情况下及时购进材料物资,保证生产经营顺利进行。对于销货企业来说,可以疏通商品渠道,扩大销售,促进生产。汇票经过承兑,信用较高,可以按期收回货款,防止拖欠;在急需资金时,还可以向银行申请贴现,融通资金,比较灵活。

采用商业承兑汇票结算方式,销货企业应根据购货企业的资金和信用情况不同,选用商业承兑汇票和银行承兑汇票。企业采用商业汇票进行商品交易结算的账务处理,是通过设置"应收票据"和"应付票据"账户核算的,其具体方法详见第4章和第10章。

5. 信用卡

信用卡是指商业银行向个人和单位发行的，凭其向特约单位购物、消费和向银行存取现金，且具有消费信用的特制载体卡片。信用卡按使用对象分为单位卡和个人卡。

凡在中国境内金融机构开立基本存款账户的单位可申领单位卡。单位卡可申领若干张，持卡人资格由申领单位法定代表人或其委托的代理人书面指定和注销。信用卡仅限于合法持卡人本人使用，持卡人不得出租或转借信用卡。

单位卡账户的资金一律从其基本存款账户转账存入，在使用过程中，需要向其账户续存资金的，也一律从其基本存款账户转账存入，不得交存现金，不得将销货收入的款项存入其账户。单位卡一律不得用于10万元以上的商品交易、劳务供应款项的结算，不得支取现金。

6. 汇兑

汇兑是付款人委托银行将其款项支付给外地收款人的结算方式。单位或个人的各种款项的结算，均可使用汇兑结算方式。

汇兑分为信汇和电汇两种。信汇是指汇款人委托银行通过邮寄方式将款项划转给收款人。电汇是指汇款人委托银行通过电报将款项划转给收款人。汇款人可根据需要选择采用这两种汇兑方式。

采用汇兑这一结算方式，付款单位汇出款项时，应填写银行印发的汇款凭证，送达开户银行，委托银行将款项汇往收款单位银行。收汇银行将汇款收进收款单位存款账户后，向收款单位发出收款通知。

采用汇兑结算方式时，付款单位应根据银行盖章退回的汇款凭证回单进行账务处理，借记"原材料"、"应付账款"等账户，贷记"银行存款"账户。收款单位应在收到银行的收账通知时进行账务处理，借记"银行存款"账户，贷记"应收账款"等账户。

7. 委托收款

委托收款是收款人委托银行向付款人收取款项的结算方式。委托收款在同城和异地均可以使用，不受金额起点限制。它可用于在银行或其他金融机构开立账户的单位和个体经济户的商品交易、劳务供应款项（如水电费、电话费）的结算。委托收款结算款项划回的方式，分邮寄和电报两种，由收款人选用。

企业委托银行收款时，应填写银行印制的委托收款凭证和有关的债务证明，送交开户银行；企业的开户银行受理委托收款后，将委托收款凭证寄交付款单位开户银行，由付款单位开户银行审核，并通知付款单位。付款单位收到银行交给的委托收款凭证及债务证明，应签收并在3日之内审查债务证明是否真实，确认之后通知银行付款；如不通知银行，银行视同企业同意付款，并在第4日从单位账户中付出此笔委托收款款项。

采用委托收款结算方式，付款人可以拒绝付款。付款人在3日之内审查有关债务证明后，认为债务证明或与此有关的事项符合拒绝付款的规定，应出具拒绝付款理由书和委托收款凭证及持有的债务证明，向开户银行提出拒绝付款。银行将拒绝证明、债务证明和有关凭证一并寄给被委托银行，转交收款人。

采用委托收款结算方式时，收款单位应在收到银行的收账通知时进行账务处理，借记"银行存款"账户，贷记"应收账款"等账户。付款单位应根据银行的付款通知和原始凭证进行账务处理，借记"原材料"、"应付账款"等账户，贷记"银行存款"账户。

8. 托收承付

托收承付是收款人根据购销合同发货后，委托银行向异地付款人收取款项，由付款人根据购销合同核对单证或验货后，向银行承认付款的一种结算方式。

使用托收承付结算方式的收款单位和付款单位必须是国有企业、供销合作社，以及经营管理较好并经开户银行审查同意的城乡集体所有制工业企业。办理托收承付结算的款项，必须是商品交易，以及因商品交易而产生的劳务供应的款项。代销、寄销、赊销商品的款项，不得办理托收承付结算。

托收承付的款项划回方式分为邮寄和电报两种，由收款人根据需要选用。收款单位办理托收承付，必须具有商品发出的证件或其他证明。托收承付结算每笔的金额起点为10 000元。

托收承付分为托收和承付两个阶段。购货企业承付货款分为验单付款和验货付款两种，这在双方签订合同时约定。验单付款是购货企业根据经济合同对银行转来的单据进行审查无误后，即可承认付款，承付期为3天。验货付款是购货企业待货物运达企业，对其进行检验与合同完全相符后，才承认付款，承付期为10天。购货企业在承付期内未向银行拒绝付款，银行即视作承付，并于承付期满的次日上午银行开始营业时，将款项划给收款人。

付款人在承付期内，向银行提出全部或部分拒绝付款时，必须填写"拒绝付款理由书"并注明拒绝付款理由。银行负责审查拒绝付款理由，银行同意部分或全部拒绝付款的，应在拒绝付款理由书上签署意见，并将拒绝付款理由书、拒付证明、拒付商品清单和有关单证邮寄收款人开户银行转交销货企业。银行认为拒付不合理的，应实行强制扣款；银行审查无法判明是非的，应由收付双方自行协商处理，或向仲裁机关、人民法院申请调解或裁决。

使用托收承付结算方式时，收款企业应在收到开户银行的收账通知时，根据收账通知和有关原始凭证进行账务处理，借记"银行存款"账户，贷记"应收账款"等账户；付款企业应于承付时，根据开户银行转来的托收承付结算凭证和所附的发票账单等有关原始凭证进行账务处理，借记"原材料"等账户，贷记"银行存款"账户。

3.3 其他货币资金

3.3.1 其他货币资金的内容

其他货币资金是指企业除库存现金和银行存款以外的货币资金，包括外埠存款、银行汇票存款、银行本票存款、信用卡存款、信用证保证金存款和存出投资款等。由于其他货币资金的存放地点和用途与企业的库存现金和银行存款不同，因此，企业必须对其单独进行管理和核算。

3.3.2 其他货币资金的核算

为了反映和监督其他货币资金的增减及结余情况，企业应设置"其他货币资金"账户。该账户属于资产类账户，借方登记其他货币资金的增加数，贷方登记其他货币资金的减少数，期末余额在借方，反映其他货币资金的结余额。本账户应设置"外埠存款"、"银行汇票"、"银行本票"、"信用卡"、"信用证保证金"、"存出投资款"等明细账户。

1. 外埠存款

外埠存款是指企业到外地进行临时或零星采购时,汇往采购地银行开立采购专户的款项。企业汇出款项时,须填写汇款委托书,加盖"采购资金"字样。汇入银行对汇入的采购款项,以汇款单位名义开立采购专户。该账户存款不计利息,只付不收,付完清户,除采购人员差旅费可以支取少量现金外,其他一律采取转账结算。

企业汇出款项时,应根据汇出款项凭证,借记"其他货币资金——外埠存款"账户,贷记"银行存款"账户。收到外出采购人员转来供应单位发票账单等报销凭证时,借记"原材料"、"材料采购"等账户,贷记"其他货币资金——外埠存款"账户。采购员完成采购任务,将多余的外埠存款转回当地银行时,应根据银行的收款通知,借记"银行存款"账户,贷记"其他货币资金——外埠存款"账户。

【例3-14】 某企业到外地进行零星采购,2011年10月8日委托当地开户银行汇款260 000元给外地某银行开立采购专户,供采购员到外地临时采购用。10月21日,采购员回来,交来供应单位发票账单等报销凭证共计245 700元(其中货款210 000元,增值税35 700元)。企业收到当地开户银行通知,多余外埠存款已转回企业存款户。有关账务处理如下:

(1)企业汇出款项开立采购专户时,应根据开户银行退回的汇款单据,编制如下会计分录:

借:其他货币资金——外埠存款　　　260 000
　　贷:银行存款　　　　　　　　　　　　　260 000

(2)收到采购员交来供应单位的发票账单等报销凭证时,编制如下会计分录:

借:原材料　　　　　　　　　　　　245 700
　　贷:其他货币资金——外埠存款　　　　　245 700

(3)多余外埠存款转回企业当地开户银行时,编制如下会计分录:

借:原材料　　　　　　　　　　　　 14 300
　　贷:其他货币资金——外埠存款　　　　　 14 300

2. 银行汇票存款

银行汇票存款是指企业为了取得银行汇票,按照规定存入银行的款项。企业向银行提交"银行汇票委托书"并将款项交存开户银行,取得汇票后,根据银行盖章的委托书存根联,借记"其他货币资金——银行汇票"账户,贷记"银行存款"账户。企业使用银行汇票支付款项后,应根据发票账单等有关凭证,借记"原材料"、"材料采购"等账户,贷记"其他货币资金——银行汇票"账户。银行汇票使用完毕,应转销"其他货币资金——银行汇票"账户。如银行汇票有多余款退回,多余部分应借记"银行存款"账户,贷记"其他货币资金——银行汇票"账户。银行汇票因超过付款期限或其他原因而退还款项时,应借记"银行存款"账户,贷记"其他货币资金——银行汇票"账户。

【例3-15】 某企业发生了下列有关银行汇票业务,有关账务处理如下:

(1)企业到银行申请办理银行汇票,将款项30 000元交存银行,取得汇票。企业根据银行盖章退回的委托书存根联,编制会计分录如下:

借:其他货币资金——银行汇票　　　 30 000
　　贷:银行存款　　　　　　　　　　　　　 30 000

(2) 企业持汇票到异地某公司购买材料，实际支付金额为 28 200 元，材料已验收入库。根据发票账单等有关凭证，编制会计分录如下：

借：原材料　　　　　　　　　　　　　　　28 200
　　贷：其他货币资金——银行汇票　　　　　　　　28 200

(3) 企业收到开户银行通知，银行汇票的多余款项 1 800 元已退回企业存款户。根据银行的收账通知，编制会计分录如下：

借：银行存款　　　　　　　　　　　　　　1 800
　　贷：其他货币资金——银行汇票　　　　　　　　1 800

3. 银行本票存款

银行本票存款是指企业为了取得银行本票，按照规定存入银行的款项。企业向银行提交"银行本票申请书"并将款项交存银行，取得银行本票时，应根据银行盖章退回的申请书存根联，编制付款凭证，借记"其他货币资金——银行本票"账户，贷记"银行存款"账户。企业用银行本票支付购货款等款项后，应根据发票账单等有关凭证，借记"原材料"、"材料采购"等账户，贷记"其他货币资金——银行本票"账户。如企业因本票超过付款期等原因未曾使用而要求银行退款时，应填制进账单一式两联，连同本票一并交给银行，然后，根据银行收回本票时盖章退回的一联进账单，借记"银行存款"账户，贷记"其他货币资金——银行本票"账户。

4. 信用卡存款

信用卡存款是指企业为了取得信用卡，按照规定存入银行信用卡专户的款项。企业申领信用卡，应按规定填制申请表，并按银行要求交存一定金额的备用金后，银行开立信用卡存款账户，发给信用卡。企业取得信用卡后，应根据银行盖章退回的交存备用金的进账单，编制付款凭证，借记"其他货币资金——信用卡存款"账户，贷记"银行存款"账户。企业用信用卡购物或支付有关费用后，应根据发票账单等有关凭证，经核对无误后，借记"管理费用"等账户，贷记"其他货币资金——信用卡存款"账户。企业需要向信用卡存款账户续存资金时，借记"其他货币资金——信用卡存款"账户，贷记"银行存款"账户。

【例 3-16】某企业向银行办理信用卡，按规定填制"信用卡申请书"，并将 50 000 交存银行。取得信用卡后，用信用卡购买行政管理部门办公用品 19 000 元，后又续存 10 000 元。有关账务处理如下：

(1) 企业取得信用卡时，应根据银行盖章退回的有关凭证，编制会计分录如下：

借：其他货币资金——信用卡存款　　　　　50 000
　　贷：银行存款　　　　　　　　　　　　　　　　50 000

(2) 企业信用卡付款后，应根据发票账单等有关凭证，编制会计分录如下：

借：管理费用　　　　　　　　　　　　　　19 000
　　贷：其他货币资金——信用卡存款　　　　　　　19 000

(3) 企业续存资金时，编制会计分录如下：

借：其他货币资金——信用卡存款　　　　　10 000
　　贷：银行存款　　　　　　　　　　　　　　　　10 000

5. 信用证保证金存款

信用证保证金存款是指企业为了取得信用证按规定存入银行的保证金。企业向银行申请开立信用证，应按规定向银行提交开证申请书、信用证申请人承诺书和购销合同，并向银行交纳保证金。根据开户银行盖章退回的有关单据，借记"其他货币资金——信用证存款"账户，贷记"银行存款"账户。企业收到供货单位信用证结算凭证及所附发票账单，经核对无误后，借记"在途物资"、"原材料"、"材料采购"等账户，贷记"其他货币资金——信用证存款"账户。企业收到未用完的信用证存款余款时，应借记"银行存款"账户，贷记"其他货币资金——信用证存款"账户。

6. 存出投资款

存出投资款是指企业已存入证券公司但尚未进行短期投资的现金。企业向证券公司划出资金时，应按实际划出的金额，借记"其他货币资金——存出投资款"账户，贷记"银行存款"账户；购买股票、债券、基金等时，按实际发生的金额，借记有关账户，贷记"其他货币资金——存出投资款"账户。

练习题

习题一

一、目的：练习库存现金、银行存款收支业务的核算。

二、资料：某房地产企业 2011 年 10 月份发生如下经济业务：

1. 3 日，开出现金支票一张，从开户银行提取现金 20 000 元。
2. 6 日，开出转账支票一张，购买打印机一台，价值 1 500 元。
3. 7 日，以银行存款支付行政管理部门的电话费 1 310 元。
4. 10 日，企业行政管理部门职工李某出差，预借差旅费 3 000 元，以现金支付。
5. 19 日，施工现场有一批零星残次料，经出售销售收入为 192 元。
6. 22 日，职工李某出差回来，实际报销差旅费 2 700 元，并交回现金余额 300 元。
7. 26 日，将现金 2 000 元送存开户银行。

三、要求：根据上述经济业务编制会计分录。

习题二

一、目的：练习银行存款余额调节表的编制。

二、资料：某房地产企业 2011 年 6 月 30 日银行存款日记账的余额为 230 530 元，银行对账单余额为 232 010 元，经核对，发现下列未达账项：

1. 6 月 28 日，企业开出转账支票支付办公用品费 3 150 元，并已入账，但银行尚未收到单据，没有入账。
2. 6 月 29 日，银行代企业支付电话费 1 370 元，已付款记账，但企业尚未收到银行的付款通知，没有入账。
3. 6 月 29 日，企业收到某公司开出的转账支票一张，金额 6 200 元，当日送存银行，企业已入账，但银行尚未入账。
4. 6 月 30 日，企业委托银行代收款项 5 900 元，银行已收款入账，但企业尚未收到银行的收款通知，没有入账。

三、要求：编制 6 月份银行存款余额调节表。

4 应收及预付款项

应收及预付款是指企业应向其他单位和个人收取或预付的款项,它是企业的短期债权,属于企业的流动资产。应收及预付款主要包括应收账款、应收票据、预付账款和其他应收款。

4.1 应收账款

4.1.1 应收账款概述

1. 应收账款的概念和确认条件

(1) 应收账款的概念

应收账款是指企业因转让、销售开发产品,提供出租房屋和劳务等业务,应向购买、接受或租用的单位和个人收取而尚未收取的款项。它是企业的一项短期债权,正常情况下,应该在1年内或超过1年的一个营业周期内收回。

(2) 应收账款的确认条件

应收账款的确认与收入的确认标准密切相关。按照收入确认标准,企业在销售商品时,如果同时符合四个条件,即确认为收入:

1) 企业已将商品所有权上的主要风险和报酬转移给购货方;

2) 企业既没有保留通常与所有权相联系的继续管理权,也没有对已售出的商品实施有效控制;

3) 收入的金额能够可靠地计量;

4) 相关的经济利益很可能流入企业;

5) 相关的已发生或将发生的成本能够可靠地计量。

由于大多数商品的销售在交易发生时就具备了这些条件,因此,应收账款应于收入实现时确认。

2. 应收账款的计价

在一般情况下,应收账款的入账金额,是买卖双方在成交时的实际发生额。但在含有折扣条件的销售方式时,应收账款的计价还要考虑折扣因素。

销售的折扣有两种类型,即商业折扣和现金折扣。

(1) 商业折扣。商业折扣是指企业出售开发产品时,对特定的客户,在销售价格上给予的一定优惠。如对大批量购买的客户,按规定的销售价格给予3%的商业折扣。由于商业折扣是从销售商品的价格中直接扣除的,所以,销售企业要按扣除实际折扣以后的金额作为应收账款的入账价值。商业折扣在购销双方的账面上均不作任何反映。

(2) 现金折扣。现金折扣是企业为了鼓励客户在一定期限内早日偿还销售款而给予的一种折扣优惠。现金折扣通常用下述形式来表示：3/10、1/20、n/30。表示的意思是信用期为30天，如果在10天之内付款可给予3%的现金折扣，20天内付款可给予1%的现金折扣。

我国现行会计核算中，在存在现金折扣的情况下，按扣除现金折扣前的总价格来确定应收账款的入账金额。现金折扣发生时，将折扣金额计入财务费用。

4.1.2 应收账款的核算

1. 应收账款核算应设置的账户

为了核算各项应收账款，企业应设置"应收账款"账户。该账户属于资产类账户，借方登记企业发生的各项应收账款，贷方登记收回的应收账款，余额一般在借方，表示尚未收回的应收账款。该账户有时也会出现贷方余额，在不设"预收账款"账户的情况下，企业预收到的账款，登记在"应收账款"账户的贷方，表示负债。该账户应按对方单位和个人设置明细账进行明细核算。

2. 应收账款的账务处理

企业在销售开发产品时，如果当时不能收回款项，应在发出产品或向对方开出提货单和销售发票时，确认销售收入，同时确认应收账款。

【例4-1】 A房地产开发企业于11月5日向甲公司销售商品楼一幢，售价800万元，已办完销售手续，房款尚未收到。编制会计分录如下：

借：应收账款——甲公司　　　　　　　　　　　8 000 000
　贷：主营业务收入——商品房销售收入　　　　　　8 000 000

【例4-2】 A企业11月10日接到甲公司转账支票一张，偿还企业售楼款700万元，A企业到银行办完转账手续。编制会计分录如下：

借：银行存款　　　　　　　　　　　　　　　7 000 000
　贷：应收账款——甲公司　　　　　　　　　　　7 000 000

这样应收甲公司的账款800万元已收回700万元，还有100万元没有收回，仍反映在"应收账款——甲公司"明细账户的借方。

【例4-3】 A企业于11月15日向乙公司出售多余的材料一批，价款共计6万元，材料已发出，货款尚未收到，现金折扣条件为"2/10、1/20、n/30"。编制会计分录如下：

（1）发出材料时：

借：应收账款——乙公司　　　　　　　　　　　60 000
　贷：其他业务收入——材料销售收入　　　　　　60 000

（2）若乙公司在10天内付款：

借：银行存款　　　　　　　　　　　　　　　58 800
　　财务费用　　　　　　　　　　　　　　　1 200
　贷：应收账款——乙公司　　　　　　　　　　　60 000

（3）若乙公司在第11~20天内付款：

借：银行存款　　　　　　　　　　　　　　　59 400
　　财务费用　　　　　　　　　　　　　　　600
　贷：应收账款——乙公司　　　　　　　　　　　60 000

(4) 若乙公司在 20 天后付款：
借：银行存款　　　　　　　　　　　　　　　　　　　　　60 000
　　贷：应收账款——乙公司　　　　　　　　　　　　　　　　60 000

4.2 应收票据

4.2.1 应收票据概述

1. 应收票据的概念

应收票据是指企业因销售商品、开发产品、提供劳务等而收到的商业汇票。商业汇票是一种由出票人签发的，委托付款人在指定日期无条件支付确定金额给收款人或者持票人的票据。我国现行法律规定，商业汇票的付款期限最长不得超过 6 个月。

2. 应收票据的种类

按不同的分类标准，商业汇票可以分为以下几种。

（1）商业汇票按是否带息，可分为不带息商业汇票和带息商业汇票。不带息商业汇票的到期值等于应收票据的面值。带息商业汇票的到期值为应收票据的面值加上到期利息。

（2）商业汇票按承兑人的不同，可分为银行承兑汇票和商业承兑汇票。商业汇票必须经承兑后方可生效，商业汇票的承兑人负有到期无条件支付票款的责任。银行承兑汇票，是指由收款人或承兑申请人签发，由承兑申请人向银行申请承兑，经银行审查后承兑的商业汇票。银行承兑汇票的承兑人是承兑申请人的开户银行。商业承兑汇票，是指由收款人签发，经付款人承兑，或由付款人签发并承兑的商业汇票。商业承兑汇票的承兑人是付款人。

3. 应收票据到期日的确定

在实际业务中，票据的期限一般有按月表示和按日表示两种。

（1）票据期限按月表示时，应以到期月份的对应日为到期日。月末签发的票据，不论月份大小，以到期月份的月末那一天为到期日。

例如，3 月 5 日签发的期限为 3 个月的票据，其到期日为 6 月 5 日；3 月 31 日签发的期限为 3 个月的票据，其到期日为 6 月 30 日。

（2）票据期限按日表示时，应从出票日起按实际日历天数计算。通常出票日和到期日只算其中一天，即"算尾不算头"或"算头不算尾"。

例如，5 月 10 日签发的 50 天票据，其到期日应为 6 月 29 日。

4.2.2 应收票据的核算

1. 应收票据核算应设置的账户

为了反映应收票据的取得、票款收回等经济业务，企业应当设置"应收票据"账户。该账户为资产类账户，借方登记取得的应收票据面值和带息票据的利息，贷方登记到期收回票款或到期前向银行贴现的应收票据的票面余额，期末余额在借方，反映企业持有的商业汇票的面值和利息。该账户应按债务人设置明细账进行明细核算。

2. 应收票据的账务处理

(1) 不带息商业汇票

企业收到商业汇票时,按应收票据的票面价值入账,借记"应收票据"账户,贷记"主营业务收入"、"应收账款"等账户;商业汇票到期按面值收回时,借记"银行存款"账户,贷记"应收票据"账户。商业承兑汇票到期,承兑人违约拒付或无力偿还票款时,收款企业应将到期票据的票面金额转入"应收账款"账户,即借记"应收账款"账户,贷记"应收票据"账户。

【例4-4】 A房地产开发企业于2011年12月5日向丙公司销售商品房一套,售价200万元,已办完销售手续,收到丙公司开出并承兑的不带息商业汇票一张,期限6个月。编制会计分录如下:

借:应收票据——丙公司　　　　　　　　　　2 000 000
　　贷:主营业务收入——商品房销售收入　　　　2 000 000

【例4-5】 承例4-4,2012年6月5日汇票到期,收到200万元。编制会计分录如下:

借:银行存款　　　　　　　　　　　　　　　2 000 000
　　贷:应收票据——丙公司　　　　　　　　　　2 000 000

若2012年6月5日汇票到期,未能收到200万元。编制会计分录如下:

借:应收账款——丙公司　　　　　　　　　　2 000 000
　　贷:应收票据——丙公司　　　　　　　　　　2 000 000

(2) 带息商业汇票

带息商业汇票与不带息商业汇票相比,还应于中期期末和年度终了计算票据利息,并增加应收票据的票面价值,同时冲减财务费用。到期收回时,应按收到的本息,借记"银行存款"账户,按账面价值,贷记"应收票据"账户,按其差额,贷记"财务费用"账户。

(3) 应收票据贴现

应收票据贴现是指票据持有人将未到期的商业汇票背书后交存银行,银行受理后从票据到期值中扣除按银行贴现率计算的贴现息,将余款付给持票人的行为。相关计算如下:

不带息商业汇票到期值＝票据面值　　　　　　　　　　　　　　(式4-1)

带息商业汇票到期值＝票据面值＋票据利息

　　　　　　　　　＝票据面值×(1＋票面利率×票据期限)　　　(式4-2)

贴现天数＝票据期限－已持有票据期限　　　　　　　　　　　　(式4-3)

或:贴现天数＝贴现日至到期日实际天数－1　　　　　　　　　　(式4-4)

贴现息＝票据到期值×贴现率×贴现天数　　　　　　　　　　　(式4-5)

贴现所得金额＝票据到期值－贴现息　　　　　　　　　　　　　(式4-6)

票据贴现时,票据到期值与贴现所得金额之间的差额作为财务费用处理。

【例4-6】 某房地产开发企业因急需资金,于2012年6月8日将其持有的一张丁公司5月9日签发并承兑的面值10万元、90天到期的不带息商业汇票向银行申请贴现,贴现率为9%。则:

票据到期值＝100 000(元)

票据出票日:5月9日

票据到期日：8月7日
票据贴现日：6月8日
贴现天数：60天
贴现息＝100 000×9％/360×60＝1 500（元）
贴现所得金额＝100 000－1 500＝98 500（元）
编制会计分录如下：
借：银行存款   98 500
    财务费用   1 500
  贷：应收票据——丁公司   100 000

4.3 预付账款

4.3.1 预付账款概述

预付账款是指企业按照工程建造合同预付给工程承包单位的款项，包括预付工程款和预付备料款，以及按照购货合同规定预付给供货单位的购货款。

4.3.2 预付账款的核算

1. 预付账款核算应设置的账户

预付账款业务经常发生的企业，应设置"预付账款"账户。该账户是资产类账户，发生的预付账款登记在该账户的借方，与对方结算款项时将预付账款转入到应付账款的借方，期末余额在借方，表示已经预付但尚未进行结算的款项。该账户应按对方单位和个人设置明细账进行明细核算。

预付账款不多的企业，对发生的预付账款合并在"应付账款"账户中核算，在此不作阐述。

2. 预付账款的账务处理

预付账款可分为预付承包单位款和预付供应单位款。

（1）预付承包单位款

房地产开发企业与施工企业有关发包工程款和预付备料款、工程款的核算，应在"应付账款"和"预付账款——预付承包单位款"两个账户进行。房地产开发企业按照规定预付给承包施工企业备料款和工程款时，借记"预付账款——预付承包单位款"账户，贷记"银行存款"、"原材料"等账户；按照工程价款结算账单应付给承包施工企业的工程款时，借记"开发成本"等账户，贷记"应付账款"账户。在应付工程款中扣除预付备料款和预付工程款时，借记"应付账款"账户，贷记"预付账款——预付承包单位款"账户。支付工程款时，借记"应付账款"账户，贷记"银行存款"等账户。

【例4-7】 某房地产开发企业准备开发一项准备出售的房屋建筑工程，按合同规定，预付给B承包施工企业房屋建筑工程款40万元，备料款20万元，另拨付材料一批给B企业抵作备料款，材料价款8万元（材料核算采用实际成本法）。10个月后，该项房屋建筑工程完工，B企业转来"工程价款结算账单"，应结算工程款一共96万元，将余款支付给

B企业。编制会计分录如下：

1）预付工程款、备料款和拨付材料时：

借：预付账款——预付承包单位款（B企业）　680 000
　　贷：银行存款　　　　　　　　　　　　　600 000
　　　　原材料　　　　　　　　　　　　　　 80 000

2）结算工程款并扣除预付款时：

借：开发成本——房屋开发成本　　　　　　960 000
　　贷：应付账款——B企业　　　　　　　　960 000
借：应付账款——B企业　　　　　　　　　 680 000
　　贷：预付账款——预付承包单位款（B企业）　680 000

3）支付余款时：

借：应付账款——B企业　　　　　　　　　 280 000
　　贷：银行存款　　　　　　　　　　　　 280 000

该房地产企业为该项房屋工程前后一共支付了银行存款88万元，拨付了材料8万元，最后都计入到房屋开发成本，共计96万元。

（2）预付供应单位款

房地产开发企业按照购货合同的规定预付货款时，借记"预付账款——预付供应单位款"账户，贷记"银行存款"账户；收到预购的货物时，借记"原材料"等账户，贷记"预付账款——预付供应单位款"账户；补付货款时，借记"预付账款——预付供应单位款"账户，贷记"银行存款"账户；退回多付的货款，则借记"银行存款"账户，贷记"预付账款——预付供应单位款"账户。

【例4-8】　某房地产开发企业向C公司采购钢材，预付给C公司的材料款共计20 000元。1个月后材料收到，价税合计35 100元，补付15 100元。编制会计分录如下：

1）预付货款时：

借：预付账款——预付供应单位款（C公司）　20 000
　　贷：银行存款　　　　　　　　　　　　　20 000

2）收到材料验收入库时：

借：原材料　　　　　　　　　　　　　　　 35 100
　　贷：预付账款——预付供应单位款（C公司）　35 100

3）补付货款时：

借：预付账款——预付供应单位款（C公司）　15 100
　　贷：银行存款　　　　　　　　　　　　　15 100

4.4　其他应收款

4.4.1　其他应收款概述

其他应收款是指企业对其他单位和个人的除了应收票据、应收账款和预付账款以外的其他各种应收、暂付的款项。主要包括：应收的各种赔款、罚款，如企业财产等遭受意外损失而应向有关保险公司收取的赔款等；应收的出租包装物租金；应向职工收取的各种垫付款，如为职工垫付的水电费、应由职工负担的医药费、房租费等；存出保证金，如租入包装物支付的押金；其他各种应收、暂付款项。

4.4.2 其他应收款的核算

1. 其他应收款核算应设置的账户

为了核算各项其他应收款，企业应当设置"其他应收款"账户。该账户属于资产类账户，借方登记企业发生的各项暂付和应收的款项，贷方登记收回和转销的其他应收款。该账户应按欠款的单位和个人设置明细账户进行明细核算。

2. 其他应收款的账务处理

【例4-9】 某房地产开发企业管理部门职工李丽出差借差旅费2 000元，以现金支付。李丽出差归来，报销差旅费1 500元，余款交回。编制会计分录如下：

（1）预付差旅费时：

借：其他应收款——李丽　　　　　　　　　2 000
　　贷：库存现金　　　　　　　　　　　　　　　2 000

（2）出差回来报销差旅费

借：管理费用　　　　　　　　　　　　　　1 500
　　库存现金　　　　　　　　　　　　　　　500
　　贷：其他应收款——李丽　　　　　　　　　2 000

【例4-10】 某房地产开发企业以银行存款代职工张兰垫付应由其个人负担的医药费3 500元，拟从其下月工资中扣回。编制会计分录如下：

（1）垫付医药费时：

借：其他应收款——张兰　　　　　　　　　3 500
　　贷：银行存款　　　　　　　　　　　　　　　3 500

（2）从下月工资中扣款时：

借：应付职工薪酬　　　　　　　　　　　　3 500
　　贷：其他应收款——张兰　　　　　　　　　3 500

4.5　应收款项减值

4.5.1　应收款项减值概述

根据最新《企业会计准则》，应收款项的减值包括应收账款、应收票据、预付账款和其他应收款的减值。

1. 应收款项发生减值的确认

表明应收款项发生减值的客观证据，主要包括下列各项：

（1）发行方或债务人发生严重财务困难；

（2）债务人违反了合同条款，如偿付利息或本金发生违约或逾期等；

（3）债权人出于经济或法律等方面因素的考虑，对发生财务困难的债务人作出让步；

(4) 债务人很可能倒闭或进行其他财务重组;

(5) 因发行方发生重大财务困难,该金融资产无法在活跃市场继续交易;

(6) 无法辨认一组应收款项中的某项资产的现金流量是否已经减少,但根据公开的数据对其进行总体评价后发现,该组应收账款自初始确认以来的预计未来现金流量确已减少且可计量,如该组应收款项的债务人支付能力逐步恶化,或债务人所在国家或地区失业率提高、担保物在其所在地区的价格明显下降、所处行业不景气等;

(7) 债务人经营所处的技术、市场、经济或法律环境等发生重大不利变化,使权益工具投资人可能无法收回投资成本;

(8) 权益工具投资的公允价值发生严重或非暂时性下跌;

(9) 其他表明应收款项发生减值的客观证据。

2. 应收款项减值损失的计量

对于应收款项减值损失的计量,按照会计信息质量的重要性原则,分为单项金额重大的应收款项和单项金额非重大的应收款项。

(1) 对于单项金额重大的应收款项,应当单独进行减值测试。有客观证据表明其发生了减值的,首先要计算其未来现金流量现值,根据现值低于其账面价值的差额,确认减值损失,计提坏账准备。

(2) 对于单项金额非重大的应收款项可以单独进行减值测试,确定减值损失,计提坏账准备;也可以与经单独测试后未减值的应收款项一起按类似信用风险特征划分为若干组合,再按这些应收款项组合在资产负债表日余额的一定比例计算确定减值损失,计提坏账准备。

4.5.2 应收款项减值损失的核算

应收款项减值损失的核算方法,有直接转销法和备抵法两种。现行会计准则规定,企业只能采用备抵法进行核算。备抵法,是指按期估计减值损失,形成坏账准备,当某一应收款项的全部或部分被确认为坏账时,应根据其金额冲减坏账准备,同时转销相应的应收款项金额的一种核算方法。

采用备抵法,企业应当设置"坏账准备"账户,核算应收款项的坏账准备计提、转销等情况。该账户贷方登记提取的坏账准备金额以及收回已确认并转销的坏账损失,借方登记实际发生的坏账损失金额和冲减的坏账准备金额,期末余额在贷方,反映企业已计提但尚未转销的坏账准备。

企业当期计提的坏账准备应计入当期损益。计提坏账准备时,借记"资产减值损失"账户,贷记"坏账准备"账户;发生坏账损失时,借记"坏账准备"账户,贷记"应收账款"、"应收票据"、"预付账款"、"其他应收款"等账户。已确认并转销的应收款项以后又收回的,应按实际收回的金额增加坏账准备的账面金额,借记"应收票据"、"应收账款"、"预付账款"、"其他应收款"等账户,贷记"坏账准备"账户;同时,借记"银行存款"账户,贷记"应收票据"、"应收账款"、"预付账款"、"其他应收款"等账户。若期末应提取的坏账准备大于账面余额,应按两者差额予以补提,借记"资产减值损失"账户,贷记"坏账准备"账户;若期末应提取的坏账准备小于账面余额,应按两者差额予以冲减,借记"坏账准备"账户,贷记"资产减值损失"账户。

【例 4-11】 2011 年末，甲公司应收乙公司货款 100 万元，预计在 1 年内能收回 90 万元，其余无法收回。假设不考虑货币时间价值，则编制会计分录如下：

借：资产减值损失—计提的坏账准备　　　　　　100 000
　　贷：坏账准备　　　　　　　　　　　　　　　　100 000

【例 4-12】 2011 年末，甲公司应收乙公司货款 100 万元，预计在 2014 年末能收回 90 万元，其余无法收回。假设市场折现率为 8%，则计提坏账准备如下：

预计未来现金流量现值＝$900\,000/(1+8\%)^3$＝714 450（元），应收账款账面余额 100 万元，应计提坏账准备＝1 000 000－714 450＝285 550 万元。编制会计分录如下：

借：资产减值损失—计提的坏账准备　　　　　　285 550
　　贷：坏账准备　　　　　　　　　　　　　　　　285 550

练习题

一、目的：练习应收及预付款项的核算。

二、资料：某房地产企业 2011 年发生的部分业务如下：

1. 向三建公司出售施工现场内剩余的预制构件一批，共计 100 000 元，货物已发出，货款尚未收到，现金折扣条件为"2/10、1/20、n/30"。

2. 三建公司于第 20 天支付货款。

3. 向宏达公司销售写字楼一层，价值 30 000 000 元，已办完销售手续，房款尚未收到。

4. 收到宏达公司的商业汇票一张以偿还其所欠的房款，票面价值 30 000 000 元，90 天到期。

5. 30 天后，将所持有的宏达公司的商业汇票向银行贴现，贴现率 12%。

6. 职工张兰出差预借差旅费 3 000 元。

7. 张兰出差回来，报销差旅费 2 500 元，剩余金额以现金交回。

8. 年底应收账款账户余额 15 000 000 元，预计 2013 年末收回 13 000 000 元，其余无法收回，假设市场折现率为 10%，年末计提坏账准备，计提前"坏账准备"账户无余额。

三、要求：根据上述经济业务编制会计分录。

5 存 货

5.1 存货概述

5.1.1 存货的概念

存货是指企业在正常生产经营过程中持有以备出售的产成品或商品、处在生产过程中的在产品、在生产过程或提供劳务过程中耗用的材料和物料等。存货是企业的一项重要流动资产，常处于不断地购入、耗用或销售之中，具有种类繁多、流动性大的特点。

存货同时满足下列条件，才能予以确认：(1) 与该存货有关的经济利益很可能流入企业。(2) 该存货的成本能够可靠计量。

5.1.2 存货的分类

为了加强对存货的分类管理，必须对存货进行合理的分类。

1. 按经济用途分类

(1) 原材料：指企业购入的用于房地产开发经营的各种材料，包括主要材料、结构件、机械配件和其他材料等，如钢材、木材、水泥等。

(2) 设备：指企业购入的用于开发工程的各种设备，如：暖气、卫生设备、通风设备、照明设备等。

(3) 周转材料：指在企业开发经营过程中能够多次使用，并基本保持其原有实物形态，其价值逐渐转移的用具、物品、工具性材料。如低值易耗品、包装物、模板、挡土板、脚手架等。

(4) 开发产品：指已经完成全部开发过程，并经验收合格、合乎设计标准，可以按照合同规定的条件移交购买单位，或者可以对外销售的产品。

(5) 在建开发产品：指企业正在开发建设过程中的土地和房屋。

2. 按存放地点分类

(1) 库存存货：指企业已经验收合格并已入库的各种存货，如库存原材料、库存商品、周转材料等。

(2) 在途存货：指企业从外购进，货款已经支付，正在运输途中或虽已运达企业但尚未验收入库的存货，如各种在途材料等。

(3) 委托加工存货：指委托外单位加工，但尚未完工收回的存货，如委托加工的各种材料和构件等。

(4) 发出存货：指企业对外销售已经发出，但尚未确认收入的存货，如分期收款发出商品、委托代销商品等。

在上述各类存货中，本章主要介绍各种材料存货的核算。

5.1.3 存货的计价方法

为了如实反映存货的增减变动情况，企业必须采用一定的方法对存货进行计价，以便正确地确定收入、发出及结存存货的金额。存货的计价方法有按实际成本计价法和按计划成本计价法两种。企业可以根据实际情况进行选择。

1. 按实际成本计价

按实际成本对存货进行计价，是指每一种存货的收入、发出和结存，都按其取得时（如购入、自制、委托加工等）所发生的实际成本计价。

(1) 取得存货实际成本的确定

企业的各种存货在取得时，应当按照取得时的实际成本入账。由于各种存货的来源渠道不同，其实际成本的构成内容也不完全相同，企业应根据不同来源的存货，分别计算和确定各类存货的实际成本。

1) 外购存货的实际成本

外购存货的实际成本是指企业存货从采购到入库前发生的全部支出，包括买价（指供应单位发票价格）、相关税费、运输费、装卸费、包装费、保险费、运输途中的合理损耗、入库前的挑选整理费以及其他可归属于存货采购成本的费用。

2) 自制存货的实际成本

自制存货的实际成本包括制造过程中的料、工、费等各项实际支出。

3) 委托外单位加工存货的实际成本

委托外单位加工存货的实际成本包括加工中实际耗用的原材料或者半成品的实际成本、支付的加工费、往返运输费、装卸费和保险费等费用以及按规定计入成本的税金。

4) 投资者投入存货的实际成本

投资者投入的存货，应当按照投资合同或者协议约定的价值作为实际成本，但在投资合同或者协议约定价值不公允的情况下，按照该项存货的公允价值作为其实际成本。

5) 通过债务重组取得的存货的实际成本

通过债务重组取得的存货，是指企业作为债权人取得的债务人以非现金资产偿还债务，且企业作为存货管理的货品。其实际成本应当按照《企业会计准则—债务重组》的规定确定。

6) 通过非货币性交易取得的存货的实际成本

企业通过非货币性交易取得的存货，包括以投资换入的存货、以存货换入的存货、以固定资产换入的存货、以无形资产换入的存货等。其实际成本应当按照《企业会计准则—非货币性交易》的规定确定。

7) 盘盈的存货，应按其重置成本作为实际成本。

(2) 发出存货的计价方法

由于存货取得的途径是多方面的，各批存货的采购地点、采购时间、供货单位、单价、运输方式等因素也不尽相同，使得同一品种规格的存货在账面上有若干个不同的实际单位成本（通常叫单价），因而在每次发出存货时，就会产生按哪一种单价计价的问题。

发出存货的计价方法是指对发出存货和每次发出后的结存存货价值的计算确定方法。发出存货价值的确定是否正确，直接影响到当期销售成本及各期期末存货价值，从而影响当期损益和有关税金的计算，最终会影响到资产负债表中的相关项目。在按实际成本计价的情况下，发出存货的计价方法有以下几种：

1) 先进先出法

先进先出法是以先购进的存货先发出为假定前提的，并根据这种假定的存货流转次序对发出存货和期末存货进行计价。这种方法的要点是：收到存货时，应在存货明细账中逐笔登记每批入库存货的数量、单价及金额；发出存货时，应在存货明细账中逐笔登记发出数量，并采用先进先出的原则确定发出存货的单价，逐笔登记发出存货和结存存货的金额。

【例5-1】 某企业2011年7月份A材料的收发情况如下所示：

7月1日	结存	300千克	20元/千克	计6 000元
7月9日	购入	300千克	22元/千克	计6 600元
7月12日	发出	300千克		
7月23日	购入	200千克	23元/千克	计4 600元
7月28日	发出	400千克		

要求：采用先进先出法计算7月份发出材料成本和月末结存材料成本。（具体计算过程见表5-1）

A材料明细账　　　　计量单位：千克　　表5-1

2011年		凭证编号	摘 要	收入			发出			结存		
月	日			数量	单价	金额	数量	单价	金额	数量	单价	金额
7	1	略	期初余额							300	20	6000
	9		购入	300	22	6600				300 300	20 22	6000 6600
	12		发出				300	20	6000	300	22	6600
	23		购入	200	23	4600				300 200	22 23	6600 4600
	28		发出				300 100	22 23	6600 2300	100	23	2300
	31		合计	500		11200	700		14900	100	23	2300

先进先出法的优点是：可随时从明细账上了解发出存货和结存存货的金额，掌握存货资金的占用情况。此外，期末结存存货成本比较接近现行的市场价格，因此，资产负债表能较为真实地反映企业的财务状况。其缺点是：存货计价工作量较繁琐，而且在物价持续上涨时，会高估企业期末存货价值和当期利润，低估当期成本费用。在物价持续下跌时，会低估企业期末存货价值和当期利润，高估当期成本费用。

2) 加权平均法

加权平均法又称全月一次加权平均法或月末加权平均法，是指以月初结存存货的数量和本月收入存货的数量为权数，于月末计算该种存货的本月加权平均单价，并以此平均单价计算本月发出存货和期末结存存货实际成本的一种方法。该方法的要点是：收到存货时，在存货明细账的收入栏内登记数量、单价及金额；本月发出存货时，平时只登记发出数量，不登记发出单价和金额，结存栏也只登记数量，不确定其结存单价，在月末时一次计算出全月的加权平均单价，再按加权平均单价计算本月发出存货和月末结存存货的实际成本。其计算公式如下：

$$加权平均单价 = \frac{月初结存存货的实际成本 + 本月收入存货的实际成本}{月初结存存货的数量 + 本月收入存货的数量} \quad (式5-1)$$

$$本月发出存货的实际成本 = 本月发出存货数量 \times 加权平均单价 \quad (式5-2)$$

$$月末结存存货的实际成本 = 月末结存存货数量 \times 加权平均单价 \quad (式5-3)$$

【例5-2】 仍以例5-1A材料收发情况为例，采用加权平均法计算7月份发出材料和月末结存材料成本。见表5-2所示：

A 材料明细账　　　　　　　计量单位：千克　　表 5-2

2011年		凭证编号	摘要	收入			发出			结存		
月	日			数量	单价	金额	数量	单价	金额	数量	单价	金额
7	1	略	期初余额							300	20	6000
	9		购入	300	22	6600				600		
	12		发出				300			300		
	23		购入	200	23	4600				500		
	28		发出				400			100		
	31		合计	500		11200	700	21.5	15050	100	21.5	2150

$$A 材料加权平均单价 = \frac{6000 + 6600 + 4600}{300 + 300 + 200} = 21.50(元)$$

本月发出 A 材料实际成本 $= 700 \times 21.50 = 15\,050(元)$

月末结存 A 材料实际成本 $= 100 \times 21.50 = 2\,150(元)$

加权平均法的优点是：只在月末一次计算出存货发出及结存的加权平均单价，因而手续简便，工作量小。其主要缺点是：由于存货发出及结存单价必须到月末才能计算出来，因而平时无法及时从明细账中了解到存货的发出和结存金额，不便于掌握存货资金的占用情况以及存货的日常管理和控制。

3）移动加权平均法

移动加权平均法是指以各批收入存货的数量和各批收入前结存存货的数量为权数计算存货加权平均单价的一种方法。其要点是：平时收到存货时，在存货明细账中登记数量、单价及金额，同时，每收到一批存货就应为存货重新计算出新的加权平均单价，并按新单价计算下次收到存货前各批发出存货的实际成本。其计算公式如下：

$$\frac{移动加权}{平均单价} = \frac{本次收入前结存存货的实际成本 + 本次收入存货的实际成本}{本次收入前结存存货的数量 + 本次收入存货的数量} \quad (式5-4)$$

$$发出存货的实际成本 = 本次发出存货的数量 \times 本次移动加权平均单价 \quad (式5-5)$$

【例5-3】 仍以例5-1 A材料收发情况为例，说明移动加权平均法的应用。见表5-3所示：

A 材料明细账　　　　　计量单位：千克　表 5-3

2011年		凭证编号	摘　要	收入			发出			结存		
月	日			数量	单价	金额	数量	单价	金额	数量	单价	金额
7	1	略	期初余额							300	20	6000
	9		购入	300	22	6600				600	21	12600
	12		发出				300	21	6300	300	21	6300
	23		购入	200	23	4600				500	21.8	10900
	28		发出				400	21.8	8720	100	21.8	2180
	31		合计	500		11200	700		15020	100	21.8	2180

移动加权平均法的优点是：可避免月末一次计算存货加权平均单价的缺点，平时能从存货明细账上反映出发出存货和结存存货的金额，便于对存货进行日常管理。其缺点是：每收到一批存货，就要重新计算一次加权平均单价，对存货收发业务量大的企业来说，计算工作量较繁重。

4）个别计价法

个别计价法又称分批认定法、具体辨认法，是指以某批存货收入时的实际单价作为该批存货发出时的单价来计算发出存货成本的一种计价方法。其要点是：各批收入的存货应分别保管并作出标记，以便具体辨认，同时还要按批次设置存货明细账，详细记录数量、单价和金额。存货发出时，应按不同批次的单价进行计算。

个别计价法的优点是：由于存货的成本流转与实物流转一致，因而能够真实地反映各批发出存货的实际成本。其缺点是：由于各批收入的存货应分别保管，并作标记，因而对发出存货和月末结存存货需要分别确认其所属的收入批次，因此，存货的实物管理难度较大，核算工作量较繁琐。采用这种方法还可能导致企业任意选用较高或较低的单价来计算发出存货成本以达到调节利润的目的。这种计价方法一般适用于体积较大、数量较少、成本较高、容易识别的存货。

企业应根据自身的实际情况选择上述计价方法，一经选定，不得随意变更。如有变更，应在财务会计报告中加以说明。

（3）按实际成本计价的优缺点及适用范围

按实际成本计价进行存货收发核算，其优点是能够较真实地反映各种存货的增减变动情况以及领料对象的实际成本。缺点是存货收发计价工作量较繁琐。按实际成本计价适用于存货品种规格较少、收发业务较少的企业。

2. 按计划成本计价

按计划成本对存货进行计价是指存货的收入、发出和结存均按企业预先确定的计划成本计价，对于存货取得时发生的实际成本与预先确定的计划成本之间的差额，通过专门设置的"材料成本差异"账户进行核算。月末，根据材料成本差异与计划成本之间的比率，计算发出存货和结存存货应分摊的成本差异额，再将发出存货和结存存货的计划成本调整为实际成本。按计划成本计价，企业的采购部门和财会部门应根据市场等具体情况合理制定每一品种规格存货的计划单价，计划单价一般一年调整一次。

（1）取得存货实际成本与计划成本的确定

取得存货实际成本的确定方法与按实际成本计价的确定方法一致。

$$\text{取得存货的计划成本} = \text{存货的收入数量} \times \text{存货的计划单价} \quad \text{(式 5-6)}$$

$$\text{取得存货的成本差异} = \text{取得存货的实际成本} - \text{取得存货的计划成本} \quad \text{(式 5-7)}$$

取得存货的实际成本大于计划成本的差异为超支差异（借差），用正数表示；实际成本小于计划成本的差异为节约差异（贷差），用负数表示。

(2) 发出存货计划成本与实际成本的确定

$$\text{发出存货的计划成本} = \text{发出存货的数量} \times \text{存货的计划单价} \quad \text{(式 5-8)}$$

$$\text{发出存货应分摊的成本差异} = \text{发出存货的计划成本} \times \text{存货成本差异率} \quad \text{(式 5-9)}$$

$$\text{存货成本差异率} = \frac{\text{月初结存存货的成本差异} + \text{本月收入存货的成本差异}}{\text{月初结存存货的计划成本} + \text{本月收入存货的计划成本}} \times 100\%$$

$$\text{(式 5-10)}$$

$$\text{发出存货的实际成本} = \text{发出存货的计划成本} \pm \text{发出存货应分摊的成本差异} \quad \text{(式 5-11)}$$

$$\text{月末结存存货的实际成本} = \text{月末结存存货的计划成本} \pm \text{月末结存存货应分摊的成本差异} \quad \text{(式 5-12)}$$

【例 5-4】 某企业 2 月份结存甲材料的计划成本为 70 000 元，甲材料成本差异结有借方余额 200 元，本月购入甲材料的实际成本 72 880 元，计划成本 76 000 元。本月发出甲材料的计划成本为 120 000 元，计算本月甲材料成本差异率和发出甲材料的实际成本。

$$\text{甲材料成本差异率} = \frac{200 - 3120}{70000 + 76000} \times 100\% = -2\%$$

$$\text{本月发出甲材料应分摊的成本差异} = 120\ 000 \times (-2\%) = -2\ 400\ \text{元}$$

$$\text{本月发出甲材料的实际成本} = 120\ 000 - 2\ 400 = 117\ 600\ \text{元}$$

(3) 按计划成本计价的优缺点和适用范围

按计划成本计价进行存货收发核算，其优点是：与按实际成本计价相比，按计划成本计价大大减少了存货的日常核算工作量；有利于考核采购部门采购业务的成果及工作质量；通过实际成本与计划成本的对比，可检查材料采购计划的完成情况，便于分析工程或产品成本中材料费用的升降情况。缺点是：由于发出存货和结存存货的实际成本是在计划成本的基础上通过加或减存货成本差异调整为实际成本的，因而其准确性相对较差。按计划成本计价一般适用于规模较大、存货品种繁多、收发频繁的企业。

5.2 按实际成本计价的原材料的核算

按实际成本计价法对材料进行日常收发核算的特点是：从材料的收发凭证到明细分类账和总分类账全部按实际成本计价。

5.2.1 应设置的账户

1. "原材料"账户

该账户属于资产类账户，用来核算企业按实际成本计价进行材料收发核算时，各种原材料的收入、发出和结存情况的实际成本。借方登记外购、自制、委托加工完成、投资转入、接受捐赠、发包单位拨入、盘盈等途径取得的原材料的实际成本，贷方登记领用、发出、对外销售、投资转出、捐赠转出、盘亏及毁损等原因而减少原材料的实际成本。期末余额在借方，反映库存原材料的实际成本。

2."在途物资"账户

该账户属于资产类账户，用来核算企业已支付但尚未运到企业或尚未验收入库的各种材料物资的实际成本。借方登记已付款或已开出、承兑商业汇票但尚未到达或验收入库的在途材料物资的实际成本，贷方登记转入"原材料"账户的已验收入库材料物资的实际成本。借方余额反映已付款但尚未到达或尚未验收入库的在途材料物资的实际成本。

5.2.2 原材料收发的总分类核算

1. 原材料收入的核算

不同渠道取得的原材料，其账务处理也不同。

（1）外购原材料的核算

由于外购材料的采购地点、货款结算方式不同，因而会出现材料入库与货款的支付不一定同步的情况。对此，应分别不同情况进行账务处理。

1）当月付款，当月收料

对于当月付款当月随即收料的采购业务，企业应根据发票账单和有关结算凭证，借记"原材料"账户，贷记"银行存款"等账户。

【例5-5】 某企业从外单位购入钢材一批，买价26万元，运杂费3 500元，增值税4.42万元，均用银行存款支付。材料已验收入库。根据有关凭证编制会计分录如下：

  借：原材料   307 700
    贷：银行存款   307 700

2）当月付款，以后月份收料

对于已经付款或已开出承兑商业汇票，但材料尚未到达或尚未验收入库的业务，在材料按实际成本计价的情况下，企业应根据发票账单和结算凭证，借记"在途物资"账户，贷记"银行存款"或"应付票据"等账户；待下月份材料到达验收入库后，再根据收料单，借记"原材料"账户，贷记"在途物资"账户。

【例5-6】 某企业购入水泥一批，买价39 000元，运杂费1 200元，按买价的17%缴纳增值税。上述各项款项已用银行存款支付，材料未到。根据有关凭证编制会计分录如下：

  借：在途物资   46 830
    贷：银行存款   46 830

等下月份材料验收入库时，编制会计分录如下：

  借：原材料   46 830
    贷：在途物资   46 830

3）当月收料、以后月份付款

对于材料先到而发票账单尚未收到、货款未付的采购业务，在月份内可暂不入账，待发票账单到达后再入账。若月末发票账单仍未到达，为了真实反映企业月末资产结存及负债情况，可先按材料的暂估价（合同价格或计划成本）入账，借记"原材料"账户，贷记"应付账款——暂付应付账款"账户。下月初用红字作同样的分录予以冲回。等下月收到发票账单后按正常程序入账。

【例 5-7】 某企业购入黄砂一批，材料已到并验收入库，月末发票账单及有关结算凭证仍未到达，货款尚未支付。企业应先按暂估价 40 600 元入账，编制会计分录如下：

借：原材料　　　　　　　　　　　40 600
　　贷：应付账款——暂估应付账款　　　　　40 600

下月初，用红字金额冲销上项分录，编制会计分录如下：

借：原材料　　　　　　　　　　　40 600
　　贷：应付账款——暂估应付账款　　　　　40 600

下月份，收到所购黄砂的发票账单，买价 33 000 元，运杂费 2 600 元，增值税 5 610 元，均以银行存款支付。编制会计分录如下：

借：原材料　　　　　　　　　　　41 210
　　贷：银行存款　　　　　　　　　　　　41 210

（2）自制原材料的核算

自制原材料是指企业所属内部非独立核算的辅助生产部门加工制作的金属材料、木质材料、预制材料等。自制并已验收入库的原材料，应按其实际成本，借记"原材料"账户，贷记"生产成本——辅助生产"账户。

（3）投资者投入原材料的核算

投资者投入的原材料，应按照投资合同或者协议约定的价值，借记"原材料"账户，贷记"实收资本"（或"股本"）账户。

2. 原材料发出的核算

为简化总分类核算工作，在月末，根据按实际成本计价的各种领发料凭证，按材料的类别、领用部门和用途，汇总编制"发料凭证汇总表"，据以编制记账凭证，进行原材料发出的总分类核算。其具体账务处理方法是：按用料对象，借记"开发成本"、"开发间接费用"、"管理费用"、"其他业务成本"、"在建工程"等账户，贷记"原材料"账户。

【例 5-8】 某房地产开发企业 3 月份的"发料凭证汇总表"（表 5-4）如下：

发料凭证汇总表　　　　　　　　　　　　　单位：元　表 5-4

用料对象＼材料类别	主要材料	结构件	机械配件	其他材料	合　计
开发成本	260 000	160 000			420 000
开发间接费用				9 000	9 000
其他业务成本			2 000	1 200	3 200
管理费用				2 300	2 300
在建工程	100 000				100 000
合计	360 000	160 000	2 000	12 500	534 500

根据汇总表编制会计分录如下：

借：开发成本　　　　　　　　　　　420 000

```
开发间接费用                              9 000
其他业务成本                              3 200
管理费用                                  2 300
在建工程                                100 000
  贷:原材料                                          534 500
```

5.2.3 原材料收发的明细分类核算

为了加强对各种材料的管理,企业必须合理地组织材料的明细分类核算。原材料明细分类核算包括数量核算和价值核算两个方面,一般由材料仓库和财会部门共同配合进行核算。

仓库负责材料的数量核算,各材料仓库对于经管的每一种原材料应分别规格,开设"材料卡片",由仓库保管人员登记各种原材料的收入、发出和结存数量。财会部门负责材料的价值核算,由财会部门设置一套数量金额式的原材料明细账,并由会计人员进行登记。采用这种方法,账卡的资料可以相互核对和控制,但原材料的收入、发出及结存的数量重复记录,记账工作量大。为了避免重复记账,可以采用"账卡合一"的做法,即取消材料卡片,只设置一本既有数量又有金额的原材料明细账。这本账放在仓库,平时,由仓库保管员根据收发料凭证顺时逐笔登记收入、发出数量并逐日结出结存数量,然后将收发料凭证夹在登记的账页中。财会人员定期到仓库稽核仓库的数量核算并负责登记原材料收发结存的金额。"材料卡片"及"原材料明细账"的格式见表 5-5 和表 5-6 所示。

材料卡片   表 5-5

材料类别: 存放地点:
材料名称规格: 计量单位:
材料编号: 最高存量: 最低存量:

年		凭证编号	摘 要	收入数量	发出数量	结存数量	稽核签章
月	日						
			合计				

原材料明细账   表 5-6

材料类别: 存放地点:
材料名称规格: 计量单位:
材料编号: 最高存量: 最低存量:

年		凭证编号	摘 要	收入			发出			结存		
月	日			数量	单价	金额	收入	单价	金额	数量	单价	金额

5.3 按计划成本计价的原材料的核算

5.3.1 应设置的账户

按计划成本计价进行原材料的收发核算时，材料的收发凭证、明细分类账和总分类账全部按计划成本计价，购入的原材料应先通过"材料采购"账户核算，到月末再将本月已验收入库材料按计划成本从"材料采购"账户的贷方转入"原材料"账户的借方。购入材料实际成本与计划成本的差异，通过"材料成本差异"账户进行核算。

1. "材料采购"账户

该账户属于资产类账户，用来核算企业购入材料的实际采购成本。借方登记购入材料的实际成本，包括材料买价、运杂费、相关税费及其他可归属于材料采购成本的费用。贷方登记已验收入库材料的计划成本。借方和贷方的差额就是购入材料实际成本与计划成本的差异。实际成本大于计划成本的差异为借差（也称正差异），表示采购成本的超支，月末应将超支额从本账户的贷方转入"材料成本差异"账户的借方；实际成本小于计划成本的差异为贷差（也称负差异），表示采购成本的节约，月末应将节约额从本账户的借方转入"材料成本差异"账户的贷方；材料成本差异结转后，"材料采购"账户若还有借方余额，则反映尚未验收入库的在途材料的实际成本。本账户应按材料类别、品种、规格等设置"材料采购明细账"进行明细分类核算。

2. "材料成本差异"账户

该账户属于资产类账户，用来核算企业各种已验收入库材料（包括低值易耗品、周转材料）的实际成本与计划成本的差异，是各种材料账户的调整账户。借方登记验收入库材料的实际成本大于计划成本的超支差异额（也称借差），贷方登记验收入库材料的实际成本小于计划成本的节约差异额（也称贷差），以及发出材料应负担的成本差异（超支差异额用蓝字，节约差异额用红字）。期末余额若在借方，表示各种库存材料的实际成本大于计划成本的超支差异；期末余额若在贷方，表示各种库存材料的实际成本小于计划成本的节约差异。库存材料账户期末余额加或减本账户期末成本差异就为库存材料的实际成本。因此，本账户是为调整材料计划成本而设置的。本账户应按材料类别设置明细账，进行明细分类核算。

3. "原材料"账户

按计划成本计价进行材料收发核算时，"原材料"账户借方、贷方及期末余额反映的是各种原材料的计划成本，而不是实际成本，这是与按实际成本计价核算时"原材料"账户的不同之处。其他的与按实际成本计价核算时"原材料"账户的核算内容相同。

5.3.2 原材料收发的总分类核算

1. 原材料收入的核算

企业的原材料主要是从外单位购入的，此外，还有自制的原材料、投资者投入的原材料等。在此，只介绍外购原材料的核算。

(1) 当月付款、当月收料

对于当月付款、当月收料的采购业务,企业应根据发票账单和有关结算凭证,借记"材料采购"账户,贷记"银行存款"等账户。在材料验收入库时,按入库材料的计划成本编制入库分录,借记"原材料"账户,贷记"材料采购"账户。但在实务中,平时一般不编制入库分录,在月末,才将本月已收到发票和结算凭证并已验收入库的材料分品种或类别汇总后按计划成本编制入库分录,并结转入库材料实际成本与计划成本的差异。

【例 5-9】 3月2日,某企业购入水泥若干吨,买价 29 000 元,运杂费 860 元、增值税额 4 930 元,上述款项均以银行存款支付。水泥已到并验收入库,计划成本为 35 600 元。

支付款项时,编制会计分录如下:

  借:材料采购——水泥   34 790
    贷:银行存款   34 790

【例 5-10】 3月9日,某企业购入涂料一批,买价 19 000 元,发生运杂费 300 元、增值税额 3 230 元。发票及结算凭证已收到,双方商定采用商业承兑汇票结算方式支付上述款项。涂料已到并验收入库,其计划成本为 22 500 元。

签发并承兑商业承兑汇票时,编制会计分录如下:

  借:材料采购——涂料   22 530
    贷:应付票据   22 530

(2) 当月付款、以后月份收料

企业外购的材料有时会发生货款已付而材料尚未到达的情况,即发生了在途材料。在材料按计划成本计价的情况下,企业支付货款时,应借记"材料采购"账户,贷记"银行存款"或"应付票据"账户。待下月材料到达验收入库后,再根据收料单,借记"原材料"账户,贷记"材料采购"账户。

【例 5-11】 3月20日,某企业购入黄砂一批,买价 7 000 元,运杂费 360 元、增值税额 1 190 元,货款已用银行存款支付,但黄砂至月底尚未到达。

根据有关凭证支付材料的买价、运杂费和增值税时,编制会计分录如下:

  借:材料采购——黄砂   8 550
    贷:银行存款   8 550

(3) 当月收料、以后月份付款

对于材料先到而发票账单尚未收到、货款未付的采购业务,在月份内暂不入账,待发票账单到达后再入账。若至月末发票账单仍未到达,可先按计划成本暂估入账,下月初用红字作同样的分录予以冲回。等下月收到发票账单后按正常程序入账。

此外,如果发票账单已到,但因企业无资金支付款项时,则应通过"应付账款"账户核算,借记"材料采购",贷记"应付账款"账户。

【例 5-12】 3月26日,某企业购入钢筋若干吨,材料已到并验收入库,但月末发票账单仍未到达,按计划成本 32 000 元暂估入账。根据收料单,编制会计分录如下:

  借:原材料——钢筋   32 000
    贷:应付账款——暂估应付账款   32 000

下月初用红字金额冲销上述分录:

借：原材料——钢筋　　　　　　　　　　　　　32 000
　　贷：应付账款——暂估应付账款　　　　　　　　　　　32 000

下月份，收到该批材料的发票账单，该批钢筋的买价 27 000 元，运杂费 310 元，增值税额 4 590 元，均以银行存款支付。编制会计分录如下：

借：材料采购——钢筋　　　　　　　　　　　　31 900
　　贷：银行存款　　　　　　　　　　　　　　　　　　31 900

【例 5-13】 3 月 27 日，某企业从外地某单位购入钢材一批，买价 29 万元，运杂费 8 000 元，增值税额 49 300 元，材料已到并验收入库，其计划成本为 343 200 元。因企业存款不足，货款尚未支付。编制会计分录如下：

借：材料采购——钢材　　　　　　　　　　　　347 300
　　贷：应付账款　　　　　　　　　　　　　　　　　　347 300

（4）月末，按入库材料的计划成本编制入库分录并计算和结转入库材料的成本差异

按计划成本计价进行材料核算的企业，在月末，应将本月已收到发票和结算凭证并已验收入库的材料分品种或类别汇总后按计划成本编制入库分录，借记"原材料"账户，贷记"材料采购"账户，同时应结转入库材料实际成本与计划成本的差异。入库材料的实际成本大于计划成本，为超支差异额，或称为借差，结转差异时，应借记"材料成本差异"账户，贷记"材料采购"账户。入库材料的实际成本小于计划成本，为节约差异额，或称为贷差，结转差异时，应借记"材料采购"账户，贷记"材料成本差异"账户。

【例 5-14】 月末，根据收料单，将 3 月份已验收入库的材料按计划成本登记入账，并结转 3 月份入库材料的成本差异。本月购入并已验收入库材料的实际成本为 404 620 元，计划成本为 401 300 元，两者间的成本差异为超支差异额（借差）3 320 元。编制会计分录如下：

借：原材料——水泥　　　　　　　　　　　　　35 600
　　　　——涂料　　　　　　　　　　　　　　22 500
　　　　——钢材　　　　　　　　　　　　　 343 200
　　材料成本差异　　　　　　　　　　　　　　　3 320
　　贷：材料采购——水泥　　　　　　　　　　　　　　34 790
　　　　　　——涂料　　　　　　　　　　　　　　　22 530
　　　　　　——钢材　　　　　　　　　　　　　　347 300

2. 原材料发出的核算

为简化核算手续，领用原材料的核算一般在月末汇总进行。月末，财务部门根据月份内的各种领发料凭证，按照材料的类别和用途，将发出材料的计划成本和应分配的材料成本差异汇总编制"发料凭证汇总表"，据以进行原材料发出的账务处理。

具体账务处理方法是：按发出材料的计划成本，借记各成本费用账户，贷记"原材料"账户，同时，根据发出材料的计划成本和材料成本差异分摊率结转发出材料应分配的材料成本差异。超支额（借差）用蓝字金额借记各成本费用账户，贷记"材料成本差异"账户；节约额（贷差）用红字金额借记成本费用账户，贷记"材料成本差

异"账户。

【例5-15】 某房地产开发企业采用计划成本进行材料核算,根据"发料凭证汇总表",该企业某月共发出B原材料45万元,其中:商品房开发工程领用32万元,拨付承包单位抵作预付工程款材料12万元,项目开发部领用7 000元,企业管理部门领用3 000元,本月该材料的成本差异率-1%。有关会计分录如下:

(1) 发出材料时:

借:开发成本　　　　　　　　　　320 000
　　预付账款　　　　　　　　　　120 000
　　开发间接费用　　　　　　　　　7 000
　　管理费用　　　　　　　　　　　3 000
　　贷:原材料　　　　　　　　　　　　　　450 000

(2) 月末,结转发出材料应分摊的成本差异时:

借:开发成本　　　　　　　　　　3 200
　　预付账款　　　　　　　　　　1 200
　　开发间接费用　　　　　　　　　70
　　管理费用　　　　　　　　　　　30
　　贷:材料成本差异　　　　　　　　　　4 500

5.3.3 原材料收发的明细分类核算

采用计划成本进行材料物资日常核算的企业,每一种材料的收入、发出和结存都是按预先确定的计划单价计价,因此,更便于采用"账卡合一"的核算方法,即只设置一本既有数量又有金额的"原材料明细账",格式见表5-7。这本账放在仓库,平时由仓库保管员根据收发料凭证在"原材料明细账"中序时登记原材料收发结存数量,财务人员定期到仓库稽核并负责登记原材料收发结存的金额。按计划成本计价进行原材料收发核算时,在平时,原材料的收入、发出和结存可以只记录数量,必要时将数量乘以计划单价,即可计算原材料收发结存的计划成本,但在月末,应计算并登记结存金额,以便对账。

原材料明细账　　　　　　　　　　　表5-7

材料类别:　　　　　　　　　　　　存放地点:
材料名称规格:　　　　　　　　　　计量单位:
材料编号:　　　　　　　　　　　　最高存量:
计划单价:　　　　　　　　　　　　最低存量:

年		凭证编号	摘要	收入数量	发出数量	结存		稽核签章
月	日					数量	金额	
				合计				

为了核算和监督各种外购原材料的实际采购成本以及实际成本与计划成本的差异,确定发出材料的实际成本,企业除了设置"原材料明细账"以外,还要设置"材料采购明细账"和"材料成本差异明细账"。

"材料采购明细账"是用来记录企业外购各种材料的实际采购成本以及实际成本与计划成本的差异额的明细账户。企业应结合各自的实际情况设置"材料采购明细账",可以按材料总账账户设置,也可以按材料类别开设明细账户,如果某些主要材料数量多、比重大,需要分别计算其材料成本差异的,则可按材料的细类或品种开设明细账户。"材料采购明细账"的格式见表5-8。

材料采购明细账　　　　　　　　　　　表5-8

明细科目:

付款日期		凭证编号	摘要	借方(实际成本)				收料日期	凭证编号	摘要	贷方				备注
月	日			买价	运杂费	相关税费等	合计				计划成本	成本差异	其他	合计	
			合计												

"材料成本差异明细账"是用来记录每月各种类收入材料的成本差异额和计算材料成本差异率,并据以计算每月发出材料应负担的成本差异额。该明细账的设置应与"材料采购明细账"的设置口径保持一致。"材料成本差异明细账"应根据"材料采购明细账"和"发出材料汇总表"进行登记。"材料成本差异明细账"的格式见表5-9。

材料成本差异明细账　　　　　　　　　表5-9

明细科目:

日期		凭证编号	摘要	收入		发出		结存		差异率(%)
月	日			计划成本	成本差异	计划成本	成本差异	计划成本	成本差异	
			合计							

5.4 周转材料的核算

房地产开发企业的周转材料是指在房地产开发经营过程中能够多次使用,并基本保持原有物质形态,其价值逐渐转移的材料,如低值易耗品、包装物、模板、挡板、架料等。由于低值易耗品是企业的主要周转材料,因此,在本节主要阐述低值易耗品的有关内容。

5.4.1 低值易耗品的概念、分类及特点

低值易耗品是指劳动资料中使用时间较短,或单位价值较低,不作为固定资产核算的

各种工器具和物品。

房地产企业的低值易耗品按其用途可分为以下几类：

(1) 生产工具，指在房地产开发过程中使用的各种生产工具，如铁锹、铁镐、钳子、手推车等。

(2) 管理用具，指管理和服务工作中使用的各种价值低、易于损耗的办公用品、家具用具、消防器具等，如桌、椅、柜等。

(3) 劳保用品，指在开发经营过程中保护职工劳动安全的各种劳动保护用品，如工作服、安全帽、手套等。

(4) 玻璃器皿，指试验用的各种玻璃容器和用具。

低值易耗品由于价值较低，且易于损坏，需要经常更换，不具备固定资产条件，因此，一般列作企业的流动资产，归入存货类进行管理和核算。但低值易耗品又具有与固定资产相似的特点，从它在生产经营过程中所起的作用来看，属于劳动资料，它可以多次使用而不改变原有的实物形态，在使用过程中需经常修理，报废时又有残值，其价值可以一次或分期转移到工程成本和费用中。基于上述特点，低值易耗品的管理和核算应按固定资产和材料的方法结合使用。即对于低值易耗品的计价、采购、收发、结存和实物的清查盘点，应比照材料的管理和核算方法进行。对于低值易耗品的价值转移、摊销、报废清理等，可参照固定资产的方法。

5.4.2 低值易耗品的摊销方法

1. 一次摊销法

一次摊销法是指在领用低值易耗品时，将其全部价值一次计入成本费用。对于那些价值甚小、易破损的低值易耗品，可采用一次摊销法。

2. 五五摊销法

五五摊销法是指在领用低值易耗品时，先摊销其全部价值的50%，报废时再摊销其余的50%（应扣除回收的残料价值）。

5.4.3 低值易耗品的核算

为了核算和监督低值易耗品的收入、发出、结存及其价值摊销情况，企业应设置"周转材料——低值易耗品"账户，借方登记购入、自制、委托加工完成验收入库和盘盈等原因而增加的低值易耗品及在用低值易耗品的计划成本或实际成本。贷方登记领用、摊销、盘亏、报废、毁损等原因减少的低值易耗品的计划成本或实际成本。期末借方余额反映在库低值易耗品的计划成本或实际成本，以及在用低值易耗品的摊余价值。本账户应设置"在库低值易耗品"、"在用低值易耗品"、"低值易耗品摊销"三个明细账户进行明细核算。

企业购入、自制、委托外单位加工完成并已验收入库的低值易耗品、低值易耗品的清查盘点等的核算方法比照原材料核算的相关规定进行处理。

企业领用低值易耗品时，需要根据摊销方法将其价值摊入成本、费用。采用一次摊销法的，领用时应按其账面价值，借记"开发间接费用"、"管理费用"、"销售费用"等账户，贷记"周转材料——低值易耗品"账户。采用五五摊销法的，领用时应按其账面价值，借记"周转材料——低值易耗品（在用低值易耗品）账户"，贷记"周转材料——低值易耗品（在库低值易耗品）账户"；摊销时应按摊销额，借记"开发间接费用"、"管理费用"、"销售费用"等账户，贷记"周转材料——低值易耗品（低值易耗品摊销）"账户。

采用计划成本进行低值易耗品日常收发核算的企业，领用低值易耗品应负担的材料成本差异，应根据不同的摊销方法进行处理。采用一次摊销法的低值易耗品，应于领用当月的月末计算应分摊的材料成本差异。采用五五摊销方法的低值易耗品，可于报废时，根据报废低值易耗品的计划成本一次计算应分摊的材料成本差异。

现举例说明按计划成本计价的低值易耗品领用的核算。

1. 领用一次摊销的低值易耗品的核算

【例5-16】某房地产企业开发现场管理机构领用一次摊销的劳保用品一批，计划成本1 200元，应负担的材料成本差异率为2%。编制会计分录如下：

　　　　借：开发间接费用　　　　　　　　　　　　　　　　　　1 200
　　　　　　贷：低值易耗品　　　　　　　　　　　　　　　　　　　　1 200

月末，结转领用该批低值易耗品应负担的材料成本差异，编制会计分录如下：

　　　　借：开发间接费用　　　　　　　　　　　　　　　　　　　24
　　　　　　贷：材料成本差异　　　　　　　　　　　　　　　　　　　24

2. 领用五五摊销的低值易耗品的核算

【例5-17】某房地产企业行政管理部门领用管理用具一批，计划成本3 000元，采用五五摊销法摊销。报废时回收残料价值200元，报废低值易耗品应负担的材料成本差异率为1%。

（1）领用时，从"在库低值易耗品"明细账户转入"在用低值易耗品"明细账户。编制会计分录如下：

　　　　借：周转材料——低值易耗品（在用低值易耗品）　　　　3 000
　　　　　　贷：周转材料——低值易耗品（在库低值易耗品）　　　　　3 000

（2）领用时，应摊销全部价值的50%。编制会计分录如下：

　　　　借：管理费用　　　　　　　　　　　　　　　　　　　　1 500
　　　　　　贷：周转材料——低值易耗品（低值易耗品摊销）　　　　　1 500

（3）报废时，再摊销其余的50%（扣除回收的残料价值），即摊销1300元（3000×50%－200）。编制会计分录如下：

　　　　借：管理费用　　　　　　　　　　　　　　　　　　　　1 300
　　　　　　贷：周转材料——低值易耗品（低值易耗品摊销）　　　　　1 300

同时，将回收的残料作价入库，并冲销在用低值易耗品的计划成本3 000元和报废低值易耗品已提摊销额2 800元（1 500＋1 300）。编制会计分录如下：

　　　　借：原材料　　　　　　　　　　　　　　　　　　　　　200
　　　　　　周转材料——低值易耗品（低值易耗品摊销）　　　　2 800
　　　　　　贷：周转材料——低值易耗品（在用低值易耗品）　　　　3 000

（4）月末结转报废低值易耗品应分摊的材料成本差异30元，编制会计分录如下：

　　　　借：管理费用　　　　　　　　　　　　　　　　　　　　　30
　　　　　　贷：材料成本差异　　　　　　　　　　　　　　　　　　　30

5.5 存货的期末计价

《企业会计准则—存货》规定：企业对期末存货应采用"成本与可变现净值孰低法"计价。为客观真实、准确地反映企业期末存货的实际价值，企业应当定期或者至少于每年年末对存货进行全面清查，如由于存货遭受毁损、全部或部分陈旧过时、或销售价格低于成本等原因，使存货的可变现价值低于成本的，应按可变现价值低于存货成本部分，计提存货跌价准备。

5.5.1 成本与可变现净值孰低法的含义

成本与可变现净值孰低法是指对期末存货按照成本与可变现净值两者之中较低者进行计价的方法。即当成本低于可变现净值时，存货按成本计价；当可变现净值低于成本时，存货按可变现净值计价。

这里所讲的"成本"是指存货的历史成本，"可变现净值"是指在正常生产经营过程中，以存货的估计售价减去至完工估计将要发生的成本、估计的销售费用以及相关税金后的金额，并不是存货的现行售价。

"成本与可变现净值孰低法"的理论基础是使存货符合资产的定义。当存货的可变现净值跌至成本以下时，表明现有存货的价值下降，是一种资产损失，如果仍然以其历史成本计价，就会出现虚夸资产的现象。因此，应将这部分损失从资产价值中扣除，计入当期损益。

5.5.2 成本与可变现净值孰低法的基本方法

采用成本与可变现净值孰低法对期末存货计价时，其成本与可变现净值的比较一般有三种方法。

（1）单项比较法，也称逐项比较法或个别比较法，指对每一种存货的成本与可变现净值逐项进行比较，每项存货均取其低者来确定存货的期末成本。

（2）分类比较法，指对每类存货的成本与可变现净值进行比较，每类存货取其低者来确定存货的期末成本。

（3）总额比较法，指按全部存货的总成本与可变现净值总额进行比较，取低者作为期末全部存货的成本。

下面举例说明上述三种方法的运用。

【例5-18】 某企业有A、B、C、D四种存货，分别为甲、乙两大类。各种存货的成本与可变现净值已确定，分别按三种比较法确定期末存货的成本，如表5-10所示：

期末存货成本与可变现净值比较表　　　　单位：元　　表5-10

项　目	成　本	可变现净值	单项比较法	分类比较法	总额比较法
甲类存货					
A存货	7 600	7 000	7 000		
B存货	5 200	5 500	5 200		

续表

项　目	成　本	可变现净值	单项比较法	分类比较法	总额比较法
合计	12 800	12 500		12 500	
乙类存货					
C存货	4 000	4 800	4 000		
D存货	2 200	2 000	2 000		
合计	6 200	6 800		6 200	
总计	19 000	19 300	18 200	18 700	19 000

由上表可知，该企业期末存货成本为：单项比较法 18 200 元，分类比较法 18 700 元，总额比较法 19 000 元。《企业会计制度》规定，在运用成本与可变现净值孰低法时，一般采用单项比较法来确定期末存货成本。则本例企业期末存货成本为 18 200 元。

5.5.3 存货跌价准备的核算

1. 存货跌价准备的提取方法

《企业会计准则——存货》规定，存货跌价准备应当按单个存货项目的成本高于其可变现净值的差额提取。即比较每个存货项目的成本与可变现净值，将可变现净值低于成本的差额作为计提的存货跌价准备。另外，对于数量繁多、单价较低的存货，也可以按存货类别计提存货跌价准备，在某些情况下，也可以按全部存货计提存货跌价准备。

2. 账户设置

(1) "资产减值损失"账户

为了核算企业确认的存货减值损失，企业应设置"资产减值损失"账户。该账户为损益类账户，用来反映各类资产的减值损失金额。借方登记确认的资产减值损失金额，贷方登记期末转入"本年利润"账户的资产减值损失金额，期末结转后，该账户没有余额。

(2) "存货跌价准备"账户

为了核算企业计提的存货跌价准备，企业应设置"存货跌价准备"账户。该账户为资产类账户，是"原材料"等核算存货的资产账户的备抵调整账户。贷方登记期末实际计提的存货跌价准备，借方登记冲销已提的存货跌价准备（但当已计提跌价准备的存货价值以后又恢复时，按恢复增加数冲销的跌价准备金额，应以本账户的余额冲减至零为限），期末贷方余额反映企业已提取的存货跌价准备。

3. 存货跌价准备的账务处理

企业根据成本与可变现净值孰低法确定了期末存货价值之后，应视具体情况进行有关的账务处理。如果期末存货的成本低于可变现净值，则不需作账务处理，资产负债表中的存货仍按期末的账面价值列示；如果期末存货的可变现净值低于成本，则必须在当期确认存货跌价损失，并进行有关的账务处理。在实际工作中，一般采用备抵法进行账务处理。

备抵法是指对于存货可变现净值低于成本的损失另设"存货跌价准备"账户反映。具体做法是：每一个会计期末，比较存货的成本与可变现净值，计算出应计提的跌价准备，然后与"存货跌价准备"账户的余额进行比较，若应提数大于已提数，应予以补提；反之，则应冲销多提数。提取和补提存货跌价准备时，应借记"资产减值损失——存货减值损失"账户，贷记"存货跌价准备"账户；如已计提跌价准备的存货价值以后又恢复时，应按恢复增加的数额冲销已计提的存货跌价准备，借记"存货跌价准备"账户，贷记"资产减值损失——存货减值损失"账户。在资产负债表中，存货项目应按减去存货跌价准备后的净额反映。

【例 5-19】 某房地产开发企业采用"成本与可变现净值孰低法"对期末存货进行计价，并运用备抵法进行相应的账务处理。假设企业于 2008 年末首次计提存货跌价准备，2008 年末甲材料的账面成本为 26 万元，预计可变现净值为 25.5 万元，应计提的跌价准备为 5 000 元。编制会计分录如下：

  借：资产减值损失——存货减值损失   5 000
    贷：存货跌价准备   5 000

若 2009 年末，甲材料的账面成本为 27 万元，可变现净值为 26.1 万元，则应计提的存货跌价准备为 9 000 元（270 000－261 000）。由于前期已计提 5 000 元，本期应补提存货跌价准备 4 000 元。编制会计分录如下：

  借：资产减值损失——存货减值损失   4 000
    贷：存货跌价准备   4 000

若 2010 年末，甲材料的账面成本为 29 万元，可变现净值为 28.4 万元，则应计提的存货跌价准备为 6 000 元（290 000－284 000）。由于前期已计提 9 000 元，本期应冲减已计提的存货跌价准备 3 000 元。编制会计分录如下：

  借：存货跌价准备   3 000
    贷：资产减值损失——存货减值损失   3 000

若 2011 年末，甲材料的账面成本为 29 万元，可变现净值为 29.2 万元，则应冲减已计提的存货跌价准备 6000 元（5 000＋4 000－3 000），以"存货跌价准备"账户余额冲减至零为限。编制会计分录如下：

  借：存货跌价准备   6 000
    贷：资产减值损失——存货减值损失   6 000

5.6 存货清查

5.6.1 存货清查概述

在存货的日常收发、保管过程中，由于计量不准确、计算差错、自然损耗、管理不善以及贪污、盗窃等原因，有时会造成账实不符。若存货的账面数小于实存数，为存货的盘盈；反之，为存货的盘亏。为保证存货的安全完整，做到账实相符，企业必须对存货进行定期或不定期的清查。

存货清查是通过对存货的实地盘点，确定存货的实际数量，并与账面结存数进行核对，从而确定存货的实存数与账面数是否相符的一种方法。存货清查的内容主要包括：核对存货的账面结存数量和实际结存数量，查明盘盈、盘亏存货的品种、规格和数量；查明变质、毁损、超储积压存货的品种、规格和数量；查明造成盘盈、盘亏及毁损的原因，并据以编制"存货盘点报告表"，按规定程序报请有关部门批准。

存货清查的会计处理程序分批准前和批准后两个步骤。首先，在报经有关部门批准前，根据"存货盘点报告表"，将盘盈或盘亏、毁损的存货先作为待处理财产溢余或损失处理，同时调整存货的账面价值，使存货账实相符。其次，在报经有关部门批准后，根据存货盘盈、盘亏、毁损的不同原因和审批结果，将待处理财产溢余或损失分别结转到不同的账户，以分清经济责任。

5.6.2 存货清查的核算

存货的盘盈、盘亏和毁损，应通过"待处理财产损溢——待处理流动资产损溢"账户核算。

1. 存货盘盈的核算

发生盘盈的存货，经查明是由于收发计量或核算误差等原因造成的，应及时办理存货的入账手续，调整存货的账面结存数，借记有关存货账户，贷记"待处理财产损溢"账户。经有关部门批准后，再冲减管理费用，借记"待处理财产损溢"账户，贷记"管理费用"账户。

【例 5-20】 某企业在财产清查中盘盈原材料一批，重置成本 6 000 元。经查明，是由于收发计量上的差错所造成的。

（1）报批前，编制会计分录如下：

  借：原材料　　　　　　　　　　　　　　　　　　　　　　　6 000
    贷：待处理财产损溢——待处理流动资产损溢　　　　　　　　6 000

（2）批准后，冲减管理费用，编制会计分录如下：

  借：待处理财产损溢——待处理流动资产损溢　　　　　　　　6 000
    贷：管理费用　　　　　　　　　　　　　　　　　　　　　6 000

2. 存货盘亏和毁损的核算

发生存货盘亏及毁损时，在报经批准前，应按其成本转入"待处理财产损溢"账户。报经批准后，再根据造成盘亏和毁损的原因，分别按以下情况进行处理：

（1）属于自然损耗产生的定额内损耗，经批准后，可转作管理费用。借记"管理费用"账户，贷记"待处理财产损溢"账户。

（2）属于计量收发差错和管理不善等原因造成的存货短缺或毁损，应先扣除残料价值、保险赔款和过失人赔款，然后将净损失计入管理费用。借记"原材料"、"其他应收款"、"管理费用"账户，贷记"待处理财产损溢"账户。

（3）属于自然灾害或意外事故造成的存货毁损，应先扣除残料价值和保险赔款，然后将净损失转作营业外支出，借记"原材料"、"其他应收款"、"营业外支出"账户，贷记"待处理财产损溢"账户。

【例 5-21】 某企业在财产清查中盘亏水泥一批，实际成本为 1 500 元。经查明，其中属于定额内的损耗 200 元，由于管理不善造成的损失 900 元，已确定由过失人张某负责赔偿。自然灾害造成的损失 400 元。

（1）批准前，编制会计分录如下：

  借：待处理财产损溢——待处理流动资产损溢　　　　　　　　1 500
    贷：原材料　　　　　　　　　　　　　　　　　　　　　　1 500

(2) 查明原因批准后，编制会计分录如下：
　　借：管理费用　　　　　　　　　　　　　　　　200
　　　　其他应收款——张某　　　　　　　　　　　900
　　　　营业外支出——非常损失　　　　　　　　　400
　　　　　贷：待处理财产损溢——待处理流动资产损溢　　　1 500

练习题

习题一

一、目的：练习按实际成本计价的原材料收发的核算。
二、资料：某企业9月份甲材料的月初结余和收入数量、单价，以及发出数量如下：
9月1日　　　结存300千克，每千克160元。
9月5日　　　发出200千克。
9月8日　　　购入400千克，每千克162元。
9月19日　　发出300千克。
9月26日　　购入300千克，每千克168元。
9月29日　　发出100千克。
三、要求：分别采用先进先出法、全月一次加权平均法计算本月发出甲材料的实际成本和月末结存甲材料的实际成本。

习题二

一、目的：练习按实际成本计价的原材料采购的核算。
二、资料：某房地产企业2011年6月份发生下列有关材料采购业务：
1. 6月3日，购入黄砂一批，买价9 000元，增值税1 530元，运杂费400元，款项均以银行存款支付。材料已验收入库。
2. 6月8日，购入木材一批，买价230 000元，运杂费1 000元，按买价的17%缴纳增值。材料已验收入库，上述款项尚未支付。
3. 6月15日，以银行存款支付上述木材款。
4. 6月28日，购入钢材若干吨，买价100 000元，运杂费600元，增值税17 000元，材料尚在运输途中，至月末仍未验收入库。货款尚未支付。
5. 6月29日，购入水泥若干吨，材料已到并验收入库，但月末尚未收到发票账单及有关结算凭证，货款尚未支付。月末先按暂估价91 300元入账。
三、要求：根据上述经济业务编制会计分录。

习题三

一、目的：练习按计划成本计价的原材料采购的核算。
二、资料：某房地产企业2011年3月份共发生下列有关材料采购业务：
1. 3月2日，购入铝材一批，买价7 000元，增值税1 190元，运杂费300元，均以银行存款支付。铝材已验收入库，计划成本8 700元。
2. 3月9日，购入水泥20吨，买价共8 500元，增值税1 445元，运杂费390元，款项尚未支付。计划成本为每吨510元。验收入库时发现损耗水泥1吨，经查明属于合理

5 存 货

损耗。

3. 3月25日，购入黄砂一批，买价6 000元，增值税1 020元，运杂费350元，均用银行存款支付。材料至月末尚未到达。

4. 3月26日，购入钢材一批，货已到并验收入库，但发票账单尚未到达。该批钢材的计划成本为59 600元。

5. 3月29日，26日到货的钢材发票已到，买价50 600元，增值税8 602元，运杂费900元，均以银行存款支付。

6. 月末，根据收料单将已验收入库的各种材料按计划成本入账。（月末一次结转入库材料的计划成本）

7. 月末，结转本月购入并已验收入库材料的实际成本与计划成本之间的差异。

三、要求：

1. 根据上述经济业务编制会计分录。

2. 计算3月份材料成本差异分摊率。（设3月初结存原材料的计划成本为27 500元，结存原材料的成本差异为借方余额302元）

习题四

一、目的：练习按实际成本计价的原材料领用的核算。

二、资料：根据发料凭证汇总表，某房地产开发企业本月共发出材料363 000元，其中：商品房开发工程领用钢材36万元，项目开发部领用其他材料2 000元，企业管理部门领用其他材料1 000元。

三、要求：根据上述资料编制本月领料的会计分录。

习题五

一、目的：练习存货跌价准备的核算。

二、资料：某房地产企业采用成本与可变现净值孰低法对期末存货进行计价，并用备抵法进行账务处理。假设企业于2010年末首次计提存货跌价准备，2010年末乙材料的账面成本为320 000元，可变现净值为313 000元，2011年末，乙材料的账面成本为326 000元，可变现净值为324 000元。

三、要求：计算各期应提取或冲减的存货跌价准备并编制相应的会计分录。

习题六

一、目的：练习存货清查的核算。

二、资料：某企业2011年年末对存货进行清查，清查结果如下：

1. 甲材料账面结存数量360千克，价值29 520元。盘点实际结存量351千克，经查明，缺少数为保管人员失职造成的。

2. 乙材料账面结存数量680千克，价值43 860元。盘点实际结存量682千克，经查明属于日常收发计量差错。

上列各项存货的盘盈、盘亏，经查原因属实，报经批准后作如下处理：

（1）保管人员失职造成的材料短缺数，应由过失人赔偿。

（2）日常收发计量差错，作为管理费用处理。

三、要求：根据上述资料，编制批准前、批准后的会计分录。

习题七

一、目的：练习低值易耗品的核算。

二、资料：

1. 某房地产企业行政管理部门领用一次摊销的劳保用品一批，计划成本6 300元，应负担的材料成本差异率为1‰。

2. 某房地产企业开发现场管理机构领用管理用具一批，计划成本8 200元，采用五五摊销法摊销。报废时回收残料价值300元，报废低值易耗品应负担的材料成本差异率为2‰。

三、要求：为上述低值易耗品的领用、摊销、分摊成本差异、报废注销业务编制会计分录。

6 金融资产

6.1 金融资产概述

金融资产是房地产开发企业资产的重要组成部分，主要包括库存现金、银行存款、应收账款、应收票据、贷款、垫款、其他应收款、应收利息、债权投资、股权投资、基金投资、衍生金融资产等。

企业应当结合自身业务特点和风险管理要求，将取得的除货币资金之外的其他金融资产在初始确认时分为以下四类：

（1）以公允价值计量且其变动计入当期损益的金融资产。
（2）持有至到期投资。
（3）贷款和应收款项。
（4）可供出售金融资产。

金融资产分类与金融资产计量密切相关，不同类别的金融资产，其初始计量和后续计量采用的基础也不完全相同。因此，上述分类一经确定，不得随意变更。

本章仅涉及以下金融资产的会计处理：（1）交易性金融资产（是企业主要的以公允价值计量且其变动计入当期损益的金融资产）；（2）持有至到期投资；（3）可供出售金融资产。

6.2 交易性金融资产

6.2.1 交易性金融资产概述

满足以下条件之一的金融资产，应当划分为交易性金融资产：
（1）取得该金融资产的目的，主要是为了近期内出售或回购。
（2）属于进行集中管理的可辨认金融工具组合的一部分，且有客观证据表明企业近期采用短期获利方式对该组合进行管理。
（3）属于衍生工具。

房地产开发企业的交易性金融资产，主要是指企业能够随时变现，以赚取差价为目的从二级市场购入的股票、债券、基金等。

6.2.2 交易性金融资产的会计处理

1. 应设置的账户

为了核算交易性金融资产，企业应设置"交易性金融资产"、"公允价值变动损益"、

"投资收益"、"应收股利"和"应收利息"等账户。

(1)"交易性金融资产"账户。该账户为资产类账户,用来核算企业所持有的交易性金融资产的公允价值。借方登记取得交易性金融资产时按照公允价值确认的成本、资产负债表日其公允价值高于账面余额的差额、企业出售交易性金融资产时结转的公允价值变动;贷方登记资产负债表日其公允价值低于账面余额的差额,以及企业出售交易性金融资产时结转的成本和公允价值变动;期末余额在借方,反映企业持有的交易性金融资产的公允价值。企业应当按照交易性金融资产的类别和品种,分别设置"成本"、"公允价值变动"等明细账户进行核算。

(2)"公允价值变动损益"账户。该账户为损益类账户,用来核算企业交易性金融资产、交易性金融负债,以及采用公允价值模式计量的投资性房地产等公允价值变动而形成的应计入当期损益的利得或损失。贷方登记资产负债表日企业持有的交易性金融资产等的公允价值高于账面余额的差额;借方登记资产负债表日企业持有的交易性金融资产等的公允价值低于账面余额的差额。出售交易性金融资产时,将原计入的该交易性金融资产的公允价值变动转出,借记或贷记该账户。期末,应将该账户余额转入"本年利润"账户,结转后该账户无余额。

(3)"投资收益"账户。该账户为损益类账户,用来核算企业确认的投资收益或投资损失。贷方登记实现的投资收益;借方登记发生的投资损失。期末,应将该账户余额转入"本年利润"账户,结转后该账户无余额。

2. 取得交易性金融资产的核算

企业取得交易性金融资产,应当按照取得时的公允价值作为初始成本,相关交易费用直接计入当期损益。交易费用包括支付给代理机构、咨询公司、券商等中介机构的手续费、佣金及其他必要支出,不包括债券溢价、折价、融资费用、内部管理成本及其他与交易不直接相关的费用。

在取得交易性金融资产时,如果实际支付的价款中包含已宣告但尚未发放的现金股利或已到付息期但尚未领取的债券利息,应当单独确认为应收项目,不计入交易性金融资产的初始成本。

相关账务处理为:当企业取得交易性金融资产时,按其公允价值,借记"交易性金融资产——成本"账户,按发生的交易费用,借记"投资收益"账户,按实际支付的金额,贷记"银行存款"等账户。如果实际支付的价款中包含已宣告但尚未发放的现金股利或已到付息期但尚未领取的债券利息,应当借记"应收股利"或"应收利息"账户。

【例6-1】某房地产开发企业甲公司于2012年4月15日以银行存款购入乙公司发行的股票40 000股,每股价格10元(含已宣告但尚未发放的现金股利0.2元),另支付相关税费2 000元。甲公司将其划分为交易性金融资产。编制会计分录如下:

借:交易性金融资产——成本　　　　　392 000
　　应收股利　　　　　　　　　　　　　 8 000
　　投资收益　　　　　　　　　　　　　 2 000
　贷:银行存款　　　　　　　　　　　　402 000

3. 现金股利或债券利息的核算

企业持有交易性金融资产取得股利或利息应区分不同情况进行账务处理。

（1）取得交易性金融资产时实际支付的价款中包含已宣告但尚未发放的现金股利或已到付息期但尚未领取的债券利息，在取得交易性金融资产时单独确认为应收项目，借记"应收股利"或"应收利息"账户。在实际收到现金股利或债券利息时应冲减应收项目，不确认为投资收益。借记"银行存款"账户，贷记"应收股利"或"应收利息"账户。

【例6-2】 承例6-1，甲公司于2012年4月22日收到乙公司发放的现金股利。编制会计分录如下：

借：银行存款　　　　　　　　　　　8 000
　　贷：应收股利　　　　　　　　　　　　8 000

（2）交易性金融资产持有期间被投资单位宣告发放的现金股利，或在资产负债表日按分期付息、一次还本债券投资的票面利率计算的利息，应当确认为投资收益。借记"应收股利"或"应收利息"账户，贷记"投资收益"账户。收到现金股利或债券利息时，借记"银行存款"账户，贷记"应收股利"或"应收利息"账户。

4. 交易性金融资产的期末计量

资产负债表日，交易性金融资产按其当日的公允价值计价。如果公允价值高于账面余额，应按其差额，借记"交易性金融资产——公允价值变动"账户，贷记"公允价值变动损益"账户；如果公允价值低于账面余额，则做相反的会计分录。

5. 处置交易性金融资产的核算

当企业出售交易性金融资产时，应按实际收到的金额，借记"银行存款"账户，按该项交易性金融资产的成本，贷记"交易性金融资产——成本"账户，按该项交易性金融资产的公允价值变动，贷记或借记"交易性金融资产——公允价值变动"账户，按其差额，贷记或借记"投资收益"账户。

同时，将原计入该交易性金融资产的公允价值变动转出，借记或贷记"公允价值变动损益"账户，贷记或借记"投资收益"账户。需要注意的是，出售某项交易性金融资产时，对应的"公允价值变动损益"账户的余额可能已结转至"本年利润"账户，其本身余额为零。但仍应将原计入该交易性金融资产的公允价值变动（可根据"交易性金融资产——公允价值变动"账户的金额来确定），借记或贷记"公允价值变动损益"账户，贷记或借记"投资收益"账户，以便更加真实地反映出投资收益。

【例6-3】 某房地产开发企业A公司于2010年3月18日以银行存款购入B公司发行的股票10 000股，每股价格5.5元，另支付相关税费300元。A公司将其划分为交易性金融资产。其他资料及应编制的会计分录如下：

（1）2010年3月18日购入股票：

借：交易性金融资产——成本　　　　55 000
　　投资收益　　　　　　　　　　　　　300
　　贷：银行存款　　　　　　　　　　　　55 300

（2）2010年4月23日B公司宣告发放现金股利，A公司应分得3 000元：

借：应收股利　　　　　　　　　　　3 000

贷：投资收益　　　　　　　　　　　　　　　　　3 000
（3）2010 年 4 月 30 日 A 公司收到上述现金股利：
借：银行存款　　　　　　　　　　　3 000
　　贷：应收股利　　　　　　　　　　　　　　　　　3 000
（4）2010 年 12 月 31 日，B 公司股票的每股市价为 6.2 元：
该股票的公允价值变动收益＝（6.2－5.5）×10 000＝7 000（元）
借：交易性金融资产——公允价值变动　　7 000
　　贷：公允价值变动损益　　　　　　　　　　　　　7 000
（5）2011 年 1 月 16 日，A 公司将该股票出售，取得价款 65 000 元。
借：银行存款　　　　　　　　　　　65 000
　　贷：交易性金融资产——成本　　　　　　　　　55 000
　　　　　　　　　　——公允价值变动　　　　　　7 000
　　　　投资收益　　　　　　　　　　　　　　　　3 000
同时：
借：公允价值变动损益　　　　　　　7 000
　　贷：投资收益　　　　　　　　　　　　　　　　　7 000

【例 6-4】　某房地产开发企业 C 公司每年 6 月 30 日和 12 月 31 日对外提供财务会计报告。2010 年 7 月 3 日，C 公司以 102 万元（含已到付息期但尚未领取的利息 2 万元）购入 D 公司发行的债券，另支付相关税费 1.5 万元。该债券面值 100 万元，剩余期限为 2 年，票面年利率为 4％，每半年付息一次，C 公司将其划分为交易性金融资产。其他资料及应编制的会计分录如下：

（1）2010 年 7 月 3 日购入债券：
借：交易性金融资产——成本　　　　1 000 000
　　应收利息　　　　　　　　　　　　20 000
　　投资收益　　　　　　　　　　　　15 000
　　贷：银行存款　　　　　　　　　　　　　　　1 035 000
（2）2010 年 7 月 7 日，收到该债券 2010 年上半年利息 2 万元：
借：银行存款　　　　　　　　　　　20 000
　　贷：应收利息　　　　　　　　　　　　　　　　20 000
（3）2010 年 12 月 31 日，该债券的公允价值为 97 万元（不含利息），确认债券公允价值变动和投资收益：
借：公允价值变动损益　　　　　　　30 000
　　贷：交易性金融资产——公允价值变动　　　　30 000
借：应收利息　　　　　　　　　　　20 000
　　贷：投资收益　　　　　　　　　　　　　　　　20 000
（4）2011 年 1 月 4 日，收到该债券 2010 年下半年利息 2 万元：
借：银行存款　　　　　　　　　　　20 000
　　贷：应收利息　　　　　　　　　　　　　　　　20 000

(5) 2011年3月31日，C公司将该债券出售，取得价款102万元：

借：银行存款　　　　　　　　　　　　　1 020 000
　　交易性金融资产——公允价值变动　　　30 000
　　贷：交易性金融资产——成本　　　　　　　1 000 000
　　　　投资收益　　　　　　　　　　　　　　50 000

同时：
借：投资收益　　　　　　　　　　　　　　30 000
　　贷：公允价值变动损益　　　　　　　　　　30 000

6.3　持有至到期投资

6.3.1　持有至到期投资概述

持有至到期投资是指到期日固定、回收金额固定或可确定，且企业有明确意图和能力持有至到期的非衍生金融资产。

通常情况下，能够划分为持有至到期投资的金融资产，主要是债权性投资，比如企业从二级市场上购入的国债、金融债券和公司债券等。

6.3.2　持有至到期投资的会计处理

1. 应设置的账户

为了核算持有至到期投资，企业应设置"持有至到期投资"、"持有至到期投资减值准备"、"资产减值损失"、"投资收益"等账户。

"持有至到期投资"账户为资产类账户，用来核算企业持有至到期投资的摊余成本，可按持有至到期投资的类别和种类，分别设置"成本"、"利息调整"、"应计利息"等明细账户。

2. 取得持有至到期投资的核算

取得持有至到期投资时，应当按照其公允价值与相关交易费用之和作为初始成本入账。实际支付的价款中包含的已到付息期但尚未领取的债券利息，应单独确认为应收项目。

相关账务处理为：企业取得持有至到期投资，应按该投资的面值，借记"持有至到期投资——成本"账户，按支付的价款中包含的已到付息期但尚未领取的利息，借记"应收利息"账户，按实际支付的金额，贷记"银行存款"等账户，按其差额，借记或贷记"持有至到期投资——利息调整"账户。

持有至到期投资初始确认时，应当计算确定其实际利率，并在该持有至到期投资预期存续期间或适用的更短期间内保持不变。实际利率，是指将金融资产或金融负债在预期存续期间或适用的更短期间内的未来现金流量，折现为该金融资产或金融负债当前账面价值所使用的利率。

3. 利息收入的核算

持有至到期投资在企业持有期间内，应当按照投资面值和票面利率计算确认应收利息，按照投资的摊余成本和实际利率计算确认利息收入，计入投资收益。实际利率与票面利率差别较小的，也可以按照票面利率计算利息收入，计入投资收益。

相关账务处理为：企业于资产负债表日按票面利率计算确定的应收未收利息，借记"应收利息"账户（持有至到期投资为分期付息、到期一次还本债券投资）或"持有至到期投资——应计利息"账户（持有至到期投资为到期一次还本付息债券投资），按持有至到期投资摊余成本和实际利率计算确定的利息收入，贷记"投资收益"账户，按其差额，借记或贷记"持有至到期投资——利息调整"账户。

4. 持有至到期投资的期末计量

企业应当在资产负债表日对持有至到期投资的账面价值进行检查，有确凿证据表明该项金融资产已发生减值的，应当确认减值损失，计提减值准备。已计提减值准备的持有至到期投资，如有确凿证据表明其价值已恢复，应当在原计提减值准备的金额内恢复增加其账面价值，并转回资产减值损失。

5. 处置持有至到期投资的核算

处置持有至到期投资时，企业应将所得价款与持有至到期投资账面价值之间的差额，计入当期损益。

相关账务处理为：按实际收到的金额，借记"银行存款"等账户，按其账面余额，贷记"持有至到期投资——成本、利息调整、应计利息"账户，按其差额，贷记或借记"投资收益"账户。已计提减值准备的，还应同时结转减值准备。

【例6-5】 某房地产开发企业甲公司于2007年1月1日以97 000元购入一批某公司当日发行的债券，另支付相关交易费用3 000元。该批债券面值为125 000元、票面利率为4.72%、债券期限5年，每年末付息一次，到期还本。甲公司准备将该债券持有至到期。

甲公司在初始确认该持有至到期投资时先计算确定该债券的实际利率：

每年应收利息＝125 000×4.72%＝5 900元

设该债券的实际利率为r，则：

$5\,900\times(1+r)^{-1}+5\,900\times(1+r)^{-2}+5\,900\times(1+r)^{-3}+5\,900\times(1+r)^{-4}+5\,900\times(1+r)^{-5}+125\,000\times(1+r)^{-5}=97\,000+3\,000$

即：$5\,900\times(P/A,r,5)+125\,000\times(P/F,r,5)=100\,000$

采用插值法计算可得r＝10%。由此可编制表6-1：

持有至到期投资利息调整与投资收益计算表　　　单位：元　　表6-1

年 份	期初摊余成本	实际利息收入	现金流入	期末摊余成本
2007	100 000	10 000	5 900	104 100
2008	104 100	10 410	5 900	108 610
2009	108 610	10 861	5 900	113 571
2010	113 571	11 357	5 900	119 028
2011	119 028	11 872	5 900+125 000	0

注：1. 期末摊余成本＝期初摊余成本＋实际利息收入－现金流入；
　　2. 2011年计算实际利息收入时，需考虑前面几年计算过程中出现的尾差，所以采用倒算的方法。

根据上述资料，编制会计分录如下：

(1) 2007年1月1日，购入债券：

借：持有至到期投资——本金　　　　　　　　　　　　125 000
　　贷：银行存款　　　　　　　　　　　　　　　　　　　　　100 000
　　　　持有至到期投资——利息调整　　　　　　　　　　　　25 000

(2) 2007年12月31日，确认实际利息收入、收到票面利息：

借：应收利息　　　　　　　　　　　　　　　　　　　　5 900
　　持有至到期投资——利息调整　　　　　　　　　　　　4 100
　　贷：投资收益　　　　　　　　　　　　　　　　　　　　　10 000
借：银行存款　　　　　　　　　　　　　　　　　　　　5 900
　　贷：应收利息　　　　　　　　　　　　　　　　　　　　　5 900

(3) 2008年12月31日，确认实际利息收入、收到票面利息：

借：应收利息　　　　　　　　　　　　　　　　　　　　5 900
　　持有至到期投资——利息调整　　　　　　　　　　　　4 510
　　贷：投资收益　　　　　　　　　　　　　　　　　　　　　10 410
借：银行存款　　　　　　　　　　　　　　　　　　　　5 900
　　贷：应收利息　　　　　　　　　　　　　　　　　　　　　5 900

(4) 2009年12月31日，确认实际利息收入、收到票面利息：

借：应收利息　　　　　　　　　　　　　　　　　　　　5 900
　　持有至到期投资——利息调整　　　　　　　　　　　　4 961
　　贷：投资收益　　　　　　　　　　　　　　　　　　　　　10 861
借：银行存款　　　　　　　　　　　　　　　　　　　　5 900
　　贷：应收利息　　　　　　　　　　　　　　　　　　　　　5 900

(5) 2010年12月31日，确认实际利息收入、收到票面利息：

借：应收利息　　　　　　　　　　　　　　　　　　　　5 900
　　持有至到期投资——利息调整　　　　　　　　　　　　5 457
　　贷：投资收益　　　　　　　　　　　　　　　　　　　　　11 357
借：银行存款　　　　　　　　　　　　　　　　　　　　5 900
　　贷：应收利息　　　　　　　　　　　　　　　　　　　　　5 900

(6) 2011年12月31日，确认实际利息收入、收到票面利息和本金：

借：应收利息　　　　　　　　　　　　　　　　　　　　5 900
　　持有至到期投资——利息调整　　　　　　　　　　　　5 972
　　贷：投资收益　　　　　　　　　　　　　　　　　　　　　11 872
借：银行存款　　　　　　　　　　　　　　　　　　　　130 900
　　贷：持有至到期投资——本金　　　　　　　　　　　　　　125 000
　　　　应收利息　　　　　　　　　　　　　　　　　　　　　5 900

【例6-6】 假定例6-5中甲公司购入的债券不是每年末付息一次、到期还本，而是到期一次还本付息，且利息不以复利计算。则：

甲公司在初始确认该持有至到期投资时先计算确定该债券的实际利率：

设该债券的实际利率为r，则：

$$(5\,900\times5+125\,000)\times(1+r)^{-5}=97\,000+3\,000$$

即：$(5\,900\times5+125\,000)\times(P/F,r,5)=100\,000$

计算可得 $r=9.05\%$。由此可编制表 6-2：

持有至到期投资利息调整与投资收益计算表　　　　单位：元　表 6-2

年　份	期初摊余成本	实际利息收入	现金流入	期末摊余成本
2007	100 000	9 050	0	109 050
2008	109 050	9 869	0	118 919
2009	118 919	10 762	0	129 681
2010	129 681	11 736	0	141 417
2011	141 417	13 083	5 900×5+125 000	0

注：1. 期末摊余成本＝期初摊余成本＋实际利息收入－现金流入；
　　2. 2011年计算实际利息收入时，需考虑前面几年计算过程中出现的尾差，所以采用倒算的方法。

根据上述资料，编制会计分录如下：

(1) 2007年1月1日，购入债券：

借：持有至到期投资——本金　　　　　　　　　　125 000
　　贷：银行存款　　　　　　　　　　　　　　　　　　　　100 000
　　　　持有至到期投资——利息调整　　　　　　　　　　　25 000

(2) 2007年12月31日，确认实际利息收入：

借：持有至到期投资——应计利息　　　　　　　　5 900
　　　　　　　　　　——利息调整　　　　　　　　3 150
　　贷：投资收益　　　　　　　　　　　　　　　　　　　　9 050

(3) 2008年12月31日，确认实际利息收入：

借：持有至到期投资——应计利息　　　　　　　　5 900
　　　　　　　　　　——利息调整　　　　　　　　3 969
　　贷：投资收益　　　　　　　　　　　　　　　　　　　　9 869

(4) 2009年12月31日，确认实际利息收入：

借：持有至到期投资——应计利息　　　　　　　　5 900
　　　　　　　　　　——利息调整　　　　　　　　4 862
　　贷：投资收益　　　　　　　　　　　　　　　　　　　　10 762

(5) 2010年12月31日，确认实际利息收入：

借：持有至到期投资——应计利息　　　　　　　　5 900
　　　　　　　　　　——利息调整　　　　　　　　5 836
　　贷：投资收益　　　　　　　　　　　　　　　　　　　　11 736

(6) 2011年12月31日，确认实际利息收入、收到票面利息和本金：

借：持有至到期投资——应计利息　　　　　　　　5 900
　　　　　　　　　　——利息调整　　　　　　　　7 183
　　贷：投资收益　　　　　　　　　　　　　　　　　　　　13 083
借：银行存款　　　　　　　　　　　　　　　　　154 500

贷：持有至到期投资——本金　　　　　　　　　　125 000
　　　　　　——利息调整　　　　　　　　　　　 29 500

6.4　可供出售金融资产

6.4.1　可供出售金融资产概述

可供出售金融资产，是指初始确认时即被指定为可供出售的非衍生金融资产，且除下列各类资产以外的金融资产：（1）贷款和应收款项；（2）持有至到期投资；（3）以公允价值计量且其变动计入当期损益的金融资产。例如，企业购入的在活跃市场上有报价的股票、债券和基金等，没有划分为以公允价值计量且其变动计入当期损益的金融资产或持有至到期投资等金融资产的，可归为此类。

6.4.2　可供出售金融资产的会计处理

1. 应设置的账户

为了核算可供出售金融资产，企业应设置"可供出售金融资产"、"投资收益"、"资本公积"、"资产减值损失"等账户。

"可供出售金融资产"账户为资产类账户，用来核算企业持有的可供出售金融资产的公允价值，可按可供出售金融资产的类别和品种，分别设置"成本"、"利息调整"、"应计利息"、"公允价值变动"等明细账户。

2. 取得可供出售金融资产的核算

取得可供出售金融资产时，应当按照其公允价值与相关交易费用之和作为初始成本入账。实际支付的价款中包含的已宣告但尚未发放的现金股利或已到付息期但尚未领取的债券利息，应当单独确认为应收项目，不计入可供出售金融资产的初始成本。

相关账务处理为：企业取得的可供出售金融资产为股权投资的，应按其公允价值与交易费用之和，借记"可供出售金融资产——成本"账户，按支付的价款中包含的已宣告但尚未发放的现金股利，借记"应收股利"账户，按实际支付的金额，贷记"银行存款"等账户。

企业取得的可供出售金融资产为债券投资的，应按债券的面值，借记"可供出售金融资产——成本"账户，按支付的价款中包含的已到付息期但尚未领取的利息，借记"应收利息"账户，按实际支付的金额，贷记"银行存款"等账户，按其差额，借记或贷记"可供出售金融资产——利息调整"账户。

3. 持有期间现金股利或债券利息的核算

可供出售金融资产持有期间的股利或利息应区分不同情况进行账务处理。

（1）可供出售股权投资，持有期间被投资单位宣告分派现金股利时，按应享有的份额，借记"应收股利"账户，贷记"投资收益"账户。实际收到现金股利时，借记"银行存款"账户，贷记"应收股利"账户。

(2) 可供出售债券投资为分期付息、到期一次还本债券投资的,应于资产负债表日按票面利率计算确定的应收未收利息,借记"应收利息"账户,按可供出售债券的摊余成本和实际利率计算确定的利息收入,贷记"投资收益"账户,按其差额,借记或贷记"可供出售金融资产——利息调整"账户。在实际收到债券利息时,借记"银行存款"账户,贷记"应收利息"账户。

(3) 可供出售债券投资为到期一次还本付息债券投资的,应于资产负债表日按票面利率计算确定的应收未收利息,借记"可供出售金融资产——应计利息"账户,按可供出售债券的摊余成本和实际利率计算确定的利息收入,贷记"投资收益"账户,按其差额,借记或贷记"可供出售金融资产——利息调整"账户。

4. 可供出售金融资产的期末计量

资产负债表日,可供出售金融资产按其当日的公允价值计价,公允价值高于其账面余额的,则按其差额,借记"可供出售金融资产——公允价值变动"账户,贷记"资本公积——其他资本公积"账户;公允价值低于其账面余额做相反的会计分录。

确定可供出售金融资产发生减值的,按应减记的金额,借记"资产减值损失"账户,按应从所有者权益中转出原计入资本公积的累计损失金额,贷记"资本公积——其他资本公积"账户,按其差额,贷记"可供出售金融资产——公允价值变动"账户。

对于已确认减值损失的可供出售金融资产,在随后会计期间内公允价值已上升且客观上与确认原减值损失事项有关的,应在原确认的减值损失范围内按已恢复的金额,借记"可供出售金融资产——公允价值变动"账户,贷记"资产减值损失"账户;但可供出售金融资产为股票等权益工具投资的(不含在活跃市场上没有报价、公允价值不能可靠计量的权益工具投资),借记"可供出售金融资产——公允价值变动"账户,贷记"资本公积——其他资本公积"账户。

5. 处置可供出售金融资产的核算

处置可供出售金融资产,应按实际收到的金额,借记"银行存款"等账户,按其账面余额,贷记"可供出售金融资产——成本、公允价值变动、利息调整、应计利息"账户,按应从所有者权益中转出的公允价值累计变动额,借记或贷记"资本公积——其他资本公积"账户,按其差额,贷记或借记"投资收益"账户。

【例6-7】 2010年5月9日,某房地产开发企业K公司支付价款102万元(含交易费用0.5万元和已宣告但尚未发放的现金股利1.5万元),购入M公司发行的股票20万股,占M公司有表决权股份的0.5%。K公司将其划分为可供出售金融资产。K公司每年6月30日和12月31日对外提供财务会计报告,其他资料及应编制的会计分录如下:

(1) 2010年5月9日,购入股票:

借:可供出售金融资产——成本   1 005 000
   应收股利   15 000
  贷:银行存款   1 020 000

(2) 2010年5月15日,K公司收到M公司发放的现金股利1.5万元:

借:银行存款   15 000
  贷:应收股利   15 000

(3) 2010年6月30日，该股票市价为每股5.2元，确认股票的价格变动：
借：可供出售金融资产——公允价值变动　　　　　　35 000
　　贷：资本公积——其他资本公积　　　　　　　　　　　　35 000

(4) 2010年12月31日，K公司仍持有该股票；当日，该股票市价为每股5元，确认股票的价格变动：
借：资本公积——其他资本公积　　　　　　　　　　40 000
　　贷：可供出售金融资产——公允价值变动　　　　　　　　40 000

(5) 2011年5月8日，M公司宣告发放股利共400万元，K公司确认应收现金股利为2万元。
借：应收股利　　　　　　　　　　　　　　　　　　20 000
　　贷：投资收益　　　　　　　　　　　　　　　　　　　　20 000

(6) 2011年5月15日，K公司收到M公司发放的现金股利。
借：银行存款　　　　　　　　　　　　　　　　　　20 000
　　贷：应收股利　　　　　　　　　　　　　　　　　　　　20 000

(7) 2011年5月20日，K公司以每股4.9元的价格将该股票全部转让。
借：银行存款　　　　　　　　　　　　　　　　　　980 000
　　投资收益　　　　　　　　　　　　　　　　　　25 000
　　可供出售金融资产——公允价值变动　　　　　　5 000
　　贷：可供出售金融资产——成本　　　　　　　　　　　　1 005 000
　　　　资本公积——其他资本公积　　　　　　　　　　　　5 000

【例6-8】 2011年1月1日某房地产开发企业Y公司支付价款5 141.22元购入某公司发行的3年期公司债券，该公司债券的票面总金额为5 000元，票面利率4%，实际利率为3%，利息每年末支付，本金到期支付。Y公司将该公司债券划分为可供出售金融资产。2011年12月31日，该债券的市场价格为5 000.46元。假定无交易费用和其他因素的影响。Y公司编制会计分录如下：

(1) 2011年1月1日，购入债券：
借：可供出售金融资产——成本　　　　　　　　　　5 000
　　　　　　　　　　——利息调整　　　　　　　　141.22
　　贷：银行存款　　　　　　　　　　　　　　　　　　　5 141.22

(2) 2011年12月31日，确认投资收益和公允价值变动：
应收利息＝5 000×4%＝200（元）
实际利息＝5 141.22×3%＝154.2366≈154.24（元）
年末摊余成本＝5 141.22＋154.24－200＝5095.46（元）
公允价值变动＝5 095.46－5 000.46＝95（元）

借：应收利息　　　　　　　　　　　　　　　　　　200
　　贷：投资收益　　　　　　　　　　　　　　　　　　　154.24
　　　　可供出售金融资产——利息调整　　　　　　　　　　45.76
借：资本公积——其他资本公积　　　　　　　　　　95
　　贷：可供出售金融资产——公允价值变动　　　　　　　　95

实际收到债券利息：
借：银行存款   200
  贷：应收利息   200

练习题

习题一

一、目的：练习交易性金融资产的核算。

二、资料：

1. 某房地产开发企业甲公司每年6月30日和12月31日对外提供财务会计报告。2011年5月8日，甲公司以315万元（含已宣告但尚未发放的现金股利15万元）购入乙公司股票100万股作为交易性金融资产，另支付相关税费1.5万元。

2. 2011年5月15日，甲公司收到现金股利15万元。

3. 2011年6月30日，乙公司股票每股市价为3.2元。

4. 2011年8月15日，乙公司宣告分派现金股利每股0.1元。

5. 2011年8月20日，甲公司收到发放的现金股利。

6. 2011年12月31日，乙公司股票每股市价为3.1元。

7. 2012年1月12日，甲公司以315万元出售乙公司的股票。

三、要求：根据上述经济业务编制会计分录。

习题二

一、目的：练习交易性金融资产的核算。

二、资料：

1. 某房地产开发企业A公司于2011年1月4日从证券市场上购入B公司2010年1月1日发行的债券，面值为50万元，票面利率3%，每年付息一次。取得时A公司支付的购买价为51.5万元（含已到付息期但尚未领取的利息1.5万元），另支付相关税费0.5万元。A公司不准备长期持有，将其划分为交易性金融资产。

2. 2011年1月6日，收到利息1.5万元。

3. 2011年12月31日，该债券的公允价值为48万元（不含利息）。

4. 2012年1月6日，收到利息1.5万元。

5. 2012年1月7日，将该债券出售，共收到价款51万元。

三、要求：根据上述经济业务编制会计分录。

习题三

一、目的：练习持有至到期投资的核算。

二、资料：2008年1月1日，某房地产开发企业甲公司购入一批当日发行的面值为100 000元、票面利率为3%、每年付息一次的C公司债券，该债券期限5年，到期还本。甲公司购入该债券的买价为90 000元，相关交易费用为3 000元，款项通过银行支付。甲公司准备将该债券持有至到期。

三、要求：根据上述经济业务编制会计分录。

习题四

一、目的：练习可供出售金融资产的核算。

二、资料：

1. 某房地产开发企业C公司于2011年7月18日从二级市场购入股票100万股，每股市价15元，交易费用7万元；初始确认时，该股票划分为可供出售金融资产。

2. C公司至2011年12月31日仍持有该股票，该股票当时的市价为16元。

3. 2012年2月3日，C公司将该股票售出，售价为每股13元。

三、要求：根据上述经济业务编制会计分录。

7 长期股权投资

7.1 长期股权投资概述

7.1.1 长期股权投资的概念

长期股权投资是指企业持有的期限在1年以上（不含1年）的各种股权性质的投资，包括股票投资和其他股权投资。

股票投资是指企业以购买股票的方式对其他企业所进行的投资。企业购买并持有某股份有限公司的股票后，即成为该公司的股东，投资企业有权参与被投资单位的经营管理，并可根据被投资单位经营的好坏，按持股比例分享利润、分担亏损，如果被投资单位破产，投资企业有可能失去投资本金。

其他股权投资是指除股票投资以外具有股权性质的投资，一般是企业直接将现金、实物或无形资产等投资到其他企业而取得股权的一种投资。它是一种直接投资，在我国主要是指联营投资。这种投资与股票投资一样，也是一种权益性投资，其特点与股票投资基本相同。

7.1.2 长期股权投资的特点

长期股权投资有如下特点：
(1) 长期持有，不能随时出售。
(2) 企业进行长期股权投资的目的在于控制被投资单位，或对被投资单位施加重大影响，或长期盈利，或与被投资单位建立密切关系，以分散经营风险。
(3) 长期股权投资金额大、风险大、收益较高。

7.1.3 长期股权投资的类型

《企业会计准则第2号——长期股权投资》中所规范的长期股权投资，包括以下四种类型：
1. 对被投资单位实施控制的权益性投资，即对子公司投资

控制，是指有权决定一个企业的财务政策和经营政策，并能据以从该企业的经营活动中获取利益。投资企业能够对被投资单位实施控制的，被投资单位为其子公司，投资企业应将子公司纳入合并财务报表的范围。具体包括：
(1) 投资企业直接拥有被投资单位50%以上的表决权资本。
(2) 投资企业虽然拥有被投资单位50%或50%以下的表决权资本，但具有实质控制

权。具体可通过以下情况判断:

1) 通过与其他投资者的协议,投资企业拥有被投资单位50%以上表决权资本的控制权。

2) 根据章程或协议,投资企业有权控制被投资单位的财务政策和经营政策。

3) 有权任免被投资单位董事会等类似权力机构的多数成员。

4) 在被投资单位董事会或类似的权力机构会议上有半数以上的投票权。

2. 对被投资单位实施共同控制的权益性投资,即对合营企业投资

共同控制,是指按合同约定对某项经济活动所共有的控制,仅在与该项经济活动相关的重要财务政策和经营政策需要分享控制权的投资方一致同意时存在。共同控制实体是指由两个或多个实体共同投资建立的实体,被投资单位的财务政策和经营政策必须由投资双方或若干方共同决定。投资企业与其他方对被投资单位实施共同控制的,被投资单位为其合营企业。

3. 对被投资单位施加重大影响的权益性投资,即对联营企业投资

重大影响是指对一个企业的财务政策和经营政策有参与决策的权利,但并不能够控制或者与其他方一起共同控制这些政策的制定。投资企业能够对被投资单位实施重大影响的,被投资单位称为其联营企业。投资企业直接或通过子公司间接拥有被投资单位20%以上但低于50%的表决权股份时,一般认为对被投资单位具有重大影响,除非有明确的证据表明该种情况下不能参与被投资单位的生产经营决策,不形成重大影响。

4. 对被投资单位不具有控制、共同控制或重大影响,且在活跃市场中没有报价、公允价值不能可靠计量的权益性投资

7.1.4 长期股权投资核算应设置的账户

为了核算长期股权投资,企业应设置"长期股权投资"、"长期股权投资减值准备"、"资产减值损失"、"投资收益"等账户。

"长期股权投资"账户为资产类账户,用来核算企业持有的采用成本法和权益法核算的长期股权投资,可按被投资单位设置明细账户。长期股权投资采用权益法核算的,还应当分别设置"成本"、"损益调整"、"其他权益变动"等明细账户。其中,"成本"明细账户反映长期股权投资的初始投资成本;"损益调整"明细账户反映长期股权投资以后随着被投资单位留存收益的增减变动而享有份额的调整数;"其他权益变动"明细账户反映长期股权投资以后随着被投资单位除净损益以外所有者权益的其他变动而享有份额的调整数。

7.2 长期股权投资的初始计量

长期股权投资应在取得时以初始投资成本计量。初始投资成本是指为获得一项投资而付出的代价。初始投资成本的确定,取决于长期股权投资的取得方式。具体来说,长期股权投资初始投资成本的确定,应当区分企业合并形成的长期股权投资和其他方式取得的长期股权投资两种情况。在企业合并形成的长期股权投资中,还应进一步区分同一控制下的企业合并和非同一控制下的企业合并两种方式。

7.2.1 企业合并形成的长期股权投资

企业合并形成的长期股权投资，应当按照下列规定确定其初始投资成本。

1. 同一控制下企业合并形成的长期股权投资

参与合并的各方在合并前后均受同一方或相同的多方最终控制，且该控制并非暂时性的，为同一控制下的企业合并。同一控制下的企业合并，在合并日取得对其他参与合并企业控制权的一方为合并方，参与合并的其他企业为被合并方。合并日，是指合并方实际取得对被合并方控制权的日期。

同一控制下的企业合并有两个特点：第一，不属于交易事项，而是资产和负债的重新组合；第二，合并作价往往不公允。其初始投资成本的计量应按以下规定进行：

（1）合并方以支付现金、转让非现金资产或承担债务方式作为合并对价的，应当在合并日按照取得被合并方所有者权益账面价值的份额作为长期股权投资的初始投资成本。长期股权投资初始投资成本与支付的现金、转让的非现金资产以及所承担债务账面价值之间的差额，应当调整资本公积；资本公积不足冲减的，调整留存收益。

（2）合并方以发行权益性证券作为合并对价的，应当在合并日按照取得被合并方所有者权益账面价值的份额作为长期股权投资的初始投资成本。按照发行股份的面值总额作为股本，长期股权投资初始投资成本与所发行股份面值总额之间的差额调整资本公积；资本公积不足冲减的，调整留存收益。

（3）合并方为进行企业合并而发生的审计费用、评估费用、法律咨询服务费用等相关费用，于发生时直接计入当期损益（管理费用）。

（4）合并方实际支付的价款或对价中包含的被合并方已宣告但尚未发放的现金股利或利润，作为应收项目处理。

合并方的相关账务处理为：在合并日按取得被合并方所有者权益账面价值的份额，借记"长期股权投资"账户，按享有被投资单位已宣告但尚未发放的现金股利或利润，借记"应收股利"账户，按支付的合并对价的账面价值，贷记有关资产或借记有关负债账户；按发行权益性证券的面值，贷记"股本"账户，按其差额，贷记"资本公积——资本溢价或股本溢价"账户，若为借方差额的，借记"资本公积——资本溢价或股本溢价"账户，资本公积（资本溢价或股本溢价）不足冲减的，借记"盈余公积"、"利润分配——未分配利润"账户。

【例7-1】 甲、乙两房地产开发企业同属于A公司的子公司。甲公司以货币资金3 000万元取得乙公司60%的股份，合并日乙公司所有者权益的账面价值为4 000万元。编制会计分录如下：

借：长期股权投资　　　　　　　　　　　24 000 000
　　资本公积　　　　　　　　　　　　　 6 000 000
　　贷：银行存款　　　　　　　　　　　　　　　　30 000 000

【例7-2】 甲、丙两房地产开发企业同属于A公司的子公司。甲公司以发行股票的方式从丙公司的股东手中取得丙公司60%的股份，甲公司为此发行了1 500万股普通股股票，该股票面值为每股1元，合并日丙公司所有者权益的账面价值为3 000万元。编制会计分录如下：

借：长期股权投资　　　　　　　　　　　　　　　18 000 000
　　贷：股本　　　　　　　　　　　　　　　　　　15 000 000
　　　　资本公积　　　　　　　　　　　　　　　　 3 000 000

２．非同一控制下企业合并形成的长期股权投资

参与合并的各方在合并前后不受同一方或相同的多方最终控制的，为非同一控制下的企业合并。非同一控制下的企业合并，在购买日取得对其他参与合并企业控制权的一方为购买方，参与合并的其他企业为被购买方。购买日，是指购买方实际取得对被购买方控制权的日期。

非同一控制下的企业合并有两个特点：第一，它是非关联企业之间进行的合并；第二，以市价为基础，交易作价相对公平合理。购买方取得的长期股权投资应按公允价值计量。购买方为了取得对被购买方的控制权而付出的资产、发生或承担的负债、发行的权益性证券等均应按其在购买日的公允价值计量。其初始投资成本的计量应按以下规定进行：

（1）购买方应当按照确定的企业合并成本作为长期股权投资的初始投资成本。

（2）通过一次交换交易实现的企业合并，合并成本为购买方在购买日为取得对被购买方的控制权而付出的资产、发生或承担的负债以及发行的权益性证券的公允价值。

（3）通过多次交换交易分步实现的企业合并，合并成本为每一单项交易成本之和。

（4）购买方为进行企业合并所发生的各项直接相关费用应当计入合并成本。该直接相关费用不包括为企业合并发行的债券或承担其他债务支付的手续费、佣金等，也不包括企业合并中发行权益性证券发生的手续费、佣金等费用。

（5）在合并合同或协议中对可能影响合并成本的未来事项作出约定的，购买日如果估计未来事项很可能发生并且对合并成本的影响金额能够可靠计量的，购买方应当将其计入合并成本。

（6）购买方支付非货币性资产为对价的，所支付的非货币性资产在购买日的公允价值与其账面价值的差额应作为资产处置损益，计入当期损益。具体分下列情况进行处理：

1）付出的资产为原材料、开发产品等存货的，应当作为销售处理，以其公允价值确认收入，同时结转相应的成本。

2）付出的资产为固定资产、无形资产的，应当计入营业外收入或营业外支出。

3）付出的资产为长期股权投资的，应当计入投资收益。

（7）购买方实际支付的价款或对价中包含的被投资单位已宣告但尚未发放的现金股利或利润，作为应收项目处理。

合并方的相关账务处理为：在购买日按合并成本，借记"长期股权投资"账户，按享有被投资单位已宣告但尚未发放的现金股利或利润，借记"应收股利"账户，按支付合并对价的账面价值，贷记有关资产或借记有关负债账户，按发生的直接相关费用，贷记"银行存款"等账户，按其差额，贷记"营业外收入"或借记"营业外支出"等账户。涉及以存货作为合并对价的，应按存货的公允价值，贷记"主营业务收入"或"其他业务收入"账户，并同时结转相关的成本。

【例7-3】甲、丁两房地产开发企业为非同一控制下的两家独立公司。甲公司以一项固定资产对丁公司投资，取得丁公司60％的股份。该固定资产原始价值为400万元，已计提折旧50万元，公允价值为380万元。编制会计分录如下：

借：固定资产清理	3 500 000	
累计折旧	500 000	
贷：固定资产		4 000 000
借：长期股权投资	3 800 000	
贷：固定资产清理		3 500 000
营业外收入		300 000

7.2.2 其他方式取得的长期股权投资

除企业合并形成的长期股权投资以外，以其他方式取得的长期股权投资，应当按照下列规定确定其初始投资成本。

1. 支付现金取得的长期股权投资

以支付现金方式取得的长期股权投资，应当按照实际支付的购买价款作为初始投资成本，包括购买过程中支付的手续费等必要支出。

【例 7-4】 某房地产开发企业 A 公司自公开市场中买入 B 公司 15% 的股份，并准备长期持有，实际支付价款 7 000 万元，在购买过程中另外支付相关费用 180 万元。编制会计分录如下：

借：长期股权投资	71 800 000	
贷：银行存款		71 800 000

2. 发行权益性证券取得的长期股权投资

发行权益性证券取得的长期股权投资，应当按照发行权益性证券的公允价值作为初始投资成本。为发行权益性证券支付的手续费、佣金等应从权益性证券的溢价发行收入中扣除，溢价收入不足的，应冲减盈余公积和未分配利润。

3. 投资者投入的长期股权投资

投资者投入的长期股权投资，应当按照投资合同或协议约定的价值作为初始投资成本，但合同或协议约定价值不公允的除外。

4. 通过非货币性资产交换取得的长期股权投资

通过非货币性资产交换取得的长期股权投资，其初始投资成本应当按照《企业会计准则第 7 号——非货币性资产交换》确定。

5. 通过债务重组取得的长期股权投资

通过债务重组取得的长期股权投资，其初始投资成本应当按照《企业会计准则第 12 号——债务重组》确定。

6. 对被投资单位已宣告但尚未发放的现金股利或利润的处理

投资者取得投资时，对于被投资单位已宣告但尚未发放的现金股利或利润，应作为应收项目单独核算，不构成长期股权投资的初始投资成本。

【例 7-5】 承例 7-4，若 A 公司在取得 B 公司股份时，B 公司已宣告发放现金股利，A 公司按其持股比例计算确定可分得 450 000 元。编制会计分录如下：

借：长期股权投资	71 350 000	
应收股利	450 000	
贷：银行存款		71 800 000

7.3 长期股权投资的后续计量

长期股权投资持有期间，根据投资企业在被投资单位的影响程度等情况的不同，应分别采用成本法和权益法进行核算。

7.3.1 长期股权投资核算的成本法

成本法，是指长期股权投资按投资成本计价的方法。

1. 成本法的适用范围

企业持有的长期股权投资，符合下列情况之一的应当采用成本法核算。

（1）投资企业能够对被投资单位实施控制的长期股权投资。

（2）投资企业对被投资单位不具有共同控制或重大影响，并且在活跃市场中没有报价、公允价值不能可靠计量的长期股权投资。

2. 成本法的核算

成本法的核算方法如下：

（1）初始投资或追加投资时，按照初始投资或追加投资的成本，增加长期股权投资的账面价值。

（2）除取得投资时实际支付的价款或对价中包含的已宣告但尚未发放的现金股利或利润外，投资企业应当按照享有被投资单位宣告发放的现金股利或利润确认投资收益，不管有关利润分配是属于对取得投资前还是取得投资后被投资单位实现净利润的分配。

（3）投资企业在确认自被投资单位应分得的现金股利或利润后，应当考虑长期股权投资是否发生减值。在判断该类长期股权投资是否存在减值迹象时，应当关注长期股权投资的账面价值是否大于享有被投资单位净资产（包括相关商誉）账面价值的份额等情况。出现类似情况时，企业应当按照《企业会计准则第8号——资产减值》对长期股权投资进行减值测试，可收回金额低于长期股权投资账面价值的，应当计提减值准备。

【例7-6】 2011年2月18日，某房地产开发企业甲公司以1 800万元购入乙公司10%的股权。甲公司取得该部分股权后，未派出人员参与乙公司的财务和生产经营决策，同时也未以任何其他方式对乙公司施加控制、共同控制或重大影响。同时，该股权不存在活跃市场，其公允价值不能可靠计量。2011年4月20日，乙公司宣告分派现金股利，甲公司按其持股比例确定可分回60万元。甲公司编制会计分录如下：

1）取得股权时：
借：长期股权投资　　　　　　　　　　　　　18 000 000
　　贷：银行存款　　　　　　　　　　　　　　　　　　18 000 000

2）乙公司宣告分派现金股利时：
借：应收股利　　　　　　　　　　　　　　　600 000
　　贷：投资收益　　　　　　　　　　　　　　　　　　600 000

3）收到现金股利时：
借：银行存款　　　　　　　　　　　　　　　600 000
　　贷：应收股利　　　　　　　　　　　　　　　　　　600 000

7.3.2 长期股权投资核算的权益法

权益法，是指长期股权投资以初始投资成本计量后，在持有期间根据投资企业享有被投资单位所有者权益份额的变动对长期股权投资的账面价值进行调整的方法。

1. 权益法的适用范围

企业持有的长期股权投资，符合下列情况之一的应当采用权益法核算。

(1) 投资企业与其他方对被投资单位实施共同控制的长期股权投资。

(2) 投资企业对被投资单位施加重大影响的长期股权投资。

2. 权益法的核算程序

权益法的一般核算程序为：

(1) 初始投资或追加投资时，按照初始投资或追加投资的成本，增加长期股权投资的账面价值。

(2) 比较初始投资成本与投资时应享有被投资单位可辨认净资产公允价值的份额。对于初始投资成本大于应享有被投资单位可辨认净资产公允价值份额的，不要求调整长期股权投资的成本；对于初始投资成本小于应享有被投资单位可辨认净资产公允价值份额的，应调整长期股权投资的成本，并将差额计入当期损益（营业外收入）。

(3) 持有期间，随着被投资单位所有者权益的变动相应调整增加或减少长期股权投资的账面价值，并分情况处理。

(4) 被投资单位宣告分派现金股利或利润时，投资企业按持股比例计算应分得的部分，一般应冲减长期股权投资的账面价值。

3. 权益法的核算方法

权益法的具体核算方法如下：

(1) 初始投资成本的调整

投资企业在初始投资时，应当按照投资时确认的初始投资成本，借记"长期股权投资——×公司（成本）"账户，按应自被投资单位收取的已宣告但尚未发放的现金股利或利润，借记"应收股利"账户，贷记"银行存款"等账户。

对于初始投资成本大于投资时应享有被投资单位可辨认净资产公允价值份额的，其差额不调整已确认的初始投资成本，即不作账务处理。这种情况下，投资企业的投资成本不等于投资企业享有的被投资单位可辨认净资产公允价值的份额。

对于长期股权投资的初始投资成本小于投资时应享有被投资单位可辨认净资产公允价值份额的，按其差额，借记"长期股权投资——×公司（成本）"账户，贷记"营业外收入"账户。这种情况下，投资企业的投资成本等于投资企业享有被投资单位可辨认净资产公允价值的份额。

【例 7-7】 某房地产开发企业甲公司于 2008 年 1 月 4 日以 3 000 万元取得乙公司 40% 的股权并准备长期持有，甲公司能够对乙公司实施重大影响，取得投资时乙公司可辨认净资产的公允价值为 7 000 万元。编制会计分录如下：

借：长期股权投资——乙公司（成本）   30 000 000
    贷：银行存款   30 000 000

【例 7-8】 承例 7-7,如果投资时乙公司可辨认净资产的公允价值为 8 000 万元,其他条件与上述相同。编制会计分录如下:

借:长期股权投资——乙公司(成本)   32 000 000
  贷:银行存款   30 000 000
    营业外收入   2 000 000

(2) 投资损益的确认

投资企业取得长期股权投资后,应当按照应享有或应分担的被投资单位实现净利润或发生净亏损的份额,确认投资损益并调整长期股权投资的账面价值。

具体账务处理方法为:投资企业在投资后收到被投资单位年度财务报表时,根据被投资单位实现的净利润,按持股比例计算应享有的份额,借记"长期股权投资——×公司(损益调整)"账户,贷记"投资收益"账户。也可根据被投资单位发生的净亏损,作相反会计分录,但以"长期股权投资"账户的账面价值减计至零为限;还需要承担的投资损失,应将其他实质上构成对被投资单位长期权益的"长期应收款"等账户的账面价值也减计至零;如果按照投资合同或协议约定,投资企业需承担额外义务的,则需按预计将承担责任的金额确认相关的损失;除按以上步骤已确认的损失外仍有额外损失的,应在账外作备查登记,不再予以确认;在确认了有关投资损失以后,被投资单位于以后期间实现净利润的,应按与上述相反的顺序进行处理。

在确认应享有或应分担的被投资单位的净利润或净亏损时,在被投资单位账面净利润的基础上,应考虑以下因素的影响进行适当调整:

1) 被投资单位采用的会计政策及会计期间与投资企业不一致的,应按投资企业的会计政策及会计期间对被投资单位的财务报表进行调整。

2) 以取得投资时被投资单位固定资产、无形资产的公允价值为基础计提的折旧额或摊销额,以及以投资企业取得投资时的公允价值为基础计算确定的资产减值准备金额等对被投资单位净利润的影响。

3) 除考虑对公允价值的调整外,对于投资企业与其联营企业及合营企业之间发生的未实现内部交易损益应予以抵消。但是产生的未实现内部交易损失,属于所转让资产发生减值损失的,有关的未实现内部交易损失不应予以抵消。

(3) 取得现金股利或利润的处理

被投资单位宣告分派现金股利或利润时,投资企业应计算应分得的部分,借记"应收股利"账户,贷记"长期股权投资——×公司(损益调整)"账户。

【例 7-9】 承例 7-7,假定甲公司在确认投资收益时,不需要对乙公司的净利润进行调整。乙公司于 2008 年 4 月 8 日宣告分派 2007 年度现金股利 300 万元,甲公司于 2008 年 4 月 15 日收到分派的现金股利。2008 年度乙公司实现净利润 500 万元。2009 年 4 月 7 日,乙公司宣告分派 2008 年度现金股利 400 万元,甲公司于 2009 年 4 月 14 日收到分派的现金股利。2009 年度乙公司发生净亏损 700 万元。2010 年度乙公司发生净亏损 7 000 万元。2011 年度乙公司实现净利润 2 000 万元。编制会计分录如下:

1) 2008 年 4 月 8 日:

借:应收股利   1 200 000
  贷:长期股权投资——乙公司(损益调整)   1 200 000

2) 2008 年 4 月 15 日：
借：银行存款　　　　　　　　　　　　　1 200 000
　　贷：应收股利　　　　　　　　　　　　　　　1 200 000
3) 乙公司 2008 年度实现净利润：
借：长期股权投资——乙公司（损益调整）　2 000 000
　　贷：投资收益　　　　　　　　　　　　　　　2 000 000
4) 2009 年 4 月 7 日：
借：应收股利　　　　　　　　　　　　　1 600 000
　　贷：长期股权投资——乙公司（损益调整）　　1 600 000
5) 2009 年 4 月 14 日：
借：银行存款　　　　　　　　　　　　　1 600 000
　　贷：应收股利　　　　　　　　　　　　　　　1 600 000
6) 乙公司 2009 年度发生净亏损：
借：投资收益　　　　　　　　　　　　　2 800 000
　　贷：长期股权投资——乙公司（损益调整）　　2 800 000
7) 乙公司 2010 年度发生净亏损 7 000 万元，甲公司应承担 2 800 万元（7 000×40%），但可减少的"长期股权投资——乙公司"账户的账面价值为 2 640 万元（3 000－120＋200－160－280），备查簿中应记录未确认的亏损承担金额为 160 万元。

借：投资收益　　　　　　　　　　　　　26 400 000
　　贷：长期股权投资——乙公司（损益调整）　　26 400 000
8) 乙公司 2008 年度实现净利润 2 000 万元，可恢复"长期股权投资——乙公司"账户账面价值为 640 万元（2000×40%－160）。

借：长期股权投资——B公司（损益调整）　6 400 000
　　贷：投资收益　　　　　　　　　　　　　　　6 400 000

（4）对被投资单位除净损益以外所有者权益的其他变动的处理

投资企业长期股权投资的账面价值，应随着被投资单位所有者权益总额的变动而变动。被投资单位所有者权益总额的变动，除实现净损益、分配利润影响外，还包括资本溢价、可供出售金融资产公允价值变动差额等影响。对于由上述原因导致的所有者权益总额的变动，投资企业也应按持股比例计算应享有的份额。

被投资单位发生除净损益以外其他所有者权益变动时，投资企业按持股比例计算应享有或承担的份额，借记"长期股权投资——×公司（其他权益变动）"账户，贷记"资本公积——其他资本公积"账户。

【例 7-10】 某房地产开发企业甲公司对丙公司投资占丙公司有表决权股份的 30%，按权益法核算该项投资，2011 年 6 月丙公司因增发新股产生股本溢价 100 万元。编制会计分录如下：

借：长期股权投资——丙公司（其他权益变动）　300 000
　　贷：资本公积——其他资本公积　　　　　　　　300 000

7.3.3 成本法与权益法的转换

长期股权投资在持有期间，因各方面情况的变化，可能导致其核算需要由一种方法转换为另一种方法。

1. 成本法转为权益法

长期股权投资的核算由成本法转为权益法时，应以成本法下长期股权投资的账面价值作为按照权益法核算的初始投资成本，并在此基础上比较该初始投资成本与应享有被投资单位可辨认净资产公允价值的份额，确定是否需要对长期股权投资的账面价值进行调整。

2. 权益法转为成本法

因追加投资原因导致原持有的对联营企业或合营企业的投资转变为对子公司投资的，长期股权投资账面价值的调整应当按照初始计量的有关规定处理。除此之外，因收回投资等原因导致长期股权投资的核算由权益法转换为成本法的，应以转换时长期股权投资的账面价值作为按照成本法核算的基础。

7.3.4 长期股权投资的减值

计提长期股权投资减值准备分为两种情况：

1. 按成本法核算的、企业持有的对被投资单位不具有共同控制或重大影响，在活跃市场中没有报价、公允价值不能可靠计量的长期股权投资

对于这类长期股权投资，其减值应当按照《企业会计准则第22号——金融工具确认和计量》处理。即在活跃市场中没有报价且其公允价值不能可靠计量的权益工具投资发生减值时，应当将该权益工具投资与按照类似金融资产当时市场收益率对未来现金流量折现确定的现值之间的差额，确认为资产减值损失，计入当期损益，同时计提相应的资产减值准备；资产减值损失一经确认，在以后会计期间不得转回。

【例7-11】 2011年12月31日，某房地产开发企业A公司持有B公司10%的股份，按成本法核算该长期股权投资，投资的账面价值为200万元。该投资没有公开的市场价格且不能可靠计量其公允价值，按市场收益率计算，该投资在2011年12月31日预计的未来现金流量现值为190万元。A公司编制会计分录如下：

借：资产减值损失——长期股权投资减值损失　　100 000
　　贷：长期股权投资减值准备——B公司　　　　　　100 000

2. 除第一种之外的其他长期股权投资

除第一种之外的其他长期股权投资，即企业持有的对子公司、联营企业及合营企业的投资，其减值应当按照《企业会计准则第8号——资产减值》处理。即可收回金额的计量结果表明，资产的可收回金额低于其账面价值的，应当将资产的账面价值减记至可收回金额，减记的金额确认为资产减值损失，计入当期损益，同时计提相应的资产减值准备；资产减值损失一经确认，在以后会计期间不得转回。

【例7-12】 2011年12月31日，某房地产开发企业甲公司持有乙公司100万股股票，占乙公司股份的30%，甲公司按权益法核算该长期股权投资，投资的账面价值为800万元。因2011年8月乙公司所在地区发生洪灾，乙公司受灾严重，生产受到影响，其股票市价在2011年12月31日下跌为每股5元。甲公司编制会计分录如下：

借：资产减值损失——长期股权投资减值损失　　　　　3 000 000
　　贷：长期股权投资减值准备——乙公司　　　　　　　　　　3 000 000

7.3.5　长期股权投资的处置

企业处置长期股权投资时，按实际收到的价款与长期股权投资的账面价值的差额确认为当期损益。按实际收到的金额，借记"银行存款"等账户，按其账面余额，贷记"长期股权投资"账户，按尚未领取的现金股利或利润，贷记"应收股利"账户，按其差额，贷记或借记"投资收益"账户。已计提减值准备的，还应同时结转减值准备。

采用权益法核算的长期股权投资，因被投资单位除净损益以外所有者权益的其他变动而计入所有者权益的，处置该项投资时应当将原计入所有者权益的部分按相应比例转入当期损益。借记或贷记"资本公积——其他资本公积"账户，贷记或借记"投资收益"账户。

【例 7-13】 某房地产开发企业甲公司对持有的丙公司股份采用权益法核算。2008年5月23日，甲公司将持有的丙公司股份全部转让，收到价款760万元，其中包括甲公司应收丙公司已宣告但尚未发放的现金股利100万元。转让时，该项长期股权投资的账面价值为650万元，其中，成本为500万元，损益调整（借方）50万元，其他权益变动（借方）100万元。甲公司编制会计分录如下：

借：银行存款　　　　　　　　　　　　　7 600 000
　　贷：长期股权投资——丙公司（成本）　　　　　　5 000 000
　　　　　　　　　　——丙公司（损益调整）　　　　　500 000
　　　　　　　　　　——丙公司（其他权益变动）　　1 000 000
　　　　应收股利　　　　　　　　　　　　　　　　　1 000 000
　　　　投资收益　　　　　　　　　　　　　　　　　　100 000
借：资本公积——其他资本公积　　　　　1 000 000
　　贷：投资收益　　　　　　　　　　　　　　　　　1 000 000

练习题

习题一

一、目的：练习长期股权投资成本法的核算。

二、资料：

1. A公司2007年1月2日以800万元的价格购入B公司3‰的股份，准备长期持有，购买过程中另支付相关税费3万元。乙公司为一家未上市的民营企业，其股权不存在明确的市场价格。

2. 2007年4月2日，B公司宣告分派2006年现金股利900万元，A公司于4月13日收到现金股利27万元。

3. 2007年B公司实现净利润1000万元。

4. 2008年4月4日，B公司宣告分派2007年现金股利1600万元，A公司于4月18日收到现金股利48万元。

5. 2008年B公司实现净利润2000万元。

6. 2009年B公司的经营状况恶化，导致发生亏损500万元。年末，A公司经测算所持B公司的投资未来现金流量现值为700万元。

7. 2010年3月1日，A公司将持有的B公司全部股权转让给H公司，收到股权转让款780万元，相关手续已办理完毕。

三、要求：根据上述经济业务编制会计分录。

习题二

一、目的：练习长期股权投资权益法的核算。

二、资料：

1. 2010年1月3日，甲公司以银行存款134万元投资乙公司，持有乙公司20%的股权，并具有重大影响，未发生相关税费。投资时，乙公司的各项可辨认资产等的公允价值为600万元。

2. 2010年4月6日，乙公司宣告分派2009年度现金股利15万元，甲公司于2010年4月13日收到分派的现金股利。

3. 2010年，乙公司由于政府专项拨款项目完成使资本公积增加10万元。

4. 2010年乙公司实现净利润为60万元。

5. 2011年3月12日，乙公司宣告分派现金股利20万元，甲公司于4月15日收到分派的现金股利。

6. 2011年乙公司发生亏损200万元。

7. 2011年年末，经测算甲公司对乙公司的投资可收回金额为95万元，没有对乙公司的长期应收项目。

8. 2012年1月20日，甲公司经股东大会通过，将持有的乙公司的全部股权转让给丙公司，收到股权转让款100万元，相关的股权转让的法律手续均已办理完毕。

三、要求：根据上述经济业务编制会计分录。

8 固定资产、无形资产和其他资产

8.1 固定资产概述

8.1.1 固定资产的定义

固定资产是指为生产商品、提供劳务、出租或经营管理而持有的使用寿命超过一个会计年度的有形资产。从固定资产的定义看，固定资产具有以下特征：

(1) 固定资产是为生产商品、提供劳务、出租或经营管理而持有。这一特征说明了企业持有的固定资产是企业的劳动工具或手段，而不是用于出售的商品。这是固定资产的最基本特征，也是区分固定资产与商品等流动资产的重要标志。需要注意的是，其中"出租"的固定资产，是指企业以经营租赁方式出租的机器设备类固定资产，不包括以经营租赁方式出租的建筑物，后者属于企业的投资性房地产，不是固定资产。

(2) 使用寿命超过一个会计年度，并且在使用过程中保持原有的实物形态不变。这一特征表明固定资产属于非流动资产，其价值是通过计提折旧的方式逐渐转移到成本、费用中去的。

(3) 固定资产是有形资产。这一特征将固定资产与无形资产区别开来。

8.1.2 固定资产的确认条件

固定资产在符合定义的前提下，还应当同时满足以下两个条件，才能予以确认：

1. 与该固定资产有关的经济利益很可能流入企业

资产最重要的特征是预期会给企业带来经济利益。在实务中，判断该固定资产是否能给企业带来经济利益，主要判断与该固定资产所有权相关的风险和报酬是否转移到了企业。通常，取得固定资产的所有权是判断与固定资产所有权相关的风险和报酬转移到企业的一个重要标志。但是，所有权是否转移，不是判断与固定资产所有权相关的风险和报酬转移到企业的唯一标志。例如，融资租入的固定资产，企业虽然不拥有固定资产的所有权，但与固定资产所有权相关的风险和报酬实质上已转移到了企业（承租人），因此，符合固定资产确认的第一个条件。

2. 该固定资产的成本能够可靠计量

成本能够可靠计量是资产确认的一项基本条件，企业必须取得确凿证据来确定固定资产成本。但有时企业需要根据最新资料，对固定资产的成本进行合理的估计。

8.1.3 固定资产的分类

企业的固定资产种类繁多，为了加强管理，正确进行固定资产的核算，有必要对其进行科学、合理的分类。根据不同的管理需要、核算要求以及不同的分类标准，可以对固定资产进行不同的分类。固定资产的分类方法主要有以下几种：

1. 按经济用途分类

按固定资产的经济用途分类，可以分为生产经营用固定资产和非生产经营用固定资产两大类。

（1）生产经营用固定资产，是指直接服务于企业生产、经营过程的各项固定资产，如开发经营用的房屋及建筑物、设备、运输车辆等。

（2）非生产经营用固定资产，是指不直接服务于企业生产、经营过程的各项固定资产，如职工食堂、宿舍、俱乐部使用的房屋、设备等固定资产。

按固定资产的经济用途分类，可以反映出企业生产经营用固定资产和非生产经营用固定资产在全部固定资产中所占的比重，便于分析和考核企业固定资产的构成和配备是否合理，促使企业合理配置固定资产。

2. 按使用情况分类

按固定资产的使用情况分类，可以分为使用中固定资产、未使用固定资产和不需用固定资产。

（1）使用中固定资产，是指正在使用中的经营性和非经营性固定资产。由于季节性经营以及大修理等原因暂停使用的固定资产，以及企业以经营租赁方式出租给其他单位使用的固定资产也属于使用中固定资产。

（2）未使用固定资产，是指已经完工或新购建的但尚未交付使用的新增固定资产以及因改建、扩建等原因暂停使用的固定资产和经批准停止使用的固定资产。

（3）不需用固定资产，是指本企业多余或不适用的各种固定资产。

按固定资产的使用情况分类，便于分析和考核固定资产的利用情况，促使企业合理使用固定资产，充分挖掘固定资产的使用潜力，及时处置不需用的固定资产，提高固定资产的利用效率。

3. 按所有权分类

按固定资产的所有权分类，可分为自有固定资产和租入固定资产。

（1）自有固定资产，是指所有权归属本企业，企业可以自由支配、使用的各种固定资产。

（2）租入固定资产，是指企业采用租赁方式从其他单位租入的固定资产。按租入方式的不同，租入固定资产又可以分为经营租入固定资产和融资租入固定资产。

按固定资产的所有权分类，有利于分析企业固定资产的产权结构，便于了解企业固定资产的实有数额及其利用情况，促使企业充分挖掘自有固定资产的潜力，节约租金支出。

4. 按经济用途和使用情况综合分类

按固定资产的经济用途和使用情况进行综合分类，可以将企业的固定资产分为七大类：

（1）生产经营用固定资产。

（2）非生产经营用固定资产。

（3）租出固定资产。

（4）未使用固定资产。

(5) 不需用固定资产。
(6) 融资租入固定资产。
(7) 土地，指过去已经估价且单独入账的土地。因征地而支付的补偿费，应计入与土地有关的房屋、建筑物的价值内，不单独作为土地价值入账。企业取得的土地使用权不能作为固定资产进行核算和管理。

按固定资产的经济用途和使用情况进行综合分类，可以反映企业固定资产的构成情况、使用情况以及所有权情况，促使企业合理配备固定资产，充分挖掘固定资产的潜力，提高固定资产的利用效率。

由于企业的经营性质不同，经营规模各异，对固定资产的分类不可能完全一致。因此，实际工作中，企业可以根据各自的具体情况和经营管理、会计核算的需要，对固定资产进行合理的分类，编制本企业的固定资产目录，作为固定资产核算的依据。

8.2 固定资产的初始计量

8.2.1 固定资产取得成本的确定

固定资产的初始计量，指固定资产取得成本或初始成本的确定。固定资产应当按照成本进行初始计量，成本是指企业为购建某项固定资产达到预定可使用状态前所发生的一切合理的、必要的支出。

在实务中，企业取得固定资产的方式是多种多样的，取得的方式不同，其成本的具体构成内容及确定方法也不尽相同。

1. 外购固定资产的成本

企业外购固定资产的成本包括买价、相关税费、使固定资产达到预定可使用状态前所发生的可直接归属于该项资产的运输费、装卸费、安装费和专业人员服务费等。

2. 自行建造固定资产的成本

自行建造固定资产的成本，是由建造该项资产达到预定可使用状态前所发生的必要支出构成。包括工程物资成本、人工成本、交纳的相关税费、应予资本化的借款费用以及应分摊的间接费用等。

3. 投资者投入固定资产的成本

投资者投入固定资产的成本应当按照投资合同或协议约定的价值确定，但合同或协议约定价值不公允的除外。在投资合同或协议约定价值不公允的情况下，按照该项固定资产的公允价值作为入账价值。

4. 改建、扩建固定资产的成本

在原有固定资产的基础上进行改建、扩建的，按原固定资产的账面价值，减去改建、扩建过程中发生的变价收入，加上由于改建、扩建而使该项固定资产达到预定可使用状态前发生的支出作为固定资产的成本。

5. 通过非货币性资产交换、债务重组、企业合并、融资租赁等方式取得的固定资产成本应当分别按照《企业会计准则——非货币性资产交换》、《企业会计准则——债务重组》、《企业会计准则——企业合并》、《企业会计准则——租赁》等的规定确定。

6. 盘盈固定资产的成本

盘盈固定资产按以下规定确定其成本：如果同类或类似固定资产存在活跃市场的，按同类或类似固定资产的市场价格，减去按该项资产的新旧程度估计的价值损耗后的余额，作为成本；如果同类或类似固定资产不存在活跃市场的，按该项资产的预计未来现金流量的现值作为成本。

8.2.2 固定资产取得的核算

1. 账户设置

为了核算固定资产的增减变动、价值损耗和结存情况，企业应设置"固定资产"、"累计折旧"、"工程物资"、"在建工程"等账户。

（1）"固定资产"账户。该账户为资产类账户，用来核算固定资产的增减变动和结存情况。该账户的借方登记固定资产的增加数，贷方登记固定资产的减少数，期末余额在借方，反映企业实有固定资产原始价值的总额。企业应设置"固定资产登记簿"和"固定资产卡片"，按固定资产类别、使用部门和每项固定资产进行明细核算。

（2）"累计折旧"账户。该账户为资产类账户，也是"固定资产"账户的备抵调整账户，用来核算企业固定资产的累计已提折旧额。该账户的贷方登记按月计提的固定资产折旧，借方登记减少固定资产时转出的累计已提折旧额，期末余额在贷方，反映企业提取的固定资产折旧累计数。本账户只进行总分类核算，不进行明细分类核算。根据固定资产卡片上记载的有关资料即可计算查明某项固定资产的已提折旧额。"固定资产"账户的借方余额减去"累计折旧"账户的贷方余额，其差额即为固定资产的净值。

（3）"工程物资"账户。该账户为资产类账户，用来核算企业为专项工程（包括基建工程、更改工程和大修理工程等）准备的各种物资的实际成本。该账户的借方登记企业购入工程物资的实际成本，贷方登记领用工程物资的实际成本，期末借方余额表示库存的工程物资的实际成本。"工程物资"账户应按工程物资的品种设置明细账户。

（4）"在建工程"账户。该账户为资产类账户，用来核算企业进行各种专项工程（包括基建工程、更改工程和大修理工程等）所发生的实际支出。该账户的借方登记企业进行各项专项工程所发生的实际支出，贷方登记已完工交付使用的专项工程的实际成本，期末借方余额表示尚未完工的专项工程所发生的各项实际支出。本账户应设置"建筑工程"、"安装工程"、"大修理工程"等明细账户，进行明细分类核算。

2. 固定资产取得的账务处理

（1）购入固定资产

1）购入不需要安装的固定资产

企业购入不需要安装的固定资产时，应按实际支付的价款，包括买价、包装费、运杂费、保险费和相关税费（注：不含可抵扣的增值税进项税额。企业购入生产经营用固定资产的增值税进项税额可抵扣，而购入非生产经营用固定资产的增值税进项税额不可抵扣）等，作为购入固定资产的原价，借记"固定资产"账户，贷记"银行存款"等账户。

【例8-1】某企业购入一台不需要安装的非生产经营用设备一台，发票价格50 000元，增值税额8 500元，发生运输费1 600元，款项已用银行存款支付。设备现已交付使用。编制会计分录如下：

借：固定资产　　　　　　　　　　60 100
　　贷：银行存款　　　　　　　　　　60 100

2）购入需要安装的固定资产

企业购入需要安装的固定资产时，实际支付的价款以及发生的安装费用等应先记入"在建工程"账户，待安装完毕交付使用时，再从"在建工程"账户转入"固定资产"账户。购入时，应按实际支付的价款，借记"在建工程"账户，贷记"银行存款"等账户；发生安装费用时，借记"在建工程"账户，贷记"银行存款"等账户；安装完毕交付使用时，将"在建工程"账户中归集的全部实际支出作为固定资产原价入账，借记"固定资产"账户，贷记"在建工程"账户。

【例8-2】 某企业购入一台需要安装的非生产经营用设备，发票价格80 000元，增值税额13 600元，支付运输费1 000元，款项均以银行存款支付。委托外单位安装设备，发生安装费用500元，以银行存款支付。设备安装完毕交付使用。有关账务处理如下：

① 购入设备时，编制会计分录如下：

借：在建工程　　　　　　　　　　94 600
　　贷：银行存款　　　　　　　　　　94 600

② 支付安装费用时，编制会计分录如下：

借：在建工程　　　　　　　　　　500
　　贷：银行存款　　　　　　　　　　500

③ 设备安装完毕交付使用时，编制会计分录如下：

借：固定资产　　　　　　　　　　95 100
　　贷：在建工程　　　　　　　　　　95 100

（2）自行建造的固定资产

企业自行建造固定资产，主要有自营工程和出包工程两种方式。由于采用的建造方式不同，其核算方式也有所不同。

1）自营方式建造固定资产

企业采用自营方式建造固定资产，意味着企业自行组织工程物资采购、自行组织施工人员从事工程施工。企业购入的为工程准备的物资等，按购入物资的实际成本，借记"工程物资"账户，贷记"银行存款"等账户。企业自营工程领用工程物资，自营工程应负担的职工工资、福利费及发生的其他支出，应先通过"在建工程"账户核算，借记"在建工程"账户，贷记"工程物资"、"应付职工薪酬"、"银行存款"等账户。工程完工达到预定可使用状态时，应将自营工程实际成本从"在建工程"账户转入"固定资产"账户，借记"固定资产"账户，贷记"在建工程"账户。

【例8-3】 某企业采用自营方式建造材料仓库一座，购买该工程专用物资199 000元，全部用于工程建设。自营工程应负担的职工工资和福利费为32 000元，用银行存款支付自营工程发生的其他支出16 000元。工程完工并达到预定可使用状态交付使用。有关账务处理如下：

① 购入工程物资时，编制会计分录如下：

借：工程物资　　　　　　　　　　199 000
　　贷：银行存款　　　　　　　　　　199 000

② 领用工程物资时，编制会计分录如下：
借：在建工程　　　　　　　　199 000
　　贷：工程物资　　　　　　　　199 000
③ 分配自营工程建造人员工资和福利费时，编制会计分录如下：
借：在建工程　　　　　　　　32 000
　　贷：应付职工薪酬　　　　　　32 000
④ 支付工程发生的其他支出时，编制会计分录如下：
借：在建工程　　　　　　　　16 000
　　贷：银行存款　　　　　　　　16 000
⑤ 工程达到预定可使用状态并交付使用时，编制会计分录如下：
借：固定资产　　　　　　　　247 000
　　贷：在建工程　　　　　　　　247 000

2）出包方式建造固定资产

在出包方式下，企业通过招标方式将工程项目发包给建造承包商（即施工企业），由建造承包商组织工程项目施工，并负责工程的各项实际支出的核算。企业按合同规定的结算方式和工程进度定期与建造承包商办理工程价款结算，结算的工程价款作为工程成本，通过"在建工程"账户核算。在这种方式下，"在建工程"账户成为企业与承包商办理工程价款的结算账户。企业预付工程款以及补付工程款时，借记"在建工程"账户，贷记"银行存款"等账户，工程完工并达到预定可使用状态时，将"在建工程"账户中所列的工程成本转作固定资产，借记"固定资产"账户，贷记"在建工程"账户。

（3）投资者投入的固定资产

投资者投入固定资产时，在会计核算上，一方面要反映本企业固定资产的增加，另一方面要反映投资者投入资本的增加，即反映本企业实收资本（或股本）的增加。企业对于投资者投入的固定资产，应按投资合同或协议约定的价值，借记"固定资产"账户，贷记"实收资本"账户。在投资合同或协议约定价值不公允的情况下，按照该项固定资产的公允价值作为入账价值。

【例8-4】　某企业收到乙公司投入的设备一台，投资合同确定的价值为120 000元。编制会计分录如下：
借：固定资产　　　　　　　　120 000
　　贷：实收资本　　　　　　　　120 000

（4）租入固定资产

租赁按其性质和形式的不同分为经营租赁和融资租赁。企业采用经营租赁方式租入的资产，主要是为了解决生产经营的季节性、临时性的需要，在租赁期内，承租企业只拥有资产的使用权，而且租期一般较短，租赁期满，企业要将资产退还给出租人。因此，企业经营性租入的固定资产不作为自有固定资产入账，只在设备查账簿进行登记，该固定资产的折旧由出租方计提，承租方支付的租金计入各期费用。

融资租赁是指企业出于融资或减少投资风险等方面的考虑而从资产租赁机构租入固定资产的行为。与经营租赁相比，融资租赁具有以下的特点：①租赁期较长（一般达到租赁资产使用年限的75%以上）；②租约一般不能取消；③支付的租金较高，一般包括设备的价款和借款利息等；④租赁期满，承租人有优先选择廉价购买租赁资产的权利。也就是说，在融资租赁方式下，与租赁资产有关的主要风险和报酬已由出租人转归承租人。可见，融资租入的固定资产，尽管从法律形式上资产的所有权在租赁期间仍属于出租方，但租入企业实际上已经获得了租赁资产产生的经济利益，也承担了与资产有关的风险。因此，企业应将融资租入固定资产视同自有资产进行核算、管理，并计提固定资产折旧。

（5）盘盈的固定资产

企业在财产清查中发现的盘盈固定资产，应作为前期差错处理，在按管理权限报经批准处理前，应先通过"以前年度损益调整"账户核算。盘盈的固定资产，应按同类或类似固定资产的市场价值，减去按该项资产的新旧程度估计的价值损耗后的余额，作为入账价值，或者按该项资产的预计未来现金流量的现值作为入账价值，借记"固定资产"账户，贷记"以前年度损益调整"账户。

（6）其他固定资产

通过非货币性资产交换、债务重组、企业合并等方式取得的固定资产会计处理，在本教材中不作介绍。

8.3 固定资产的后续计量

固定资产的后续计量主要包括固定资产折旧的计提、减值损失的确定，以及后续支出的计量。

8.3.1 固定资产折旧

1. 固定资产折旧的概念

固定资产折旧是指固定资产在使用过程中逐渐损耗的那部分价值。固定资产是一项价值较高的长期资产，在为企业带来长期经济利益的同时，其价值会随着时间的推移和不断的使用而逐渐消失，使固定资产变得陈旧直至报废。因此，企业应当在固定资产的使用年限内，采用合理的折旧方法，将其价值逐渐分摊计入各期的成本或费用，与各期的有关收入配比，以合理确定各期损益。因此，计提固定资产折旧实际上是固定资产价值的分摊过程。

2. 影响固定资产折旧的因素

影响固定资产折旧的因素主要有以下四个方面：

（1）固定资产原值

固定资产原值是指固定资产取得时的原始成本，它是计提折旧的基数。

（2）固定资产预计净残值

固定资产预计净残值是指固定资产报废时预计可收回的残值减去清理费用后的余额。由于固定资产残值和清理费用很难准确估计，因此，预计净残值通常按固定资产原值的一定百分比来计算，即预计净残值＝固定资产原值×预计净残值率。

（3）固定资产减值准备

固定资产减值准备是指固定资产已计提的固定资产减值准备累计金额。计提减值准备后，应当在剩余使用寿命内根据调整后的固定资产账面价值（固定资产账面余额扣减累计折旧和累计减值准备后的金额）和预计净残值重新计算确定折旧额。

(4) 固定资产预计使用寿命

固定资产预计使用寿命，也称固定资产的预计折旧年限或者该固定资产所能生产产品或提供劳务的数量。企业在确定固定资产的使用年限时，应当考虑下列因素：

1) 固定资产的预计生产能力或实物产量。

2) 固定资产的有形损耗和无形损耗。有形损耗是指固定资产由于使用和自然力的影响引起的使用价值的损失。无形损耗是指由于新技术的出现而使现有的固定资产技术水平相对陈旧而提前报废的损失。对于受无形损耗因素影响较大的固定资产，应确定较短的使用年限。

3) 法律或者类似规定对固定资产使用年限的限制。如果对于融资租赁的固定资产，能够合理确定租赁期届满时将会取得租赁资产所有权的，应当在租赁资产使用年限内计提折旧；如果无法合理确定租赁期届满时能够取得租赁资产所有权的，应当在租赁期与租赁资产使用年限两者中较短的期间内计提折旧。

3. 固定资产折旧的计算方法

固定资产折旧计算方法的选用直接影响到企业成本、费用的计算，也影响到企业的收入和纳税，因此，企业应科学合理地选用固定资产的折旧方法。折旧的计算方法有平均年限法、工作量法、双倍余额递减法和年数总和法。折旧方法一经确定，企业不得随意变更。如需变更，应当在会计报表附注中予以说明。

(1) 平均年限法

平均年限法又称直线法，是将固定资产的应提折旧额在固定资产的预计使用年限内平均分摊的一种方法。采用这种方法计算的每期折旧额均相等。计算公式如下：

$$年折旧额 = \frac{固定资产原值 - 预计净残值}{预计使用寿命（年）}$$

$$= \frac{固定资产原值 \times (1 - 预计净残值率)}{预计使用寿命（年）} \quad \text{(式 8-1)}$$

$$月折旧额 = 年折旧额 \div 12 \quad \text{(式 8-2)}$$

$$其中：预计净残值 = 预计残值 - 预计清理费用 \quad \text{(式 8-3)}$$

$$预计净残值率 = \frac{预计净残值}{固定资产原值} \quad \text{(式 8-4)}$$

在实际工作中，一般是根据固定资产原值乘以折旧率来计算折旧额的。固定资产折旧率是指一定时期内固定资产折旧额与原值的比率。其计算公式如下：

$$年折旧率 = \frac{固定资产年折旧额}{固定资产原值} \times 100\%$$

$$= \frac{1 - 预计净残值率}{预计使用寿命（年）} \times 100\% \quad \text{(式 8-5)}$$

$$月折旧率 = 年折旧率 \div 12 \quad \text{(式 8-6)}$$

$$月折旧额 = 固定资产原值 \times 月折旧率 \quad \text{(式 8-7)}$$

【例 8-5】 某企业有行政管理用设备一台，该设备的原值为 60 000 元，预计使用年限为 10 年，预计净残值率 4%，该设备的年折旧率、月折旧率和月折旧额计算如下：

年折旧率=(1-4%)÷10×100%=9.6%

月折旧率=9.6%÷12=0.8%

月折旧额=60 000×0.8%=480（元）

平均年限法的主要优点是计算简便，易于理解和掌握，一般适用于各期使用程度、负荷程度比较均衡的固定资产。但这种方法也存在缺点，它没有考虑固定资产通常在使用前期的维修费用较小，而在使用后期的维修费用较大，以及固定资产在不同使用年限提供的经济效益和使用强度不同的客观现实，从而使固定资产在整个使用年限内的使用成本不均衡，不符合收入与费用之间的配比原则。

（2）工作量法

工作量法是根据固定资产在生产经营过程中实际完成的工作量计算每期折旧的一种方法。计算公式如下：

$$单位工作量折旧额 = \frac{固定资产原值 \times (1 - 预计净残值率)}{预计总工作量} \quad (式8-8)$$

$$某项固定资产月折旧额 = 该项固定资产当月工作量 \times 单位工作量折旧额 \quad (式8-9)$$

实际工作中，工作量可以是行驶里程、工作时数等，如运输工具的运行公里、机器设备的工作小时等。

【例 8-6】 某企业有运货卡车一辆，原值为 120 000 元，预计总行驶里程为 60 万公里，预计净残值率为 5%，本月实际行驶 3 000 公里。则该运货卡车本月的折旧额计算如下：

$$单位里程折旧额 = \frac{120\ 000 \times (1 - 5\%)}{600\ 000} = 0.19(元/公里)$$

$$本月折旧额 = 3\ 000 \times 0.19 = 570(元)$$

工作量法的主要优点是，将各期计提的折旧额与固定资产使用程度联系起来，固定资产完成的工作量越大，磨损程度越大，计提的折旧费也越多。工作量法的计算也比较简便。但这种方法只注重固定资产使用强度，忽视了无形损耗对固定资产的影响。另外，对于固定资产预计能够完成的总工作量也难以准确估计。因此，工作量法一般适用于损耗程度与完成的工作量密切相关或使用不均衡的固定资产，如运输车辆、机器设备等。

（3）双倍余额递减法

双倍余额递减法是指在不考虑固定资产净残值的情况下，用固定资产每期期初的账面净值（原值减累计折旧）乘以双倍的直线法折旧率来计算固定资产折旧额的一种方法。计算公式如下：

$$年折旧率 = \frac{2}{预计使用寿命(年)} \times 100\% \quad (式8-10)$$

$$年折旧额 = 年初固定资产账面净值 \times 年折旧率 \quad (式8-11)$$

$$月折旧额 = 年折旧额 \div 12 \quad (式8-12)$$

由于在采用双倍余额递减法计算折旧时未考虑固定资产的预计净残值，因此，为了防止在折旧期结束时，出现固定资产账面净值与预计净残值不一致的情况，应当在固定资产折旧年限到期前两年内，将固定资产账面净值扣除预计净残值后的余额在剩余的两年内平均摊销，以避免出现在折旧期限内计提的累计折旧额大于或小于该项固定资产原值扣除预计净残值后的数额。

【例 8-7】 某公司一项固定资产原值为 20 万元，预计使用 5 年，预计净残值 8 000 元。采用双倍余额递减法计算折旧，每年的折旧额计算如下：

年折旧率 $= \dfrac{2}{5} \times 100\% = 40\%$

第一年折旧额 $= 20 \times 40\% = 8$（万元）

第二年折旧额 $= (20-8) \times 40\% = 4.8$（万元）

第三年折旧额 $= (20-8-4.8) \times 40\% = 2.88$（万元）

从第四年起改用平均年限法计提折旧，则：

第四、五年各年的折旧额 $=(20-8-4.8-2.88-0.8) \div 2 = 1.76$（万元）

(4) 年数总和法

年数总和法又称年限合计法，是将固定资产原值减去预计净残值后的净额乘以一个逐年递减的分数来计算每年折旧额的一种方法。年数总和法的折旧率是一个分数，这个分数的分子表示固定资产尚可使用的年数，分母表示使用年限的年数总和。计算公式如下：

$$年折旧率 = \dfrac{尚可使用年限}{预计使用寿命的年数总和} \times 100\%$$

$$= \dfrac{预计使用寿命 - 已使用年限}{预计使用寿命 \times (1+预计使用寿命) \div 2} \times 100\% \quad \text{（式 8-13）}$$

年折旧额 $=$（固定资产原值 $-$ 预计净残值）$\times$ 年折旧率 （式 8-14）

月折旧额 $=$ 年折旧额 $\div 12$ （式 8-15）

【例 8-8】 仍以例 8-7 的资料为例，采用年数总和法计算折旧，每年的折旧额计算如下：

预计使用寿命的年数总和 $= 1+2+3+4+5 = 5 \times (1+5) \div 2 = 15$

第一年折旧额 $= (20-0.8) \times \dfrac{5}{15} = 6.4$（万元）

第二年折旧额 $= (20-0.8) \times \dfrac{4}{15} = 5.12$（万元）

第三年折旧额 $= (20-0.8) \times \dfrac{3}{15} = 3.84$（万元）

第四年折旧额 $= (20-0.8) \times \dfrac{2}{15} = 2.56$（万元）

第五年折旧额 $= (20-0.8) \times \dfrac{1}{15} = 1.28$（万元）

上述几种固定资产折旧方法中，双倍余额递减法和年数总和法都属于加速折旧法，其特点是在固定资产使用的早期多提折旧，后期少提折旧，目的是使固定资产成本在预计使用年限内尽快得到补偿。加速折旧法一般适用于技术含量较高、受无形损耗影响较大的固定资产。必须指出的是，对某项固定资产而言，不论采用直线法，还是采用加速折旧法，其预计使用寿命内应计提的折旧总额是相等的。

4. 固定资产折旧的计提范围

企业所拥有的固定资产，除以下情况外，均应计提折旧。

(1) 已提足折旧仍继续使用的固定资产；

(2) 未提足折旧提前报废的固定资产；

(3) 按照规定单独估价作为固定资产入账的土地。

企业固定资产应当按月计提折旧，当月增加的固定资产，当月不计提折旧，从下月开始计提折旧；当月减少的固定资产，当月仍计提折旧，从下月开始停止计提折旧。

已达到预定可使用状态但尚未办理竣工决算的固定资产，应当按照估计价值确定其成本，并计提折旧；待办理竣工决算后再按实际成本调整原来的暂估价值，但不需要调整原已计提的折旧额。

融资租入的固定资产，应当采用与自有固定资产相一致的折旧政策。能够合理确定租赁期届满时将会取得租赁资产所有权的，应当在租赁资产尚可使用年限内计提折旧；无法合理确定租赁期届满时能否取得租赁资产所有权的，应当在租赁期与租赁资产尚可使用年限两者中较短的期间内计提折旧。

5. 固定资产折旧的核算

企业对固定资产应当按月计提折旧，各月提取折旧时，可在上月计提折旧额的基础上，对上月固定资产增减变动情况进行调整后计算当月应计提的折旧额。这样，每月固定资产应计提的折旧额＝上月固定资产计提的折旧额＋上月增加的固定资产应计提的折旧额－上月减少的固定资产应计提的折旧额。

企业按月计提折旧时，应根据固定资产的用途，借记有关成本费用账户，贷记"累计折旧"账户。企业开发现场管理部门使用的固定资产，其计提的折旧额应计入"开发间接费用"账户的借方；企业行政管理部门使用的固定资产，其计提的折旧额应计入"管理费用"账户；企业销售部门使用的固定资产，其计提的折旧额应计入"销售费用"账户；企业经营其他业务使用的固定资产，其计提的折旧额应计入"其他业务成本"账户的借方；企业自行建造固定资产过程中使用的固定资产，其计提的折旧额应计入"在建工程"账户的借方。

在实际工作中，各月计提折旧的工作一般是由财会部门通过编制"固定资产折旧计算及分配表"来完成的。

【例8-9】 某企业2011年10月份的"固定资产折旧计算及分配表"如表8-1所示。

固定资产折旧计算及分配表 表8-1
2011年10月 单位：元

固定资产类别	月折旧额	按使用对象分配			
		开发间接费用	其他业务成本	管理费用	销售费用
房屋建筑物	36 000	12 000		18 000	6 000
设备	57 000	25 000	5 000	20 000	7 000
运输工具	80 000	48 000		32 000	
其他固定资产	2 000	2 000			
合计	175 000	87 000	5 000	70 000	13 000

根据表8-1的资料，编制会计分录如下：

借：开发间接费用　　　　87 000

　　其他业务成本　　　　5 000

管理费用	70 000	
销售费用	13 000	
贷：累计折旧		175 000

8.3.2 固定资产减值

1. 固定资产发生减值的确定

固定资产减值是指固定资产的可收回金额低于其账面价值。企业应当在资产负债表日判断资产是否存在可能发生减值的迹象。如果固定资产存在减值迹象的，应当进行减值测试，估计固定资产的可收回金额。可收回金额低于账面价值的，应当按照可收回金额低于账面价值的金额，计提减值准备。企业的固定资产存在下列迹象的，表明固定资产可能发生了减值：

（1）资产的市价当期大幅度下跌，其跌幅明显高于因时间的推移或者正常使用而预计的下跌；

（2）企业经营所处的经济、技术或法律等环境以及资产所处的市场在当期或将在近期发生重大变化，从而对企业产生不利影响；

（3）市场利率或者其他市场投资报酬率在当期已经提高，从而影响企业计算固定资产预计未来现金流量现值的折现率，导致固定资产可收回金额大幅度降低；

（4）有证据表明资产已经陈旧过时；

（5）固定资产已经或者将被闲置、终止使用或者计划提前处置；

（6）其他表明资产已发生减值的迹象。

2. 固定资产可收回金额的计量

企业固定资产存在减值迹象的，应当估计其可收回金额。固定资产可收回金额应当根据其公允价值减去处置费用后的净额与固定资产预计未来现金流量的现值两者之间较高者确定。固定资产公允价值减去处置费用后的净额，通常反映的是固定资产如果被出售或者处置时可以收回的净现金收入。其中，固定资产的公允价值是指在公平交易中，熟悉情况的交易双方自愿进行固定资产交换的金额；处置费用是指与固定资产处置有关的法律费用、相关税费、搬运费以及使固定资产达到可销售状态所发生的直接费用等。固定资产预计未来现金流量的现值，应当按照固定资产在持续使用过程中和最终处置时所产生的预计未来现金流量，选择恰当的折现率对其进行折现后的金额加以确定。在折现时，需要综合考虑固定资产预计未来现金流量、使用寿命和折现率这三方面的因素。

3. 固定资产减值损失的确定

企业在对固定资产进行减值测试并计算了固定资产可收回金额后，如果固定资产的可收回金额低于其账面价值，应当将固定资产的账面价值减记至可收回金额，减记的金额确认为固定资产减值损失，计入当期损益，同时计提相应的资产减值准备。

固定资产减值损失确定后，减值固定资产的折旧应当在未来期间作相应调整，以使该固定资产在剩余使用寿命内，系统地分摊调整后的资产账面价值（扣除净残值）。

考虑到固定资产发生减值后，其价值回升的可能性较小，从会计信息稳健性要求考虑，为了避免确认资产重估增值和操纵利润，固定资产减值损失一经确定，在以后会计期间不得转回。以前期间计提的固定资产减值准备，需要等到固定资产处置时才可转销。

4. 固定资产减值准备的核算

为了正确核算企业确认的固定资产减值损失和计提的固定资产减值准备，企业应当设置"资产减值损失"和"固定资产减值准备"账户，"资产减值损失"账户为损益类账户，用来反映各类资产的减值损失金额。借方登记确认的资产减值损失金额，贷方登记期末转入"本年利润"账户的资产减值损失金额，期末结转后，该账户没有余额。"固定资产减值准备"账户是固定资产的备抵调整账户，贷方登记计提的固定资产减值准备，借方登记处置固定资产时结转的固定资产减值准备金额，期末余额在贷方，反映企业已计提但尚未转销的固定资产减值准备。

当企业确定固定资产发生减值时，应当根据所确认的资产减值金额，借记"资产减值损失"账户，贷记"固定资产减值准备"账户。

固定资产计提了减值准备后，其账面价值将相应抵减，因此，企业在未来计提折旧时，应当按照新的固定资产账面价值以及尚可使用年限重新计算确定折旧额。

【例 8-10】 某企业在期末对固定资产进行检查，发现 A 设备由于陈旧过时，其可回收金额低于其账面价值，该设备的原价为 15 万元，已提折旧 6 万元，预计可回收金额为 7.5 万元。企业对该设备计提减值准备时，账务处理如下：

借：资产减值损失——固定资产减值损失　　15 000
　　贷：固定资产减值准备　　15 000

8.3.3　固定资产的后续支出

企业的固定资产投入使用后，由于有形损耗或无形损耗等原因，往往需要对固定资产进行维护、改建、扩建或改良以提高固定资产的使用效能。固定资产的后续支出是指固定资产在使用过程中发生的更新改造支出、修理费用等。按照该支出对固定资产产生的影响来划分，分为资本化的后续支出和费用化的后续支出。

1. 资本化的后续支出

固定资产在使用过程中发生的与固定资产有关的更新改造等后续支出，符合固定资产确认条件的，应计入固定资产成本，即将后续支出予以资本化，同时将被替换部分的账面价值扣除。固定资产发生可资本化的后续支出时，企业一般应将相关固定资产的原价、已计提的累计折旧和减值准备转销，将固定资产的账面价值转入在建工程，并停止计提折旧。固定资产发生的可资本化的后续支出，通过"在建工程"账户核算。待固定资产的后续支出工程完工并达到预定可使用状态时，再从在建工程转为固定资产，并按重新确定的固定资产原价、使用寿命、预计净残值和折旧方法计提折旧。

2. 费用化的后续支出

与固定资产有关的修理费用等后续支出不符合固定资产确认条件的，应在发生时计入当期损益。

【例 8-11】 某企业委托汽车修理厂对行政管理部门使用的车辆进行日常维护与修理，用银行存款支付修理费用 1 900 元。账务处理如下：

借：管理费用　　　　　　　1 900
　　贷：银行存款　　　　　1 900

8.4 固定资产的处置

8.4.1 固定资产处置的范围及账户设置

固定资产处置包括固定资产的出售、转让、报废或毁损、对外投资、非货币性资产交换、债务重组等。企业在开发经营过程中，对那些不适用或不需用的固定资产，可以通过出售等方式进行处置。对那些由于使用而不断磨损直至最终报废的固定资产，或由于技术进步等原因发生提前报废的固定资产，或由于遭受自然灾害等不可抗力毁损的固定资产，都要按规定办理报废手续，及时进行清理。

企业因出售、报废或毁损、对外投资、非货币性资产交换、债务重组等原因减少的固定资产应通过"固定资产清理"账户进行核算。该账户属于资产类账户，也是一个计价对比性质的账户，用来核算企业因出售、报废或毁损、对外投资、非货币性资产交换、债务重组等原因转入清理的固定资产账面价值，以及在清理过程中所发生的清理费用和清理收入等。其借方登记转入清理的固定资产的账面价值以及发生的清理费用和应交纳的有关税金；贷方登记固定资产清理过程中取得的残料价值或变价收入以及应向保险公司或过失人收取的赔偿款等。固定资产清理工作结束后，应将清理净收益或净损失转入有关账户，结转后，本账户应无余额。

8.4.2 固定资产的出售、报废及毁损的核算

企业因出售、报废、毁损等原因减少的固定资产，会计核算一般可分为以下几个步骤：

1. 固定资产转入清理

固定资产转入清理时，应注销固定资产的账面原价、累计已提折旧和已计提的减值准备，按固定资产的账面价值，借记"固定资产清理"账户；按已计提的折旧，借记"累计折旧"账户；按已计提的减值准备，借记"固定资产减值准备"账户；按固定资产账面原价，贷记"固定资产"账户。

2. 清理费用的处理

固定资产在清理过程中发生的有关费用（如支付清理人员的工资等），应按实际发生数，借记"固定资产清理"账户，贷记"银行存款"等账户。

3. 应交营业税的处理

企业出售房屋、建筑物等不动产，按照税法的有关规定，应按其销售额和规定的税率计算交纳营业税。按应交的营业税，借记"固定资产清理"账户，贷记"应交税费——应交营业税"账户。

4. 出售收入和残料等的处理

企业收到出售固定资产的价款、报废和毁损固定资产的残料价值或变价收入等，应冲减清理支出，借记"银行存款"、"原材料"等账户，贷记"固定资产清理"账户。

5. 保险赔款的处理

企业计算或收到的应由保险公司或过失人赔偿的款项，应冲减清理支出，借记"其他

应收款"、"银行存款"等账户,贷记"固定资产清理"账户。

6. 清理净损益的处理

固定资产清理完成后的净收益,属于生产经营期间的正常处理收益,应借记"固定资产清理"账户,贷记"营业外收入"账户。固定资产清理完成后的净损失,属于生产经营期间的正常处理损失,应借记"营业外支出"账户,贷记"固定资产清理"账户;属于生产经营期间由于自然灾害等非正常原因造成的,借记"营业外支出"账户,贷记"固定资产清理"账户。

【例8-12】 某企业出售设备一台,原价为150 000元,累计已提折旧60 000元,出售收入110 000元,款项已收到并存入银行,发生清理费用800元,用银行存款支付。有关账务处理如下:

(1) 将出售固定资产转入清理,注销其原价、已提折旧时,编制会计分录如下:

借:固定资产清理　　　　　　90 000
　　累计折旧　　　　　　　　60 000
　　贷:固定资产　　　　　　　　　　150 000

(2) 收到出售价款时,编制会计分录如下:

借:银行存款　　　　　　　　110 000
　　贷:固定资产清理　　　　　　　　110 000

(3) 支付清理费用时,编制会计分录如下:

借:固定资产清理　　　　　　800
　　贷:银行存款　　　　　　　　　　800

(4) 结转出售固定资产的净收益19 200元(110 000−90 000−800)时,编制会计分录如下:

借:固定资产清理　　　　　　19 200
　　贷:营业外收入　　　　　　　　　19 200

【例8-13】 某企业一辆卡车因使用期满,不能继续使用,经批准予以报废。该卡车的账面原价为160 000元,累计已提折旧150 000元,已计提减值准备4 300元,以银行存款支付清理费用200元,取得残值变价收入2 000元,已存入银行。有关账务处理如下:

(1) 将报废固定资产转入清理,注销其原价、已提折旧和已计提的减值准备时,编制会计分录如下:

借:固定资产清理　　　　　　5 700
　　累计折旧　　　　　　　　150 000
　　固定资产减值准备　　　　4 300
　　贷:固定资产　　　　　　　　　　160 000

(2) 支付清理费用时,编制会计分录如下:

借:固定资产清理　　　　　　200
　　贷:银行存款　　　　　　　　　　200

(3) 取得残值变价收入时,编制会计分录如下:

借:银行存款　　　　　　　　2 000
　　贷:固定资产清理　　　　　　　　2 000

(4) 结转报废固定资产的净损失 3 900 元（5 700＋200－2 000）时，编制会计分录如下：

借：营业外支出　　　　　　　3 900
　　贷：固定资产清理　　　　　　3 900

8.4.3　固定资产盘亏的核算

企业在财产清查中查明的各种固定资产盘亏，应通过"待处理财产损溢——待处理固定资产损溢"账户核算。企业发生固定资产盘亏时，应按盘亏固定资产的账面价值，借记"待处理财产损溢——待处理固定资产损溢"账户；按已计提的折旧，借记"累计折旧"账户；按已计提的减值准备，借记"固定资产减值准备"账户；按固定资产原价，贷记"固定资产"账户；盘亏的固定资产报经批准转销时，按可收回的保险赔款或过失人赔款，借记"其他应收款"账户；按应计入营业外支出的金额，借记"营业外支出——盘亏损失"账户，贷记"待处理财产损溢"账户。

【例 8-14】　某企业在财产清查时，发现盘亏设备一台，其账面原价为 26 000 元，已提折旧 9 200 元。经查明属于被盗，报经批准后，盘亏固定资产的账面价值转为营业外支出。有关账务处理如下：

(1) 发现盘亏固定资产时，在报经批准前，应编制会计分录如下：

借：待处理财产损溢　　　　　　16 800
　　累计折旧　　　　　　　　　　9 200
　　贷：固定资产　　　　　　　　26 000

(2) 报经批准后转销时，应编制会计分录如下：

借：营业外支出　　　　　　　　16 800
　　贷：待处理财产损溢　　　　　16 800

8.5　无形资产

8.5.1　无形资产概述

1. 无形资产的概念和特征

无形资产是指企业拥有或者控制的没有实物形态的可辨认非货币性资产。主要包括专利权、非专利技术、商标权、著作权、特许权、土地使用权等。无形资产具有以下特征：

(1) 无形资产不具有实物形态。无形资产通常表现为某种权利、某项技术或某种获取超额利润的综合能力。它没有实物形态，但具有价值，或者能使企业获得高于同行业一般水平的盈利能力。不具有实物形态是无形资产区别于其他资产的特征之一。需要指出的是，某些无形资产的存在虽有赖于实物载体，如计算机软件需要储存在磁盘中，但这并没有改变无形资产本身不具有实物形态的特性。

(2) 无形资产具有可辨认性。资产符合以下条件之一的，则认为其具有可辨认性：

1) 能够从企业中分离或者划分出来，并能够单独或者与相关合同、资产或负债一起，用于出售、转让、授予许可、租赁或者交换。

2) 产生于合同性权利或其他法定权利,无论这些权利是否可以从企业或其他权利和义务中转移或者分离。如一方通过与另一方签订特许权合同而获得的特许权使用权,通过法律程序申请获得的商标权、专利权等。

无形资产的定义要求无形资产是可单独辨认的,如企业持有的专利权、非专利技术、商标权、土地使用权、特许权等,它们具有专门名称、可以单独取得和转让,具有可辨认性。而作为整体购并或企业合并时形成的商誉,由于它是与企业整体价值联系在一起的,不能脱离企业独立存在,也不能单独取得或转让,不具有可辨认性。虽然商誉也是没有实物形态的非货币性资产,但不构成无形资产。

(3) 无形资产属于非货币性长期资产

无形资产由于没有发达的交易市场,一般不容易转化成现金,在持有过程中为企业带来未来经济利益的情况具有不确定性,不属于以固定或可确定的金额收取的资产。因此,无形资产属于非货币性资产,这也是与没有实物形态的货币性资产(如应收账款、银行存款)相区别。由于无形资产能够在多个会计期间内使用,使用年限在一年以上,属于一项长期资产。因而企业为取得无形资产所发生的支出属于资本性支出,应在各个受益期内进行摊销。

(4) 无形资产为企业创造的未来经济利益的大小具有较大的不确定性

这种不确定性主要表现在两个方面:一是未来经济利益具有不确定性。由于无形资产必须与企业的其他资源(如足够的人力资源、高素质的管理团队、相关的硬件设备、原材料等)相结合,才能为企业创造经济利益,因而其使用效果难以单独、准确地计量。二是有些无形资产的使用期限、受益期限因受外界因素的影响具有不确定性。如由于相关新技术的发明应用,某项无形资产可能很快被其他更先进的无形资产所取代,它原来能为企业带来超额利润的能力可能会很快丧失殆尽。

2. 无形资产的内容

无形资产主要包括专利权、非专利技术、商标权、著作权、特许权、土地使用权等。

(1) 专利权

专利权是国家专利主管机关依法授予发明创造专利申请人在法定期限内,对其发明创造所享有的专利权,包括发明专利权、实用新型专利权和外观设计专利权。专利权允许其发明人或持有者独家使用或控制的特权,但并不保证一定能给发明人或持有者带来经济利益。有的专利可能会被新的更有经济价值的专利所取代。因此,企业不应将其拥有的一切专利权都予以资本化,作为无形资产核算。只有那些能够给企业带来较大经济价值,并且企业为此花费了支出的专利,才能作为无形资产核算。

(2) 非专利技术

非专利技术又称专有技术,是指企业在生产经营活动中已采用的、未经公开的、不享有法律保护的可以带来经济效益的各种技术和诀窍,包括各种设计图纸、技术数据、技术规范、工艺流程、材料配方和经营管理经验等。非专利技术不受专利法保护,它是用自我保密的方式来维护其独占性,具有经济性、机密性和动态性等特点。

企业的非专利技术有些是自行开发研究的,有些是从外部购入的。如果是企业自行开发研究,可能成功也可能失败,研究开发过程中发生的相关费用,会计核算上一般将其列作当期费用,不作为无形资产核算。如果是企业从外部购入的非专利技术,应将实际发生的全部支出予以资本化，作为无形资产核算。

（3）商标权

商标是用来辨认特定商品或劳务的标记。商标权是指经国家工商行政管理部门商标局批准注册，申请人专门在自己生产的产品或经销的商品上使用特定的名称、图案标记的权利。商标一经注册，就受到法律保护。商标权的价值在于企业拥有信誉卓著的驰名商标，可以获得客户信赖，能使企业产品畅销，从而为企业带来较高的盈利能力。注册商标的有效期为10年，有效期满需要继续使用的，应当在期满前6个月内申请继续注册，每次继续注册的有效期为10年。

企业自创商标并将其注册登记，支出费用一般不大，是否将其资本化并不重要。企业购买他人的商标，一次性支出费用较大的，可以将其资本化，作为无形资产进行核算。这时，应根据购入商标的买价、支付的手续费及有关费用记账。

（4）著作权

著作权又称版权，指作者对其创作的文学、科学和艺术作品依法享有的发表、制作、出版和发行的专有权利。著作权包括人身权和财产权。人身权主要有发表权、署名权、修改权和保护作品完整权等。财产权主要有复制权、出版权、表演权、广播权、放映权、展览权、改编权、翻译权等。著作权可以转让、出售、继承或赠予。如果未经著作权所有人允许，私自使用著作权作品，就构成侵权行为，应承担法律责任和经济责任。

著作权可以是自创的，也可以是外购的。自创著作权时，由于申请注册支出通常不大，一般应直接列作当期费用处理，而不作无形资产核算。企业向外界购入著作权时，应将所花费用予以资本化，作为无形资产核算。

（5）特许权

特许权又称专营权、经营特许权，是指企业在某一地区经营或销售某种特定商品的权利或者是一家企业接受另一家企业使用其商标、商号、技术秘密等的权利。特许权通常有两种形式：一种是由政府机构授权，准许企业使用公共财产或在一定地区享有经营某种业务的权利，如公共交通、邮电通信、自来水、电力、煤气等专营权、烟草专卖权等。另一种是指企业间依照双方签订的合同，一家企业有限期或无限期使用另一家企业的某些权利，如连锁店分店使用总店的名称等。会计上的特许权主要指后一种情况。特许权业务涉及特许权转让人与受让人的权利和义务，通常在特许权转让合同中均有规定。转让人一般要向受让人提供商标、商号等使用权，传授技术并负责有关人员培训等。受让人则需向转让人支付取得特许权的费用及一定数额的报酬。受让方定期或按其他计算方法支付给转让方一定数额报酬的，可在支付时列作当期费用，如为一次性支付费用的，则受让方应将取得该项特许权所花费用予以资本化，作为无形资产核算。

（6）土地使用权

土地使用权是指国家准许企业在一定期间对国有土地享有开发、利用、经营的权利。企业取得土地使用权的方式主要有以下几种：1）根据《中华人民共和国城镇国有土地使用权出让和转让暂行条例》，向政府土地管理部门申请土地使用权，企业要支付一笔出让金，在这种情况下，出让金应予以资本化，作为无形资产核算；2）企业原先通过行政划拨获得土地使用权，没有作为无形资产入账，在将土地使用权有偿转让、出租、抵押、作价入股和投资时，应按规定补缴土地出让金，并予以资本化，作为无形资产入账核算；3）投资者投入的土地使用权，应作为无形资产核算。此外，作为投资性房地产或者作为固定资产核算的土地，按照投资性房地产或者固定资产核算，不作为无形资产核算。

3. 无形资产的确认条件

无形资产应当在符合定义的前提下，同时满足以下两个确认条件时，才能予以确认。

（1）与该无形资产有关的经济利益很可能流入企业

作为无形资产确认的项目，必须具备产生的经济利益很可能流入企业这项基本条件。在会计实务中，要确定无形资产创造的经济利益是否很可能流入企业，需要实施职业判断。在实施这种判断时，企业的管理当局应对无形资产预计使用年限内可能存在的各种因素作出合理的估计，比如，企业是否有足够的人力资源、高素质的管理队伍、相关的硬件设备、相关的原材料等来配合无形资产为企业创造经济利益。当然，更为重要的是应关注外界一些因素的影响，比如是否存在与该无形资产相关的新技术、新产品冲击，或据其生产的产品是否存在市场等。

（2）该无形资产的成本能够可靠地计量

成本能够可靠地计量是资产确认的一项基本条件。对于无形资产而言，这个条件相对更为重要。例如，企业内部产生的品牌、报刊名等，因其成本无法可靠地计量，因而不能作为企业的无形资产予以确认。

8.5.2 无形资产的初始计量

1. 无形资产初始成本的确定

无形资产初始成本的确定是指无形资产取得成本的确定。由于企业取得无形资产的来源渠道不同，其取得时的实际成本也不同。具体来说，无形资产初始成本可按以下方法确定：

（1）外购无形资产的成本，包括购买价款、相关税费以及直接归属于使该项资产达到预定用途所发生的其他支出。

（2）自行开发无形资产的成本，包括自满足无形资产确认条件后至达到预定用途前所发生的支出总额，但是对于以前期间已经费用化的支出不再调整。

（3）投资者投入无形资产的成本，应当按照投资合同或协议约定的价值确定。如果投资合同或协议约定价值不公允的，应按无形资产的公允价值作为无形资产的初始成本入账。

（4）通过非货币性资产交换取得的无形资产。企业通过非货币性资产交换取得的无形资产是指以投资、存货、固定资产或无形资产换入的无形资产。非货币性资产交换具有商业实质且公允价值能够可靠计量的，在发生补价的情况下，支付补价方应当以换出资产的公允价值加上支付的补价（即换入无形资产的公允价值）和应支付的相关税费，作为换入无形资产的成本；收到补价方，应当以换入无形资产的公允价值（或换出资产的公允价值减去补价）和应支付的相关税费，作为换入无形资产的成本。

（5）通过债务重组取得的无形资产的成本。通过债务重组取得的无形资产，是指企业作为债权人取得的债务人用于偿还债务的非现金资产。通过债务重组取得的无形资产的成本，应当以其公允价值入账。

2. 无形资产取得的核算

为了核算无形资产的增减变动和结存情况，企业应设置"无形资产"账户。该账户为资产类账户，借方登记企业通过各种途径取得的各种无形资产的实际成本；贷方登记企业处置无形资产时结转的无形资产减少金额；期末余额在借方，表示无形资产的成本。企业可按无形资产的类别设置明细账，进行明细分类核算。

（1）购入无形资产的核算

企业购入无形资产时，应按实际支付的价款，借记"无形资产"账户，贷记"银行存款"等账户。

【例8-15】 企业从某公司购入一项专利权，买价98 000元，相关税费7 000元。款项已通过银行转账支付。编制会计分录如下：

借：无形资产　　　　　　105 000
　　贷：银行存款　　　　　　105 000

（2）投资者投入无形资产的核算

企业对于投资者投入的无形资产，应按投资合同或协议约定的价值，借记"无形资产"账户，贷记"实收资本"、"股本"等账户。

【例8-16】 企业接受A公司投资转入的一项非专利技术，双方协议价格为16万元，已办妥相关手续。编制会计分录如下：

借：无形资产　　　　　　160 000
　　贷：实收资本　　　　　　160 000

（3）自行开发取得的无形资产核算

自行开发取得的无形资产核算见本节第三点内部研究开发费用的确认和计量。

8.5.3　内部研究开发费用的确认和计量

由于确认研究与开发费用是否符合无形资产的定义和相关特征、能否或者何时能够为企业产生预期未来经济利益，以及成本能否可靠地计量尚存在不确定因素，因此，研究与开发活动发生的费用，除了要遵循无形资产确认和初始计量的一般要求外，还需要满足其他特定的条件，才能够确认为一项无形资产。首先，为评价内部产生的无形资产是否满足确认标准，企业应当将资产的形成过程分为研究阶段与开发阶段两部分；其次，对于开发过程中发生的费用，在符合一定条件的情况下，才可确认为一项无形资产。在实务工作中，具体划分研究阶段与开发阶段，以及是否符合资本化的条件，应当根据企业的实际情况以及相关信息予以判断。

1. 研究阶段与开发阶段的划分

对于企业自行进行无形资产研究开发项目，应当区分研究阶段与开发阶段两个部分分别进行核算。

（1）研究阶段

研究阶段是指为获取新的技术和知识而进行的有计划的探索性调查。研究阶段是探索性的，是为进一步的开发活动进行资料及相关方面的准备，已进行的研究活动将来是否会转入开发、开发后是否会形成无形资产等均具有较大的不确定性，在这一阶段不会形成阶段性成果。因此，研究阶段的有关支出在发生时，应当予以费用化并计入当期损益。

(2) 开发阶段

开发阶段是指在进行商业性生产或使用前，将研究成果或其他知识应用于某项计划或设计，以生产出新的或具有实质性改进的材料、装置、产品等。开发阶段是建立在研究阶段基础上的，因而，对项目的开发具有针对性，研发项目形成成果的可能性也较大。

相对于研究阶段而言，进入开发阶段，在很大程度上具备了形成一项新产品或新技术的基本条件。此时，如果企业能够证明开发支出符合无形资产的定义及相关确认条件，则可将开发支出予以资本化，确认为无形资产。

2. 开发阶段有关支出资本化的条件

企业内部研究开发项目开发阶段的支出，同时满足以下条件的，才能予以资本化，确认为无形资产。

(1) 完成该无形资产以使其能够使用或出售在技术上具有可行性。企业在判断是否满足该条件时，应提供相关的证据和材料，并以目前阶段的成果为基础，说明在此基础上进一步开发所需的技术条件已具备，基本上不存在技术上的障碍或其他不确定性。

(2) 具有完成该无形资产并能够使用或出售的意图。企业的管理者应当能够说明其开发无形资产的目的，并具有完成该项无形资产开发并使其能够使用或出售的可能性。

(3) 无形资产产生经济利益的方式，包括能够证明运用该无形资产生产的产品存在市场或无形资产自身存在市场，无形资产将在内部使用的，应当证明其有用性。

(4) 有足够的技术、财务资源和其他资源支持，以完成该无形资产的开发，并有能力使用或出售该无形资产。

(5) 用于该无形资产开发阶段的支出能够可靠地计量。

3. 内部开发无形资产成本的确定

内部开发无形资产成本包括开发无形资产时耗费的材料、劳务成本、注册费、在开发无形资产过程中使用的其他专利权和特许权的摊销，以及按照借款费用的处理原则可以进行资本化的利息支出。

需要说明的是，内部开发无形资产的成本仅包括在满足资本化条件的时点至无形资产达到预定用途前发生的支出总和，对于同一项无形资产在开发过程中达到资本化条件之前已经费用化且计入当期损益的支出不再进行调整。

4. 内部研究开发费用的会计处理

企业自行开发无形资产发生的研发支出，无论是否满足资本化条件，均应先在"研发支出"账户中归集。不满足资本化条件的研发支出，借记"研发支出——费用化支出"账户，贷记"原材料"、"银行存款"、"应付职工薪酬"等账户。

研究开发项目达到预定用途形成无形资产时，应按"研发支出——资本化支出"账户的余额，借记"无形资产"账户，贷记"研发支出——资本化支出"账户。而对于不符合资本化条件的研发支出，应转入当期管理费用，应借记"管理费用"账户，贷记"研发支出——费用化支出"账户。

外购或以其他方式取得的正在进行中的研究开发项目，应按确定的金额，借记"研发支出——资本化支出"账户，贷记"银行存款"等账户。以后发生的研发支出应当比照上述方法进行会计处理。

【例8-17】2011年1月1日，某公司经董事会批准研发某项专利技术，该研发项目具有可靠的技术、财务和其他资源的支持，一旦研发成功，将有效地降低该公司的经营成本。该公司在研究开发过程中发生材料费 156 万元，人工费用 82 万元，其他费用 50 万元，总计 288 万元，其中，符合资本化条件的支出为 190 万元。2011 年 12 月 31 日，该专利技术已经达到了预定用途。有关账务处理如下：

（1）发生研发支出时，编制会计分录如下：

借：研发支出——费用化支出　　　　980 000
　　　　　　——资本化支出　　　　1 900 000
　　贷：原材料　　　　　　　　　　1 560 000
　　　　应付职工薪酬　　　　　　　　820 000
　　　　银行存款　　　　　　　　　　500 000

（2）2011 年 12 月 31 日，该专利技术达到预定用途时，编制会计分录如下：

借：管理费用　　　　　　　　　　　980 000
　　无形资产——专利权　　　　　　1 900 000
　　贷：研发支出——费用化支出　　　980 000
　　　　　　　　——资本化支出　　1 900 000

8.5.4 无形资产的后续计量

1. 估计无形资产的使用寿命

企业应当于取得无形资产时分析判断其使用寿命。无形资产的使用寿命如为有限的，应当估计其使用寿命的年限或者构成使用寿命的产量等类似计量单位数量；无法预见无形资产为企业带来经济利益期限的，应当视为使用寿命不确定的无形资产。

某些无形资产的取得源自于合同性权利或其他法定权利，其使用寿命不应超过合同性权利或其他法定权利规定的期限。但如果企业使用资产的预期期限短于合同性权利或其他法定权利规定的期限的，则应当按照企业预期使用的期限来确定其使用寿命。

没有明确的合同或法律规定无形资产的使用寿命的，企业应当综合各方面的情况，比如聘请相关专家进行论证、与同行业的情况进行比较以及参考企业的历史经验等，来确定无形资产为企业带来经济利益的期限。如果经过这些努力，仍无法合理确定无形资产为企业带来经济利益的期限的，则应当将其作为使用寿命不确定的无形资产。

2. 无形资产使用寿命的复核

企业应于每年年终对无形资产的使用寿命及摊销方法进行复核，如果有证据表明无形资产的使用寿命及摊销方法不同于以前的估计，则对于使用寿命有限的无形资产，应改变其摊销年限及摊销方法，并按照会计估计变更进行处理。

对于使用寿命不确定的无形资产，如果有证据表明其使用寿命是有限的，则应视为估计变更，应当估计其使用寿命并按照使用寿命有限的无形资产的处理原则进行处理。

3. 无形资产的摊销

对于使用寿命有限的无形资产，企业应当在其预计的使用寿命内采用合理的方法对其应摊销金额进行摊销。应摊销金额是指无形资产的成本扣除残值后的金额。已计提减值准备的无形资产，还应扣除已计提的无形资产减值准备累计金额。对于使用寿命不确定的无形资产，企业在持有期间内不需要进行摊销，但应当在各个会计期间进行减值测试，如经减值测试表明已发生减值,则应计提相应的减值准备。

(1) 摊销期、摊销方法和残值的确定

无形资产的摊销期应当从其可使用(即其达到预定用途)时起至不再作为无形资产确认时止。无形资产摊销的起始和停止日期为:当月增加的无形资产,当月开始摊销;当月减少的无形资产,当月不再摊销。

无形资产有多种摊销方法,这些方法包括直线法、生产总量法等。企业选择的无形资产摊销方法,应当反映与该项无形资产有关的经济利益的预期实现方式。比如,受技术因素影响较大的专利权和专有技术等无形资产,可采用类似固定资产加速折旧的方法进行摊销;有特定产量限制的特许经营权或专利权,应采用产量法进行摊销。

无形资产的摊销金额一般应计入当期损益,但如果某项无形资产是专门用于生产某种产品或者其他资产,其所包含的经济利益是通过转入到所生产的产品或其他资产中实现的,则无形资产的摊销费用应当计入相关资产的成本。

无形资产的残值一般为零,但下列情况除外:

1) 有第三方承诺在无形资产使用寿命结束时购买该无形资产;

2) 可以根据活跃市场得到预计残值信息,并且该市场在无形资产使用寿命结束时可能存在。

(2) 无形资产摊销的账务处理

为了核算使用寿命有限的无形资产的摊销情况,企业应当设置"累计摊销"账户。该账户属于"无形资产"账户的备抵调整账户,贷方登记无形资产各期的摊销额,借方登记处置无形资产时相应结转的累计摊销额,期末余额在贷方,反映无形资产的累计摊销额。

无形资产摊销时,应根据该项无形资产的服务对象,将其摊销额计入当期损益或相关资产的成本,借记"管理费用"、"其他业务成本"账户,贷记"累计摊销"账户。

【例8-18】 某企业从外单位购入一项专利权,购买价款等实际成本为24万元,以银行存款支付,预计该专利权的使用寿命为10年,无残值,按直线法摊销。有关账务处理如下:

1) 购入无形资产时,编制会计分录如下:

借:无形资产——专利权　　　　　　　240 000
　　贷:银行存款　　　　　　　　　　　　　240 000

2) 按年摊销时,编制会计分录如下:

借:管理费用　　　　　　　　　　　　24 000
　　贷:累计摊销　　　　　　　　　　　　　24 000

4. 无形资产的减值

企业应当定期或者至少于每年年终对无形资产进行全面检查,检查各项无形资产预计给企业带来经济利益的能力,如果无形资产将来为企业创造的经济利益还不足以补偿无形资产的成本(摊余价值),则说明无形资产发生了减值,具体表现为无形资产的可收回金额低于其账面价值。

《企业会计制度》规定,企业的无形资产应当按照账面价值与可收回金额孰低计量,对可收回金额低于账面价值的差额,应当计提无形资产减值准备,计入当期的资产减值损失。当企业的无形资产存在下列一项或若干项情形时,就应当计提无形资产减值准备,确认无形资产减值损失。

(1) 某项无形资产已被其他新技术等所替代,使其为企业创造经济利益的能力受到重大的不利影响;

(2) 某项无形资产的市价在当期大幅度下跌,在剩余摊销年限内预期不会恢复;

(3) 某项无形资产已超过法律保护期限,但仍然具有部分使用价值;

(4) 其他足以证明某项无形资产实质上已经发生了减值的情形。

当企业的无形资产存在下列一项或若干项情形时,应当将无形资产的账面价值全部转入当期损益,予以核销。

(1) 某项无形资产已被其他新技术所替代,并且该项无形资产已无使用价值和转让价值;

(2) 某项无形资产已超过法律保护期限,并且已不能为企业带来经济利益;

(3) 其他足以证明某项无形资产已经丧失了使用价值和转让价值的情形。

8.5.5 无形资产的处置

无形资产的处置主要是指无形资产出售、对外出租、对外捐赠,以及无法为企业带来经济利益时,予以终止确认并转销。

1. 无形资产的出售

无形资产的出售是企业转让无形资产所有权的行为。企业出售无形资产时,应按实际收到的出租收入,借记"银行存款"等账户;按已计提的累计摊销,借记"累计摊销"账户;按已计提的减值准备,借记"无形资产减值准备"账户;按应支付的相关税费,贷记"应交税费"等账户;按无形资产的账面成本,贷记"无形资产"账户;按出售无形资产的净收益,贷记"营业外收入——处置非流动资产利得"账户;或按出售无形资产的净损失,借记"营业外支出——处置非流动资产损失"账户。

【例 8-19】 A 企业拥有的某项专利权的成本为 90 万元,已摊销金额为 36 万元,已计提的减值准备为 2 万元。A 企业将该项专利权出售给乙公司,取得出售收入 56 万元,营业税税率为 5%。A 企业有关账务处理如下:

无形资产的账面净值 = 900 000 − 360 000 − 20 000 = 520 000(元)

应交营业税 = 560 000 × 5% = 28 000(元)

出售无形资产净收益 = 560 000 − 520 000 − 28 000 = 12 000(元)

```
借:银行存款                        560 000
    累计摊销                        360 000
    无形资产减值准备                  20 000
  贷:无形资产                                  900 000
      应交税费——应交营业税                      28 000
      营业外收入——处置非流动资产利得              12 000
```

2. 无形资产的出租

无形资产的出租是指企业将无形资产在一定时期内的使用权让渡给其他单位或个人并收取租金,承租方只能在合同规定的范围内合理使用。企业出租无形资产使用权取得的租金收入和发生的相关费用,分别确认为企业的其他业务收入和其他业务成本。企业出租无形资产取得的租金收入,应借记"银行存款"等账户,贷记"其他业务收入"账户;发生与无形资产出租有关的各种费用及税金支出、出租无形资产摊销时,应借记"其他业务成本"账户,贷记"银行存款"、"应交税费"、"累计摊销"等账户。

【例 8-20】 甲企业将一项专利技术出租给乙企业使用,该专利技术的成本为 32 万元,摊销期限为 8 年。出租合同规定,承租期为 2 年,承租方每年必须付给出租方 10 万元的专利技术使用费。甲企业在该年以银行存款支付与无形资产出租有关的费用 2 100 元。甲企业适用的营业税税率为 5%。甲企业的有关账务处理如下:

(1) 取得专利技术使用费时,应编制会计分录如下:

借:银行存款　　　　　　　　　　100 000
　　贷:其他业务收入　　　　　　　　　　100 000

(2) 该年对专利技术进行摊销并计算应交的营业税时,应编制会计分录如下:

借:其他业务成本　　　　　　　　45 000
　　贷:累计摊销　　　　　　　　　　　40 000
　　　　应交税费——应交营业税　　　　 5 000

(3) 支付有关费用时,应编制会计分录如下:

借:其他业务成本　　　　　　　　 2 100
　　贷:银行存款　　　　　　　　　　　 2 100

3. 无形资产的报废

如果无形资产预期不能为企业带来未来经济利益,例如,该无形资产已被其他新技术所替代,不能再为企业带来经济利益的,则不再符合无形资产的定义,应将其报废并予以转销,其账面净值转作当期损益。转销时,应按已计提的累计摊销,借记"累计摊销"账户;若已计提减值准备的,应按已计提的减值准备,借记"无形资产减值准备"账户;按其账面成本,贷记"无形资产"账户;按其差额,借记"营业外支出"账户。

【例 8-21】 B 企业某项专利权的账面成本为 200 万元,该专利权的摊销期限为 10 年,采用直线法进行摊销,已摊销了 7 年,该专利权的残值为零。已计提减值准备 50 万元。经过市场调查,用该专利权生产的产品已没有市场,决定将其报废并予以转销。B 企业的有关账务处理如下:

借:累计摊销　　　　　　　　　1 400 000
　　无形资产减值准备　　　　　　 500 000
　　营业外支出　　　　　　　　　 100 000
　　贷:无形资产　　　　　　　　　　2 000 000

8.6　其他资产

其他资产是指除流动资产、长期投资、固定资产、无形资产等以外的资产,主要包括长期待摊费用和其他长期资产。

8.6.1　长期待摊费用

长期待摊费用是指企业已经支出,但摊销期在 1 年以上(不含 1 年)的各项费用,如固定资产大修理支出等。应当由本期负担的借款利息、租金等，不得作为长期待摊费用处理。

长期待摊费用应当单独设置"长期待摊费用"账户核算，一般应在费用项目的受益期限内分期平均摊销。但企业筹建期间发生的费用，应先在"长期待摊费用"账户中归集，待企业开始生产经营时一次计入开始生产经营当期的损益。

8.6.2 其他长期资产

其他长期资产主要包括国家批准储备的特种物资、银行冻结存款、涉及诉讼中的财产等。其他长期资产可以根据资产的性质及特点单独设置相关账户进行核算。

练习题

习题一

一、目的：练习固定资产增加的核算。

二、资料：某房地产企业 2011 年发生如下经济业务：

1. 企业购入不需要安装的非生产经营用设备一台，发票价格 90 000 元，增值税额 15 300 元，运输费 300 元。以银行存款支付上述款项。设备已交付使用。

2. 企业购入需要安装的非生产经营用设备一台，发票价格 190 000 元，增值税额 32 300 元，运输费 600 元。上述款项均以银行存款支付。该设备安装完工后交付使用，用银行存款支付安装费 360 元。

3. 企业接受 A 公司投入的汽车一辆，投资合同确认的价值为 350 000 元。汽车已交付使用。

三、要求：根据上述经济业务编制相应的会计分录。

习题二

一、目的：练习固定资产折旧的核算。

二、资料：企业行政管理部门有一台设备，原值为 280 000 元，预计净残值率 5%，预计使用年限 5 年。

三、要求：

1. 分别用直线法、双倍余额递减法、年数总和法计算该台设备每年的折旧额。

2. 按直线法计算的折旧额，编制第 1 年计提折旧的会计分录。

习题三

一、目的：练习固定资产减少的核算。

二、资料：某房地产企业将一台使用期满的复印机予以报废。该复印机的原始价值为 20 000 元，累计已提折旧 19 500 元，以银行存款支付清理费用 100 元，取得残料变价收入 760 元，存入银行。

三、要求：根据上述资料编制会计分录。

习题四

一、目的：练习无形资产的核算。

二、资料：

练习题

1. 某房地产企业购入一项商标权,以银行存款支付价款 120 000 元。该商标权的使用寿命为 8 年,按直线法进行摊销。

2. 某房地产企业购入一项专利权,以银行存款支付买价和有关费用共计 200 000 元。该专利权的摊销期限为 10 年,企业在使用了 3 年后,将该项专利权出售给其他企业,取得出售收入 150 000 元,存入银行。营业税税率为 5%。

三、要求:根据上述经济业务编制无形资产取得、摊销、处置的会计分录。

9 投资性房地产

9.1 投资性房地产概述

9.1.1 投资性房地产的概念

房地产是土地和房屋及其权属的总称。在我国,土地归国家或集体所有,企业只能取得土地使用权。因此,房地产中的土地是指土地使用权。房屋是指土地上的房屋等建筑物及构筑物。

投资性房地产,是指为赚取租金或资本增值,或者两者兼有而持有的房地产。

房地产开发企业是拥有房地产资源最为丰富的企业,随着我国房地产市场的日益活跃,房地产开发企业除了将所持有的房地产用作自身管理、生产经营活动场所和对外销售之外,也可将其用于赚取租金或增值收益的活动,由此就形成了房地产开发企业的投资性房地产。

9.1.2 投资性房地产的范围

1. 属于投资性房地产的项目

(1) 已出租的土地使用权

已出租的土地使用权,是指企业通过出让或转让方式取得的、以经营租赁方式出租的土地使用权。企业计划用于出租但尚未出租的土地使用权,不属于此类。

(2) 持有并准备增值后转让的土地使用权

持有并准备增值后转让的土地使用权,是指企业取得的、准备增值后转让的土地使用权。在我国实务中这种情况较少。另外,按照国家有关规定认定的闲置土地,不属于此类。

(3) 已出租的建筑物

已出租的建筑物,是指企业拥有产权,并以经营租赁方式出租的房屋等建筑物。企业计划用于出租但尚未出租的建筑物,不属于此类。

企业将建筑物出租,按租赁协议向承租人提供的相关辅助服务在整个协议中所占份额不重大的,应当将该建筑物确认为投资性房地产。例如,企业将办公楼出租,并向承租人提供保安、维修等服务。

2. 不属于投资性房地产的项目

(1) 自用房地产

自用房地产即房地产开发企业为生产商品、提供劳务或经营管理而持有的房地产,包括自用房屋建筑物和自用土地使用权，应作为企业的固定资产和无形资产核算。

(2) 作为存货的房地产

作为存货的房地产通常是指房地产开发企业在正常经营过程中销售的或为销售而正在开发的土地和商品房，应作为企业的存货核算。

在实务中，存在某项房地产的其中一部分用于出租，赚取租金或实现资本增值，另一部分自用，即用于生产商品、提供劳务或经营管理的情形。核算时，对于能够单独计量和出售的、用于赚取租金或实现资本增值的部分，应当确认为投资性房地产；不能够单独计量和出售的、用于赚取租金或实现资本增值的部分，则不确认为投资性房地产。

9.1.3 投资性房地产核算应设置的账户

投资性房地产核算应设置以下主要账户。

(1) "投资性房地产"账户。该账户为资产类账户，用来核算企业采用成本计量模式计量的投资性房地产的成本，或采用公允价值计量模式计量的投资性房地产的公允价值。

采用成本模式计量的，借方登记外购、自行开发或将自用的房地产转为投资性房地产等增加的投资性房地产的成本，贷方登记将投资性房地产转为自用或处置时而减少的投资性房地产成本。期末余额在借方，反映投资性房地产的成本。

采用公允价值计量的，借方登记外购、自行开发投资性房地产的成本、将自用的房地产转为投资性房地产其转换日的公允价值以及在资产负债表日公允价值高于账面价值的差额，贷方登记将投资性房地产转为自用或处置时而减少的投资性房地产的账面价值以及资产负债表日公允价值小于账面价值的差额。期末余额在借方，反映投资性房地产的公允价值。

采用公允价值计量的投资性房地产，还应当分别设置"成本"和"公允价值变动"明细账户，进行明细核算。

(2) "投资性房地产累计折旧（摊销）"账户。采用成本计量模式的，应设置本账户，比照"累计折旧"、"累计摊销"账户核算。

(3) "投资性房地产减值准备"账户。采用成本计量模式的，应设置本账户，比照"固定资产减值准备"账户核算。

(4) "公允价值变动损益"账户。采用公允价值计量模式的，应设置本账户。

9.2 投资性房地产的确认和初始计量

9.2.1 投资性房地产的确认

1. 确认条件

将某个项目确认为投资性房地产，首先要符合投资性房地产的定义，其次要同时满足投资性房地产的两个确认条件：

(1) 与该投资性房地产相关的经济利益很可能流入企业；

(2) 该投资性房地产的成本能够可靠地计量。

2. 确认时点

已出租的土地使用权、已出租的建筑物作为投资性房地产的确认时点为租赁期开始日,即土地使用权、建筑物进入出租状态、开始赚取租金的日期。

持有并准备增值后转让的土地使用权作为投资性房地产的确认时点为企业将自用土地使用权停止自用,准备增值后转让的日期。

9.2.2 投资性房地产的初始计量

投资性房地产应当按照成本进行初始计量。

1. 外购的投资性房地产

企业外购的房地产,只有在购入的同时开始出租或用于资本增值,才能作为投资性房地产加以确认。

外购投资性房地产的成本,包括购买价款、相关税费和可直接归属于该资产的其他支出。

采用成本模式计量的,外购投资性房地产时,借记"投资性房地产"账户,贷记"银行存款"等账户。

采用公允价值模式计量的,外购投资性房地产时,借记"投资性房地产——成本"账户,贷记"银行存款"等账户。

【例 9-1】 某房地产开发企业甲公司计划购入一商铺用于对外出租,2010 年 8 月 12 日,甲公司与乙公司签订了经营租赁合同,约定自商铺购入之日起出租给乙公司,为期 5 年。2010 年 9 月 1 日,甲公司实际购入商铺,支付价款共计 400 万元。甲公司采用成本模式进行后续计量,2010 年 9 月 1 日编制会计分录如下:

借:投资性房地产　　　　　　　　　　4 000 000
　　贷:银行存款　　　　　　　　　　　　　　4 000 000

【例 9-2】 沿用例 9-1,假设甲公司拥有的投资性房地产符合采用公允价值计量模式的条件,采用公允价值模式进行后续计量。则甲企业于 2010 年 9 月 1 日编制会计分录如下:

借:投资性房地产——成本　　　　　　4 000 000
　　贷:银行存款　　　　　　　　　　　　　　4 000 000

企业购入房地产,自用一段时间之后再改为出租或用于资本增值的,应当先将外购的房地产确认为固定资产或无形资产,自租赁期开始日或用于资本增值之日起,再从固定资产或无形资产转换为投资性房地产。

2. 自行开发的投资性房地产

房地产开发企业自行开发的房地产,若在开发完成并竣工验收的同时开始对外出租或用于资本增值的,直接将该房地产确认为投资性房地产。

自行开发的投资性房地产的成本,包括土地费用、工程费用、设施费用和开发间接费用等。

采用成本模式计量的,应按照确定的成本,借记"投资性房地产"账户,贷记"开发成本"账户。

采用公允价值模式计量的,应按照确定的成本,借记"投资性房地产——成本"账户,贷记"开发成本"账户。

【例 9-3】 某房地产开发企业 A 公司自行开发一栋写字楼用于经营租赁出租,2010 年 3 月 1 日该写字楼完工并竣工验收开始起租给 B 公司,写字楼实际造价 960 万元。A 公司采用成本模式进行后续计量，编制会计分录如下：
借：投资性房地产　　　　　　　　　　9 600 000
　　贷：开发成本　　　　　　　　　　　　　　9 600 000

需要注意的是，若房地产开发企业开发的房地产，在开发完成并竣工验收后已将其开发成本转入"开发产品"账户的，则将该房地产用于出租时，属于将存货转换为投资性房地产。

3. 非投资性房地产转换为投资性房地产

非投资性房地产转换为投资性房地产，实质上是因房地产用途发生改变而对房地产进行的重新分类。房地产转换的计量将在本章第四节中进行介绍。

9.2.3　投资性房地产的后续支出

与投资性房地产有关的后续支出，满足投资性房地产确认条件的，应当计入投资性房地产成本。例如，企业为了提高投资性房地产的使用效能，往往需要对投资性房地产进行改建、扩建而使其更加坚固耐用，或者通过装修而改善其室内装潢，改扩建或装修支出满足确认条件的，应当将其资本化。

与投资性房地产有关的后续支出，不满足投资性房地产确认条件的，应当在发生时计入当期损益。例如，企业对投资性房地产进行日常维护所发生的支出。

9.3　投资性房地产的后续计量

投资性房地产的后续计量通常应当采用成本模式，只有在满足特定条件的情况下才可以采用公允价值模式。但是，同一企业只能采用一种模式对所有投资性房地产进行后续计量，不得同时采用两种计量模式。

9.3.1　采用成本模式进行后续计量的投资性房地产

采用成本模式进行后续计量的投资性房地产，应当遵循以下会计处理：

（1）外购投资性房地产或自行开发的投资性房地产达到预定可使用状态时，按照其实际成本，借记"投资性房地产"账户，贷记"银行存款"、"开发成本"等账户。

（2）按照固定资产或无形资产的有关规定，按期（月）计提折旧或进行摊销，借记"其他业务成本"等账户，贷记"投资性房地产累计折旧（摊销）"账户。

（3）取得的租金收入，借记"银行存款"等账户，贷记"其他业务收入"等账户。

（4）投资性房地产存在减值迹象的，应当适用资产减值的有关规定。经减值测试后确定发生减值的，应当计提减值准备，借记"资产减值损失"账户，贷记"投资性房地产减值准备"账户。

【例9-4】承例9-3，A公司的这栋写字楼预计使用寿命为20年，预计净残值率为5%，采用直线法计提折旧。按照经营租赁合同，B公司每月支付A公司租金6万元。A公司编制会计分录如下：

（1）每月计提折旧：

$$月折旧额 = \frac{960 \times (1-5\%)}{20 \times 12} = 3.8(万元)$$

借：其他业务成本　　　　　　　　　　　　38 000
　贷：投资性房地产累计折旧（摊销）　　　　　　　38 000

（2）每月收到租金：

借：银行存款　　　　　　　　　　　　　60 000
　贷：其他业务收入　　　　　　　　　　　　　　60 000

9.3.2 采用公允价值模式进行后续计量的投资性房地产

1. 采用公允价值模式的前提条件

企业只有存在确凿证据表明投资性房地产的公允价值能够持续可靠取得，并且同时满足下列条件时，才可以采用公允价值模式对投资性房地产进行后续计量。

（1）投资性房地产所在地有活跃的房地产交易市场。

（2）企业能够从活跃的房地产交易市场上取得同类或类似房地产的市场价格及其他相关信息，从而对投资性房地产的公允价值作出合理的估计。

企业一旦选择采用公允价值计量模式，就应当对其所有投资性房地产均采用公允价值模式进行后续计量。

2. 采用公允价值模式进行后续计量的会计处理

采用公允价值模式进行后续计量的投资性房地产，应当遵循以下会计处理：

（1）外购投资性房地产或自行开发的投资性房地产达到预定可使用状态时，按照其实际成本，借记"投资性房地产——成本"账户，贷记"银行存款"、"开发成本"等账户。

（2）不对投资性房地产计提折旧或进行摊销，应当以资产负债表日投资性房地产的公允价值为基础调整其账面价值，公允价值与原账面价值之间的差额计入当期损益。

资产负债表日，按照投资性房地产的公允价值高于其账面价值的差额，借记"投资性房地产——公允价值变动"账户，贷记"公允价值变动损益"账户；公允价值低于原账面价值的差额，作相反的会计分录。

（3）取得的租金收入，借记"银行存款"等账户，贷记"其他业务收入"等账户。

【例 9-5】 某房地产开发企业 K 公司于 2010 年 8 月与 M 公司签订租赁协议，约定将 K 公司自行开发的一栋精装修的写字楼于开发完成时租赁给 M 公司使用，租赁期为 10 年。当年 10 月 1 日，该写字楼开发完成并开始起租，写字楼的造价为 2 000 万元，K 公司每月收取租金 16 万元。K 公司采用公允价值模式对其投资性房地产进行后续计量。2010 年 12 月 31 日，该写字楼的公允价值为 2 100 万元。2011 年 12 月 31 日，该写字楼的公允价值为 2 080 万元。K 公司编制会计分录如下：

（1）2010 年 10 月 1 日，K 公司开发完成写字楼并出租：

借：投资性房地产——成本　　　　　　20 000 000
　贷：开发成本　　　　　　　　　　　　　　　20 000 000

（2）每月收到租金：

借：银行存款　　　　　　　　　　　　160 000
　贷：其他业务收入　　　　　　　　　　　　　160 000

(3) 2010 年 12 月 31 日，以公允价值为基础调整其账面价值：
借：投资性房地产——公允价值变动　　1 000 000
　　贷：公允价值变动损益　　　　　　　　　　　　1 000 000
(4) 2011 年 12 月 31 日，以公允价值为基础调整其账面价值：
借：公允价值变动损益　　　　　　　　 200 000
　　贷：投资性房地产——公允价值变动　　　　　　 200 000

9.3.3 投资性房地产后续计量模式的变更

为保证会计信息的可比性，企业对投资性房地产的计量模式一经确定，不得随意变更。只有存在确凿证据表明投资性房地产的公允价值能够持续可靠取得，且能够满足采用公允价值模式条件的情况下，才允许企业对投资性房地产从成本模式变更为公允价值模式计量。

成本模式转为公允价值模式的，应当作为会计政策变更处理，将计量模式变更时公允价值与账面价值之间的差额调整期初留存收益。按照计量模式变更日投资性房地产的公允价值，借记"投资性房地产——成本"账户；按照已计提的累计折旧或摊销，借记"投资性房地产累计折旧（摊销）"账户；按照已计提的投资性房地产减值准备，借记"投资性房地产减值准备"账户；按照原账面余额，贷记"投资性房地产"账户；按照投资性房地产公允价值与其账面价值之间的差额，贷记或借记"利润分配——未分配利润"、"盈余公积"等账户。

已采用公允价值模式进行后续计量的投资性房地产，不得从公允价值模式转为成本模式。

【例 9-6】 某房地产开发企业 F 公司将其一栋写字楼租赁给其他公司使用，并一直采用成本模式进行后续计量。2011 年 12 月 1 日，F 公司认为其投资性房地产具备了采用公允价值模式计量的条件，决定对其投资性房地产从成本模式转换为公允价值模式计量。该写字楼的原造价为 4 000 万元，已计提折旧 1 600 万元，账面价值为 2 400 万元。2011 年 12 月 1 日，该写字楼的公允价值为 3 000 万元。假设 F 公司按净利润的 10% 计提法定盈余公积。F 公司应于 2011 年 12 月 1 日编制会计分录如下：

借：投资性房地产——成本　　　　　　 30 000 000
　　投资性房地产累计折旧（摊销）　　　16 000 000
　　贷：投资性房地产　　　　　　　　　　　　　40 000 000
　　　　利润分配——未分配利润　　　　　　　　 5 400 000
　　　　盈余公积　　　　　　　　　　　　　　　　 600 000

9.4 投资性房地产的转换

9.4.1 房地产的转换形式和转换日

房地产的转换，实质上是因房地产用途发生改变而对房地产进行的重新分类。这里所说的房地产转换是针对房地产用途发生改变而言,而不是后续计量模式的转变。企业有确凿证据表明房地产用途发生改变,并且满足下列条件之一的,应当将投资性房地产转换为非投资性房地产或者将非投资性房地产转换为投资性房地产。

(1) 投资性房地产开始自用,即投资性房地产转换为自用房地产。例如,原来出租的房地产现改为自用房地产。在这种情况下,转换日为房地产达到自用状态,企业开始将其用于生产商品、提供劳务或者经营管理的日期。

(2) 作为存货的房地产改为出租,通常是指企业将其持有的开发产品以经营租赁的方式出租,存货相应地转换为投资性房地产。在这种情况下,转换日为房地产租赁期开始日。租赁期开始日,是指承租人有权行使其租赁资产权利的日期。

(3) 自用建筑物或土地使用权停止自用改为出租,即企业将原本用于生产商品、提供劳务或者经营管理的房地产改用于出租,固定资产或土地使用权相应地转换为投资性房地产。在这种情况下,转换日为租赁期开始日。

(4) 自用土地使用权停止自用改用于资本增值,即企业将原本用于生产商品、提供劳务或者经营管理的土地使用权改用于资本增值,土地使用权相应地转换为投资性房地产。在这种情况下,转换日为自用土地使用权停止自用后,确定用于资本增值的日期。

9.4.2 房地产转换的会计处理

1. 成本模式下的转换

(1) 采用成本模式计量的投资性房地产转为自用房地产

企业将采用成本模式计量的投资性房地产转为自用房地产时,应当按其在转换日的账面余额、累计折旧(摊销)、减值准备等,分别转入"固定资产"、"累计折旧"、"固定资产减值准备"等账户。按其账面余额,借记"固定资产"或"无形资产"账户,贷记"投资性房地产"账户;按已计提的折旧或摊销,借记"投资性房地产累计折旧(摊销)"账户,贷记"累计折旧"或"累计摊销"账户;原已计提减值准备的,借记"投资性房地产减值准备"账户,贷记"固定资产减值准备"或"无形资产减值准备"账户。

【例 9-7】某房地产开发企业甲公司于 2011 年 11 月将出租在外的一办公楼收回,12 月 1 日开始自用,该办公楼相应地由投资性房地产转换为自用房地产。该办公楼在转换前采用成本模式计量,截至 2011 年 11 月 30 日,账面价值为 1 200 万元,其中,原价 1 600 万元,累计已提折旧 400 万元。甲公司应于 2011 年 12 月 1 日编制会计分录如下:

```
借:固定资产                        16 000 000
    投资性房地产累计折旧(摊销)       4 000 000
  贷:投资性房地产                              16 000 000
      累计折旧                                  4 000 000
```

(2) 作为存货的房地产转换为采用成本模式计量的投资性房地产

企业将作为存货的房地产转换为采用成本模式计量的投资性房地产时,应当按照该项存货在转换日的账面价值,借记"投资性房地产"账户;原已计提的存货跌价准备,借记"存货跌价准备"账户,按其账面余额,贷记"开发产品"等账户。

【例 9-8】某房地产开发企业 A 公司将其开发的一栋写字楼出租给 C 公司,租赁开始日为 2011 年 6 月 1 日。这栋写字楼于 2011 年 6 月 1 日由存货转换为投资性房地产，当日该写字楼的账面余额为 2 000 万元，未计提存货跌价准备。A 公司采用成本模式进行后续计量，2011 年 6 月 1 日编制会计分录如下：

借：投资性房地产　　　　　　　20 000 000
　　贷：开发产品　　　　　　　　　　　　20 000 000

（3）自用建筑物或土地使用权转换为采用成本模式计量的投资性房地产

企业将自用建筑物或土地使用权转换为以成本模式计量的投资性房地产时，应当按该项建筑物或土地使用权在转换日的原价、累计折旧、减值准备等，分别转入"投资性房地产"、"投资性房地产累计折旧（摊销）"、"投资性房地产减值准备"账户。按其账面余额，借记"投资性房地产"账户，贷记"固定资产"或"无形资产"账户；按已计提的折旧或摊销，借记"累计折旧"或"累计摊销"账户，贷记"投资性房地产累计折旧（摊销）"账户；原已计提减值准备的，借记"固定资产减值准备"或"无形资产减值准备"账户，贷记"投资性房地产减值准备"账户。

【例 9-9】　某房地产开发企业甲公司拥有一栋办公楼用于本企业办公。2011 年 11 月 10 日，甲公司与丙公司签订了经营租赁协议，将这栋办公楼整体出租给丙公司使用，租赁期开始日为 2011 年 12 月 1 日，为期 5 年。2011 年 12 月 1 日，这栋办公楼由自用房地产转换为投资性房地产，当日这栋办公楼的账面余额 1 000 万元，已计提折旧 300 万元。甲公司采用成本模式进行后续计量，2011 年 12 月 1 日编制会计分录如下：

借：投资性房地产　　　　　　　10 000 000
　　累计折旧　　　　　　　　　　 3 000 000
　　贷：固定资产　　　　　　　　　　　　10 000 000
　　　　投资性房地产累计折旧（摊销）　　 3 000 000

2. 公允价值模式下的转换

（1）采用公允价值模式计量的投资性房地产转为自用房地产

企业将采用公允价值模式计量的投资性房地产转为自用房地产时，应当按其转换日的公允价值作为自用房地产的账面价值，公允价值与原账面价值的差额计入当期损益。转换日，按该项投资性房地产的公允价值，借记"固定资产"或"无形资产"账户；按该项投资性房地产的成本，贷记"投资性房地产——成本"账户；按该项投资性房地产的累计公允价值变动，贷记或借记"投资性房地产——公允价值变动"账户，按其差额，贷记或借记"公允价值变动损益"账户。

【例 9-10】　2011 年 10 月 25 日，某房地产开发企业 H 公司因租赁期满，将出租的写字楼收回，准备作为办公楼用于本企业总部办公。2011 年 11 月 1 日，该写字楼正式开始自用，相应由投资性房地产转换为自用房地产，当日的公允价值为 960 万元。该项房地产在转换前采用公允价值模式计量，原账面价值为 950 万元，其中，成本为 900 万元，公允价值变动为增值 50 万元。H 公司 2011 年 11 月 1 日编制会计分录如下：

借：固定资产　　　　　　　　　 9 600 000
　　贷：投资性房地产——成本　　　　　　 9 000 000
　　　　　　　　　　——公允价值变动　　　 500 000
　　　　公允价值变动损益　　　　　　　　　 100 000

(2) 作为存货的房地产转换为采用公允价值模式计量的投资性房地产

企业将作为存货的房地产转换为采用公允价值模式计量的投资性房地产时,应当按该项房地产在转换日的公允价值,借记"投资性房地产——成本"账户;原已计提跌价准备的,借记"存货跌价准备"账户,按其账面余额,贷记"开发产品"等账户。同时,转换日的公允价值小于账面价值的,按其差额,借记"公允价值变动损益"账户;转换日的公允价值大于账面价值的,按其差额,贷记"资本公积——其他资本公积"账户。待该项投资性房地产处置时,因转换计入资本公积的部分应转入当期的其他业务收入,借记"资本公积——其他资本公积"账户,贷记"其他业务收入"账户。

【例9-11】 承例9-8若A公司采用公允价值模式进行计量,2011年6月1日该写字楼的公允价值为2 200万元,2011年12月31日,该写字楼的公允价值为2 240万元。A公司于2011年6月1日编制会计分录如下:

借:投资性房地产——成本　　　　　　　　22 000 000
　贷:开发产品　　　　　　　　　　　　　　　　　　20 000 000
　　　资本公积——其他资本公积　　　　　　　　　　2 000 000

A公司于2011年12月31日编制会计分录如下:

借:投资性房地产——公允价值变动　　　　400 000
　贷:公允价值变动损益　　　　　　　　　　　　　　400 000

(3) 自用建筑物或土地使用权转换为采用公允价值模式计量的投资性房地产

企业将自用建筑物或土地使用权转换为采用公允价值模式计量的投资性房地产时,应当按该项建筑物或土地使用权在转换日的公允价值,借记"投资性房地产——成本"账户;按其账面余额,贷记"固定资产"或"无形资产"账户;按已计提的累计折旧或累计摊销,贷记"累计折旧"或"累计摊销"账户;原已计提减值准备的,借记"固定资产减值准备"或"无形资产减值准备"账户;同时,转换日的公允价值小于账面价值的,按其差额,借记"公允价值变动损益"账户;转换日的公允价值大于账面价值的,按其差额,贷记"资本公积——其他资本公积"账户。待该项投资性房地产处置时,因转换计入资本公积的部分应转入当期的其他业务收入,借记"资本公积——其他资本公积"账户,贷记"其他业务收入"账户。

【例9-12】 2011年7月,某房地产开发企业Y公司总部打算搬迁至新建的办公楼,并准备将原办公楼出租。2011年11月,Y公司完成了搬迁工作,原办公楼停止使用。2011年12月,Y公司与J公司签订了经营租赁协议,将其原办公楼出租给J公司使用,租赁期开始日为2012年1月1日,租赁期为3年。Y公司应当于租赁期开始日(2012年1月1日),将自用房地产转换为投资性房地产。Y公司对其投资性房地产采用公允价值模式计量。2011年1月1日,该办公楼的公允价值为1 400万元,其原价为2 000万元,已提折旧570万元。Y公司应于2012年1月1日编制会计分录如下:

借:投资性房地产——成本　　　　　　　　14 000 000
　　公允价值变动损益　　　　　　　　　　　　300 000
　　累计折旧　　　　　　　　　　　　　　　5 700 000
　贷:固定资产　　　　　　　　　　　　　　　　　　20 000 000

9.5 投资性房地产的处置

当投资性房地产被处置,或者永久退出使用且预计不能从其处置中取得经济利益时,应当终止确认该项投资性房地产。

企业出售、转让、报废投资性房地产或者发生投资性房地产毁损,应当将处置收入扣除其账面价值和相关税费后的金额计入当期损益(将实际收到的处置收入计入其他业务收入,所处置投资性房地产的账面价值计入其他业务成本)。

9.5.1 成本模式计量的投资性房地产

处置投资性房地产时,应按实际收到的金额,借记"银行存款"等账户,贷记"其他业务收入"账户;按该项投资性房地产的累计折旧或累计摊销,借记"投资性房地产累计折旧(摊销)"账户,按该项投资性房地产的账面余额,贷记"投资性房地产"账户,按其差额,借记"其他业务成本"账户。已计提减值准备的,还应同时结转减值准备。

【例 9-13】 某房地产开发企业丁公司将其出租的一栋写字楼确认为投资性房地产。租赁期满后,丁公司将该栋写字楼出售给 C 公司,合同价款为 800 万元,C 公司已用银行存款付清。这栋写字楼原采用成本模式计量,出售时,该栋写字楼的成本为 880 万元,已计提折旧 260 万元。丁公司编制会计分录如下:

借:银行存款 8 000 000
　　贷:其他业务收入 8 000 000
借:其他业务成本 6 200 000
　　投资性房地产累计折旧(摊销) 2 600 000
　　贷:投资性房地产 8 800 000

9.5.2 公允价值模式计量的投资性房地产

处置投资性房地产时,应按实际收到的金额,借记"银行存款"等账户,贷记"其他业务收入"账户。按该项投资性房地产的账面余额,借记"其他业务成本"账户,贷记"投资性房地产——成本"账户、贷记或借记"投资性房地产——公允价值变动"账户;同时,按该项投资性房地产的公允价值变动,借记或贷记"公允价值变动损益"账户,贷记或借记"其他业务收入"账户。按该项投资性房地产在转换日记入资本公积的金额,借记"资本公积——其他资本公积"账户,贷记"其他业务收入"账户。

【例 9-14】 承例 9-13,若这栋写字楼原采用公允价值模式计量,出售时,该栋写字楼的成本为 600 万元,公允价值变动为借方 20 万元。丁公司编制会计分录如下:

借:银行存款 8 000 000
　　贷:其他业务收入 8 000 000
借:其他业务成本 6 200 000
　　贷:投资性房地产——成本 6 000 000
　　　　——公允价值变动 200 000

同时,将投资性房地产累计公允价值变动转入其他业务收入:

借：公允价值变动损益　　　　　　　　　200 000
　　贷：其他业务收入　　　　　　　　　　　200 000

练习题

习题一

一、目的：练习用成本模式计量的投资性房地产的核算。

二、资料：

1. 某房地产开发企业甲公司计划购入一栋写字楼用于对外出租，2007年1月20日，甲公司与乙公司签订了经营租赁合同，约定自写字楼购入之日起出租给乙公司，为期5年。2007年2月1日，甲公司实际购入该写字楼，支付价款共计1 440万元。甲公司采用成本模式进行后续计量。

2. 甲公司的这栋写字楼预计使用寿命为20年，预计净残值率为5%，按照直线法计提折旧。按照经营租赁合同，乙公司在租赁期5年中每月末通过银行转账支付给甲公司租金7万元。

3. 5年租赁期满后，甲公司于2012年2月1日将该栋写字楼出售给丙公司，合同价款为1 100万元，丙公司用银行存款付清。

三、要求：根据上述经济业务为甲公司编制会计分录。

习题二

一、目的：练习用公允价值模式计量的投资性房地产的核算。

二、资料：

1. 2010年2月，某房地产开发企业甲公司与乙公司签订了经营租赁协议，将其原办公楼出租给乙公司使用，租赁期开始日为2010年3月1日，租赁期为2年。甲公司对其投资性房地产采用公允价值模式计量。2010年3月1日，该办公楼的公允价值为1 500万元，其原价为2 000万元，已提折旧400万元。

2. 甲公司于2年租赁期内，每月末向乙公司收取租金9.2万元。

3. 2010年12月31日，该办公楼的公允价值为1 480万元。

4. 2011年12月31日，该办公楼的公允价值为1 510万元。

5. 2012年3月1日，租赁期满，甲公司收回该办公楼并且开始自用，当日该办公楼的公允价值为1520万元。

三、要求：根据上述经济业务为甲公司编制会计分录。

10 负　　债

负债是指企业过去的交易或者事项形成的、预期会导致经济利益流出企业的现时义务。负债按其流动性的不同，可以分为流动负债和非流动负债。

10.1　流　动　负　债

10.1.1　流动负债的概念及特点

流动负债是指将在 1 年或超过 1 年的一个营业周期内偿还的债务，主要包括短期借款、应付票据、应付账款、预收账款、交易性金融负债、应付职工薪酬、应交税费、应付股利、其他应付款等。

流动负债除了具备负债的基本特点外，还有其自身的特点：

（1）偿还期短。在债权人提出要求时即期偿付，在 1 年内或超过 1 年的一个营业周期内必须履行偿债义务。

（2）一般以企业的流动资产或新的流动负债来清偿。

10.1.2　短期借款

1. 短期借款的概念

短期借款是指企业向银行或其他金融机构借入的期限在 1 年以内的各种借款。

2. 短期借款核算应设置的账户

(1)"短期借款"账户。该账户为负债类账户，用来核算短期借款的取得和归还情况。贷方登记取得借款的本金数额，借方登记偿还借款的本金数额，期末余额在贷方，反映尚未偿还的借款本金数额。

(2)"应付利息"账户。该账户为负债类账户，用来核算应付未付的利息。贷方登记应付未付的利息，借方登记支付的利息，期末余额在贷方，反映尚未支付的利息。

3. 短期借款的账务处理

短期借款的账务处理主要是本金和利息的处理，短期借款的利息作为企业的财务费用，有两种处理方法：

（1）按期（季、半年、年）支付的利息，或到期时连同本金一起支付且数额较大的利息，采用预提方法，按月预提计入财务费用。

（2）按月支付的利息，或者到期时连同本金一起支付且数额不大的利息，可在实际支付时计入财务费用。

【例 10-1】　某房地产开发企业于 2011 年 7 月 1 日向银行借入流动资金 20 万元，期限 3 个月，年利率 6%，到期一次还本付息。编制会计分录如下：

(1) 7月1日取得借款时：
借：银行存款　　　　　　200 000
　　贷：短期借款　　　　　　200 000
(2) 7月末预提当月负担的利息（200 000元×6‰/12＝1 000元）时：
借：财务费用　　　　　　1 000
　　贷：应付利息　　　　　　1 000
(3) 8月末预提利息的处理与7月相同。
(4) 9月末偿还本利和时：
借：短期借款　　　　　　200 000
　　应付利息　　　　　　　2 000
　　财务费用　　　　　　　1 000
　　贷：银行存款　　　　　　203 000

【例10-2】 承例10-1，若该借款的利息按月支付。则编制会计分录如下：
(1) 7月1日取得借款时：
借：银行存款　　　　　　200 000
　　贷：短期借款　　　　　　200 000
(2) 7月末支付当月利息（200 000元×6‰/12＝1 000元）时：
借：财务费用　　　　　　1 000
　　贷：银行存款　　　　　　1 000
(3) 8月末支付利息的处理与7月相同。
(4) 9月末偿还本金和9月的利息时：
借：短期借款　　　　　　200 000
　　财务费用　　　　　　　1 000
　　贷：银行存款　　　　　　201 000

10.1.3 应付票据

1. 应付票据的概念

应付票据是由出票人出票，委托付款人在指定日期无条件支付特定的金额给收款人或持票人的票据。在我国，应付票据是指商业汇票。根据承兑人不同，商业汇票分为商业承兑汇票和银行承兑汇票。按是否带息，商业汇票分为带息票据和不带息票据。

2. 应付票据核算应设置的账户

企业应设置"应付票据"账户，该账户属于负债类账户，用来核算购买材料、商品和接受劳务供应等开出、承兑的商业汇票。开出、承兑商业汇票时，按票面金额记入贷方；若带息票据的利息金额较大，则于中期期末或年度终了计算应付利息费用记入贷方；到期承付时，按票面金额和已计提的利息费用金额记入借方；余额在贷方，表示尚未到期的应付票据的票面金额和已计提的利息费用金额。该账户应按债权人进行明细核算。

企业应当设置"应付票据备查簿"，详细登记商业汇票的种类、号数和日期、到期日、票面金额、交易合同号和收款人姓名或单位名称以及付款日期等资料。应付票据到期结清时，在备查簿中应予注销。

3. 应付票据的账务处理

目前我国常用的商业汇票为不带息票据，以下只介绍不带息票据的账务处理。

(1) 企业开出、承兑商业汇票或以承兑的商业汇票抵付货款、应付账款等，借记"材料采购"、"原材料"、"应付账款"等账户，贷记"应付票据"账户。

(2) 支付的银行承兑汇票的手续费，作为财务费用处理，借记"财务费用"账户，贷记"银行存款"账户。

(3) 票据到期支付时，借记"应付票据"账户，贷记"银行存款"账户。

(4) 如果票据到期企业无力支付，对于商业承兑汇票，应将"应付票据"的账面价值转入"应付账款"账户，借记"应付票据"账户，贷记"应付账款"账户；对于银行承兑汇票，承兑银行除凭票向持票人无条件付款外，对出票人尚未支付的汇票金额转作逾期贷款处理，并按每天万分之五计取罚息，企业应借记"应付票据"账户，贷记"短期借款"账户，对计收的利息，按短期借款利息的处理办法处理。

【例 10-3】 2011 年 3 月 1 日，某房地产开发企业采用商业汇票结算方式购入材料一批（材料核算采用实际成本法），购入材料的买价为 10 万元，增值税额为 1.7 万元，材料已验收入库，企业开出并承兑期限为 3 个月的不带息商业汇票。编制会计分录如下：

(1) 开出并承兑商业汇票时：

借：原材料　　　　117 000
　　贷：应付票据　　　　117 000

(2) 票据到期支付票款时：

借：应付票据　　　117 000
　　贷：银行存款　　　　117 000

若上述票据到期企业无力还款，则编制会计分录如下：

借：应付票据　　　117 000
　　贷：应付账款　　　　117 000

【例 10-4】 承例 10-3，若上述商业汇票为银行承兑汇票，企业向银行支付了承兑手续费 58.5 元。编制会计分录如下：

(1) 持商业汇票向银行申请承兑，支付手续费时：

借：财务费用　　　58.5
　　贷：银行存款　　　　58.5

(2) 用商业汇票购买材料时：

借：原材料　　　　117 000
　　贷：应付票据　　　　117 000

(3) 票据到期支付票款时：

借：应付票据　　　117 000
　　贷：银行存款　　　　117 000

若上述票据到期企业无力还款，则编制会计分录如下：

借：应付票据　　　117 000
　　贷：短期借款　　　　117 000

10.1.4 应付账款

1. 应付账款的概念

应付账款是指房地产开发企业因购买材料、商品或接受劳务供应等应付给供应单位的款项,以及因出包工程而应付给承包单位的工程价款等。

2. 应付账款核算应设置的账户

企业应设置"应付账款"账户,该账户属于负债类账户,用来核算应付账款的发生及其偿还情况。该账户贷方登记发生的应付账款;借方登记偿还的应付账款,或开出商业汇票抵付应付账款的款项,或已冲销的无法支付的应付账款;余额一般在贷方,反映尚未偿还的应付账款。该账户应按债权人进行明细核算。

3. 应付账款的账务处理

(1) 发生应付账款

企业购入材料、商品或接受劳务、结算工程款等所产生的应付账款,应按应付金额入账。借记"原材料"、"材料采购"、"管理费用"、"开发成本"等账户,贷记"应付账款"账户。

如果应付账款带有现金折扣,应按发票上记载的应付金额的总值(即不扣除现金折扣)记账。

(2) 偿还应付账款

企业偿还应付账款或开出商业汇票抵付应付账款时,借记"应付账款"账户,贷记"银行存款"、"应付票据"等账户。因在折扣期限内付款而获得的现金折扣,应在偿付应付账款时冲减财务费用。

(3) 转销应付账款

企业转销确实无法支付的应付账款时,应按其账面余额计入营业外收入,借记"应付账款"账户,贷记"营业外收入"账户。

【例10-5】 某房地产开发企业购入材料一批,价款2万元,增值税率17%,付款条件"2/10,n/30"。材料采用实际成本法核算,已经验收入库,货款暂欠。编制会计分录如下:

(1) 购入材料时:

借:原材料　　　　　　23 400
　　贷:应付账款　　　　　　　　23 400

(2) 若10天内付款:

借:应付账款　　　　　23 400
　　贷:银行存款　　　　　　　　22 932
　　　　财务费用　　　　　　　　　468

(3) 若10天后付款:

借:应付账款　　　　　23 400
　　贷:银行存款　　　　　　　　23 400

(4) 若于10天后开出商业承兑汇票抵付应付账款:

借:应付账款　　　　　23 400

贷：应付票据　　　　　　　　　　23 400

10.1.5　预收账款

1. 预收账款的概念

预收账款是企业按照合同或协议规定，向购房单位或个人预收的购房款，以及代委托单位开发建设项目，按合同规定向委托单位预收的开发建设资金。

2. 预收账款核算应设置的账户

企业应设置"预收账款"账户，该账户属于负债类账户，用来核算预收账款的增减变化情况。该账户贷方登记预收的购房款、代建工程款，委托单位拨来抵作工程款的材料物资和收到的余款等；借方登记结算商品房、代建工程价款时结转的收入以及退回多收的余额；余额在贷方，反映已预收款项但尚未提供开发建设项目或劳务的预收款项。该账户应按提供服务对象进行明细核算。

3. 预收账款的账务处理

企业预收款项时，借记"银行存款"等账户，贷记"预收账款"账户；确认收入时，借记"预收账款"账户，贷记"主营业务收入"账户。

【例10-6】某房地产公司以预售方式销售别墅一套，该别墅总价350万元，按合同规定预收购房款70万元。别墅建设完工验收合格后，该房地产公司将发票账单提交买主，并办妥移交手续，余款收讫存入银行。编制会计分录如下：

（1）预收购房款时：
借：银行存款　　　　　　　　700 000
　　贷：预收账款　　　　　　　　　700 000

（2）办妥别墅移交手续时：
借：预收账款　　　　　　　3 500 000
　　贷：主营业务收入　　　　　　3 500 000

（3）收到余款时：
借：银行存款　　　　　　　2 800 000
　　贷：预收账款　　　　　　　　2 800 000

10.1.6　应付职工薪酬

1. 职工薪酬的内容

职工薪酬是指企业为获得职工提供的服务而给予的各种形式的报酬以及其他相关支出。主要包括以下内容：

（1）职工工资、奖金、津贴和补贴；
（2）职工福利费；
（3）医疗保险费、养老保险费、失业保险费、工伤保险费和生育保险费等社会保险费；
（4）住房公积金；
（5）工会经费和职工教育经费；
（6）非货币性福利；

(7) 因解除与职工的劳动关系给予的补偿;

(8) 其他与获得职工提供的服务相关的支出。

从薪酬的涵盖时间和支付形式来看,职工薪酬包括企业在职工在职期间和离职后给予的所有货币性薪酬和非货币性福利。从薪酬的支付对象来看,职工薪酬包括提供给职工本人及其配偶、子女或其他被赡养人的福利,比如支付给因公伤亡职工的配偶、子女或其他被赡养人的抚恤金。

2. 应付职工薪酬的确认

企业应当在职工为其提供服务的会计期间,将应付的职工薪酬确认为负债,除因解除与职工的劳动关系给予的补偿外,应当根据职工提供服务的受益对象,分别下列情况处理:

(1) 应由开发产品、提供劳务负担的职工薪酬,计入开发产品成本或劳务成本。

(2) 应由在建工程、无形资产负担的职工薪酬,计入建造固定资产或无形资产成本。

(3) 上述两项之外的其他职工薪酬,计入当期损益。如公司总部管理人员、董事会成员、监事会成员等人员相关的职工薪酬,均应当在发生时计入当期损益。

3. 应付职工薪酬的计量

(1) 货币性职工薪酬的计量

对于货币性薪酬,企业一般应当根据职工提供服务情况和职工货币薪酬的标准,计算应计入职工薪酬的金额,按照受益对象计入相关成本或当期损益。另外还应当区分两种情况:

1) 具有明确计提标准的货币性薪酬

对于国务院有关部门、省、自治区、直辖市人民政府或经批准的企业年金计划规定了计提基础和计提比例的职工薪酬项目,企业应当按照规定的计提标准,计量企业承担的职工薪酬义务和计入成本费用的职工薪酬。其中:① "五险一金"。对于医疗保险费、养老保险费、失业保险费、工伤保险费、生育保险费和住房公积金,企业应当按照国务院、所在地政府或企业年金计划规定的标准计量应付职工薪酬义务和应相应计入成本费用的薪酬金额。②工会经费和职工教育经费。企业应当按照国家相关规定,分别按照职工工资总额的 2% 和 1.5% 计量应付职工薪酬(工会经费、职工教育经费)义务金额和应相应计入成本费用的薪酬金额。

2) 没有明确计提标准的货币性薪酬

对于国家(包括省、市、自治区政府)相关法律法规没有明确规定计提基础和计提比例的职工薪酬,企业应当根据历史经验数据和自身实际情况,计算确定应付职工薪酬金额和应计入成本费用的薪酬金额。

(2) 非货币性薪酬的计量

1) 企业以其自产产品或外购商品作为福利发放给职工的,应当根据受益对象,将该产品的公允价值和相关税费计入相关成本费用,并确认应付职工薪酬。

2) 将企业拥有的房屋等资产无偿提供给职工使用的,应当根据受益对象,将该住房每期应计提的折旧计入相关成本费用,并确认应付职工薪酬。

3) 租赁住房等资产供职工无偿使用的,应当根据受益对象,将每期应付的租金计入相关成本费用,并确认应付职工薪酬。

4) 向职工提供企业支付了补贴的商品或服务的,应当根据受益对象,将企业补贴的金额分情况作为长期待摊费用或者计入当期损益。

难以认定受益对象的非货币性福利,直接计入当期损益和应付职工薪酬。

4. 应付职工薪酬核算应设置的账户

企业应设置"应付职工薪酬"账户,该账户属于负债类账户,用来核算按规定应付给职工的各种薪酬。该账户贷方登记分配计入有关成本费用项目的职工薪酬的数额;借方登记实际发放或支付的职工薪酬的数额;期末余额在贷方,反映企业应付未付的职工薪酬。该账户应按照"工资"、"职工福利"、"社会保险费"、"住房公积金"、"工会经费"、"职工教育经费"、"非货币性福利"等项目进行明细核算。

5. 应付职工薪酬的账务处理

(1) 确认工资总额时,借记"开发间接费用"、"管理费用"、"销售费用"、"在建工程"、"研发支出"等账户,贷记"应付职工薪酬"账户。

(2) 计提职工福利费、社会保险费、住房公积金、工会经费、职工教育经费等时,借记相关成本费用账户,贷记"应付职工薪酬——职工福利、社会保险费、住房公积金、工会经费、职工教育经费"等明细账户。

(3) 向职工支付工资、奖金、津贴、福利费等时,借记"应付职工薪酬"账户,贷记"银行存款"、"库存现金"等账户。

(4) 从"应付职工薪酬"中扣除各种款项(代交的社会保险费、住房公积金、个人所得税等)时,借记"应付职工薪酬",贷记"其他应付款"、"应交税费"等账户。

(5) 向职工支付福利费时,借记"应付职工薪酬",贷记"银行存款"、"库存现金"等账户。

(6) 支付工会经费和职工教育经费用于工会运作和职工培训时,借记"应付职工薪酬",贷记"银行存款"等账户。

(7) 按照国家规定缴纳社会保险费和住房公积金时,借记"应付职工薪酬——社会保险费"账户和"应付职工薪酬——住房公积金"账户,贷记"银行存款"账户。代职工缴纳由职工负担的社会保险费和住房公积金时,借记"其他应付款"账户,贷记"银行存款"账户。

【例 10-7】 地处上海的甲房地产开发公司 2011 年 11 月应发工资为 36 万元,其中,商品房开发现场管理人员工资 10 万元,公司行政管理人员工资 20 万元,公司专设销售机构人员工资 6 万元。根据上海市有关规定,分别按照工资总额的 12%、22%、2% 和 7% 计提应缴纳给社会保险经办机构和住房公积金管理机构的医疗保险费、养老保险费、失业保险费和住房公积金。根据 2010 年实际发生的职工福利费情况,公司预计 2011 年应承担的职工福利费义务金额为职工工资总额的 2%,职工福利的受益对象为上述所有人员。公司分别按照职工工资总额的 2% 和 1.5% 计提工会经费和职工教育经费。则:

应计入开发间接费用的职工薪酬金额
$=100\ 000+100\ 000\times(12\%+22\%+2\%+7\%+2\%+2\%+1.5\%)$
$=148\ 500$(元)

应计入管理费用的职工薪酬金额
$=200\ 000+200\ 000\times(12\%+22\%+2\%+7\%+2\%+2\%+1.5\%)$

＝297 000（元）
应计入销售费用的职工薪酬金额
＝60 000＋60 000×(12％＋22％＋2％＋7％＋2％＋2％＋1.5％)
＝89 100（元）

公司在分配工资、职工福利费、各种社会保险费、住房公积金、工会经费和职工教育经费等职工薪酬时，编制会计分录如下：

借：开发间接费用	148 500	
管理费用	297 000	
销售费用	89 100	
贷：应付职工薪酬——工资	360 000	
——职工福利	7 200	(360 000×2％)
——社会保险费	129 600	(360 000×36％)
——住房公积金	25 200	(360 000×7％)
——工会经费	7 200	(360 000×2％)
——职工教育费用	5 400	(360 000×1.5％)

【例 10-8】 承例 10-7，根据上海市有关规定，分别按照工资总额的 2％、8％、1％和 7％，从职工薪酬中扣除应由职工个人缴纳的医疗保险费、养老保险费、失业保险费和住房公积金，代扣职工个人所得税 12 000 元，实发工资 283 200 元，已通过银行转账支付给职工。则：

代扣的社会保险费金额＝360 000×(2％＋8％＋1％)＝39 600（元）
代扣的住房公积金金额＝360 000×7％＝25 200（元）

编制会计分录如下：

借：应付职工薪酬——工资	360 000
贷：银行存款	283 200
其他应付款——代扣社会保险费	39 600
——代扣住房公积金	25 200
应交税费——应交个人所得税	12 000

【例 10-9】 承例 10-7、10-8，将公司和个人负担的社会保险费和住房公积金分别转账缴纳给社会保险经办机构和住房公积金管理机构。编制会计分录如下：

借：应付职工薪酬——社会保险费	129 600
——住房公积金	25 200
其他应付款——代扣社会保险费	39 600
——代扣住房公积金	25 200
贷：银行存款	219 600

【例 10-10】 承例 10-8，转账交纳个人所得税。编制会计分录如下：

借：应交税费——应交个人所得税	12 000
贷：银行存款	12 000

【例 10-11】 甲公司以现金支付职工张某生活困难补助 2 000 元。编制会计分录如下：

借：应付职工薪酬——职工福利　　　2 000

  贷：库存现金 2 000
  【例10-12】 甲公司安排职工培训，向培训机构支付培训费6 000元。编制会计分录如下：
  借：应付职工薪酬——职工教育经费 6 000
    贷：银行存款 6 000
  【例10-13】 甲公司为总经理和3位副总经理提供轿车免费使用，每辆轿车每月折旧额3 000元。编制会计分录如下：
  借：管理费用 12 000
    贷：应付职工薪酬——职工福利 12 000
  借：应付职工薪酬——职工福利 12 000
    贷：累计折旧 12 000

10.1.7 应交税费

  应交税费是企业按照规定应向国家交纳的各种税金，以及与流转税一起交纳的教育费附加。
  企业应设置"应交税费"账户，该账户属于负债类账户，反映各种税费的计算、交纳情况。房地产开发企业按规定计算出应交的营业税、城市维护建设税、土地增值税、房产税、土地使用税、车船税、所得税、教育费附加等时，借记"营业税金及附加"、"固定资产清理"、"管理费用"、"所得税费用"等账户，贷记"应交税费"账户。实际交纳时，借记"应交税费"账户，贷记"银行存款"等账户。
  1. 营业税
  (1) 营业税的概念
  营业税是指对在我国境内提供应税劳务、转让无形资产或销售不动产的单位和个人征收的一种税。其中，应税劳务是指属于交通运输业、建筑业、金融保险业、邮电通信业、文化体育业、娱乐业、服务业税目征收范围的劳务；转让无形资产是指转让土地使用权、专利权、非专利技术、商标权等；销售不动产是指销售房屋、建筑物及其他土地附着物。
  (2) 营业税的计算
  营业税按照营业额和规定的税率计算应纳税额，其公式为：

$$应纳税额 = 营业额 \times 税率 \qquad (式10\text{-}1)$$

这里的营业额是指企业提供应税劳务、转让无形资产或者销售不动产向对方收取的全部价款和价外费用。价外费用包括向对方收取的手续费、基金、集资费、代收款项、代垫款项以及其他各种性质的价外收费。
  营业税实行比例税率，交通运输业、建筑业、邮电通信业、文化体育业的税率为3%，金融保险业、服务业、转让无形资产、销售不动产的税率为5%，娱乐业的税率为5%～20%。
  (3) 营业税的账务处理
  企业应交的营业税，在"应交税费"账户下设置"应交营业税"明细账户进行核算。计算出应交的营业税时，借记"营业税金及附加"、"固定资产清理"等账户，贷记"应交税费——应交营业税"账户。

【例 10-14】 某房地产开发企业本月销售商品房实现销售收入 2 800 万元,营业税税率 5%。编制会计分录如下:

借:营业税金及附加　　　　　　　1 400 000
　　贷:应交税费——应交营业税　　　　　　1 400 000

2. 城市维护建设税

(1) 城市维护建设税的概念

城市维护建设税是为了加强城市的维护建设,扩大和稳定城市维护建设资金的来源,对交纳消费税、增值税、营业税的纳税人征收的一种税。

(2) 城市维护建设税的计算

城市维护建设税以纳税人实际交纳的营业税、增值税、消费税三税为计税依据,其计算公式如下:

$$应纳税额 = 实际交纳的营业税、增值税、消费税税额 \times 适用税率 \quad (式 10-2)$$

适用税率因纳税人所在地不同而有所不同。纳税人所在地为市区的,税率为 7%;纳税人所在地为县城、镇的,税率为 5%;纳税人所在地不在市区、县城或镇的,税率为 1%。

(3) 城市维护建设税的账务处理

企业应交的城市维护建设税,在"应交税费"账户下设置"应交城市维护建设税"明细账户进行核算。计算出城市维护建设税时,借记"营业税金及附加"等账户,贷记"应交税费——应交城市维护建设税"账户。

3. 土地增值税

(1) 土地增值税的概念

土地增值税是对转让国有土地使用权、地上建筑物及其附着物(以下简称转让房地产)并取得收入的单位和个人征收的一种税。

(2) 土地增值税的计算

土地增值税按照转让房地产所取得的增值额和规定的税率计算征收。这里的增值额是指转让房地产所取得的收入减除规定扣除项目金额后的余额。转让房地产所取得的收入,包括货币收入、实物收入和其他收入。扣除项目主要有:取得土地使用权所支付的金额、开发土地的成本费用、新建房屋及配套设施的成本费用或者旧房及建筑物的评估价格、与转让房地产有关的税金。

(3) 土地增值税的账务处理

企业应交的土地增值税,在"应交税费"账户下设置"应交土地增值税"明细账户进行核算。计算出应交的营业税时,借记"营业税金及附加"、"固定资产清理"、"在建工程"等账户,贷记"应交税费——应交土地增值税"账户。

4. 应交房产税、土地使用税、车船使用税、印花税

(1) 房产税

房产税是国家对在城市、县城、建制镇和工矿区征收的由产权人交纳的一种税。房产税依照房产原值一次减除 10%~30% 后的余额计算交纳。没有房产原值为依据的,由房产所在地税务机关参考同类房产核定;房产出租的,以房产租金收入为房产税的计税依据。

(2) 土地使用税

土地使用税是国家为了合理利用城镇土地、调节土地级差收入、提高土地使用效益、加强土地管理而征收的一种税，以纳税人实际占用的土地面积为计税依据，依照规定税额计算征收。

(3) 车船税

车船税是对拥有并使用车船的单位和个人征收的一种税。车船税以车船的辆数或吨位数为计税标准，按照适用吨位税额计算交纳。

(4) 印花税

印花税是对书立、领受购销合同等凭证的行为征收的一种税。实行由纳税人根据规定自行计算应纳税额，购买并一次贴足印花税票的交纳方法。

企业应纳的房产税、土地使用税、车船税，在"应交税费"账户下设置"应交房产税"、"应交土地使用税"、"应交车船税"明细账户进行核算。计算出应交的税金时，借记"管理费用"账户，贷记"应交税费——应交房产税、应交土地使用税、应交车船税"账户。

印花税不需要通过"应交税费"账户核算，在购买印花税票时，直接借记"管理费用"账户。

5. 教育费附加

教育费附加是国家为了发展我国的教育事业、提高人民的文化素养而征收的一项费用，按照企业交纳流转税的一定比例计算，并与流转税一起交纳。其计算公式如下：

$$应交教育费附加 = 实际交纳的营业税、增值税、消费税税额 \times 征收率 \quad (式10-3)$$

企业应交的教育费附加，在"应交税费"账户下设置"应交教育费附加"明细账户进行核算。计算出应交的教育费附加时，借记"营业税金及附加"等账户，贷记"应交税费——应交教育费附加"账户。

6. 所得税

所得税是指国家对企业的生产经营所得和其他所得依法征收的一种税。

资产负债表日，企业按照税法规定计算确定当期应交所得税时，借记"所得税费用"账户，贷记"应交税费——应交所得税"账户。

10.1.8 应付利息

应付利息是指企业按照合同约定应支付的利息，包括短期借款利息、分期付息到期还本的长期借款和企业债券等应支付的利息。

应付利息的具体核算详见短期借款、长期借款和应付债券的核算。

10.1.9 应付股利

应付股利是指企业经股东大会或类似机构审议批准分配的现金股利或利润。这些现金股利或利润在实际支付前，形成企业的负债。

为核算企业对投资者分配的现金股利或利润情况，企业应设置"应付股利"账户。企业计算出应付给投资者的现金股利或利润时，借记"利润分配"账户，贷记"应付股利"账户；向投资者实际支付现金股利或利润时，借记"应付股利"账户，贷记"银行存款"等账户。

【例 10-15】 经股东大会表决通过，某房地产开发企业 2011 年度的利润分配方案为每 10 股派发 1.20 元的现金股利，该公司股本共 200 万股。编制会计分录如下：

（1）宣告发放现金股利时：

借：利润分配——应付现金股利或利润　　240 000
　　贷：应付股利　　　　　　　　　　　　　　　　240 000

（2）支付现金股利时：

借：应付股利　　　　　　　　　　　　　240 000
　　贷：银行存款　　　　　　　　　　　　　　　　240 000

10.1.10 其他应付款

其他应付款是指企业除应付票据、应付账款、预收账款、应付职工薪酬、应付利息、应付股利、应交税费等以外的其他各项偿还期限在 1 年以内的各种应付、暂收的款项。如应付租入固定资产和包装物的租金，存入保证金，应付的各种赔款、罚款，已从职工工资中扣除但尚未缴纳的由职工个人承担的社会保险费和住房公积金等。

为核算应付、暂收其他单位或个人的款项，企业应设置"其他应付款"账户。企业发生各种应付暂收款项时，借记"银行存款"、"管理费用"、"营业外支出"、"应付职工薪酬"等账户，贷记"其他应付款"账户。支付或退回有关款项时，借记"其他应付款"账户，贷记"银行存款"等账户。

【例 10-16】 某房地产开发企业 A 公司将一台设备出租给 B 公司，收取押金 2 万元，租期 3 个月。编制会计分录如下：

（1）收到押金时：

借：银行存款　　　　　　　　　　　　　20 000
　　贷：其他应付款　　　　　　　　　　　　　　　20 000

（2）3 个月后 A 公司交回设备，B 公司退还押金时：

借：其他应付款　　　　　　　　　　　　20 000
　　贷：银行存款　　　　　　　　　　　　　　　　20 000

（3）假设 3 个月后，B 公司未及时交还设备，4 个月后才交还。A 公司按租约规定扣除押金的 10% 作为罚款，其余押金退还给 B 公司：

借：其他应付款　　　　　　　　　　　　20 000
　　贷：营业外收入　　　　　　　　　　　　　　　2 000
　　　　银行存款　　　　　　　　　　　　　　　18 000

10.2　非流动负债

10.2.1 非流动负债的概念及特点

非流动负债是指偿还期在 1 年或者超过 1 年的一个营业周期以上的债务，主要包括长期借款、应付债券、长期应付款等。

非流动负债除了具有负债的基本特点外，与流动负债相比，还具有偿还期限长、可以分期偿还、债务金额较大等特点。

10.2.2 长期借款

1. 长期借款的概念

长期借款是指企业向银行或其他金融机构借入的期限在1年以上（不含1年）的各项借款。

2. 长期借款核算应设置的账户

为了核算长期借款的借入和归还情况，应设置"长期借款"账户。该账户为负债类账户，贷方登记借入的长期借款；借方登记已经归还的长期借款；期末余额在贷方，反映尚未偿还的长期借款。本账户可按贷款单位和贷款种类，分别"本金"、"利息调整"、"应计利息"等进行明细核算。

需要注意的是，分期付息到期还本的长期借款的利息，应通过"应付利息"账户进行核算；到期一次还本付息的长期借款的利息，应通过"长期借款——应计利息"账户进行核算。

3. 长期借款的账务处理

(1) 分期付息到期还本的长期借款的账务处理

1) 借入长期借款时，应按实际收到的金额借记"银行存款"账户，按借款本金贷记"长期借款——本金"账户。如存在差额，还应借记"长期借款——利息调整"账户。

2) 资产负债表日，应按长期借款的摊余成本和实际利率计算确定的利息费用，借记"在建工程"（固定资产投资借款，在固定资产尚未交付使用之前发生的利息）、"开发间接费用"（为房地产开发借入的长期借款，在开发产品完工之前的利息）、"财务费用"等账户；按长期借款本金和合同利率计算确定的应付未付利息，贷记"应付利息"账户；按其差额，贷记"长期借款——利息调整"账户。实际利率与合同利率差异较小的，也可以采用合同利率计算确定利息费用。

3) 每期支付利息时，借记"应付利息"账户，贷记"银行存款"账户。

4) 归还长期借款时，按归还的长期借款本金，借记"长期借款——本金"账户；按转销的利息调整金额，贷记"长期借款——利息调整"账户；按实际归还的款项，贷记"银行存款"账户；按借贷双方之间的差额，借记"在建工程"、"开发间接费用"、"财务费用"等账户。

(2) 到期一次还本付息的长期借款的账务处理

1) 借入长期借款时，应按实际收到的金额借记"银行存款"账户，按贷款本金贷记"长期借款——本金"账户。如存在差额，还应借记"长期借款——利息调整"账户。

2) 资产负债表日，应按长期借款的摊余成本和实际利率计算确定的利息费用，借记"在建工程"、"开发间接费用"、"财务费用"等账户；按长期借款本金和合同利率计算确定的应付未付利息，贷记"长期借款——应计利息"账户；按其差额，贷记"长期借款——利息调整"账户。实际利率与合同利率差异较小的，也可以采用合同利率计算确定利息费用。

3) 到期还本付息时，按归还的长期借款本金，借记"长期借款——本金"账户；按支付的利息，借记"长期借款——应计利息"账户；按转销的利息调整金额，贷记"长期借款——利息调整"账户；按实际归还的款项，贷记"银行存款"账户；按借贷双方之间的差额，借记"在建工程"、"开发间接费用"、"财务费用"等账户。

【例 10-17】 某房地产开发企业于 2009 年初向银行借入 240 万元期限为 3 年的借款，用于购建固定资产，借款年利率为 6%，每年末付息，到期一次归还本金。该固定资产于第 2 年年末建设完工并达到预定可使用状态。假定不考虑其他因素，编制会计分录如下：

(1) 取得借款时：

  借：银行存款   2 400 000
    贷：长期借款——本金   2 400 000

(2) 2009 年年末计算并支付利息时：

  借：在建工程   144 000
    贷：应付利息   144 000
  借：应付利息   144 000
    贷：银行存款   144 000

(3) 2010 年年末计算并支付利息时：

  借：在建工程   144 000
    贷：应付利息   144 000
  借：应付利息   144 000
    贷：银行存款   144 000

(4) 2011 年年末计算利息，并归还本金、支付 2011 年的利息时：

  借：财务费用   144 000
    贷：应付利息   144 000
  借：长期借款——本金   2 400 000
    应付利息   144 000
    贷：银行存款   2 544 000

【例 10-18】 承例 10-17，若该借款到期一次还本付息，其他情况不变。则编制会计分录如下：

(1) 取得借款时：

  借：银行存款   2 400 000
    贷：长期借款——本金   2 400 000

(2) 2009 年年末计算利息时：

  借：在建工程   144 000
    贷：长期借款——应计利息   144 000

(3) 2010 年年末计算利息时：

  借：在建工程   144 000
    贷：长期借款——应计利息   144 000

(4) 2011 年年末计算利息，并还本付息时：

  借：财务费用   144 000
    贷：长期借款——应计利息   144 000
  借：长期借款——本金   2 400 000
      ——应计利息   432 000

贷：银行存款　　　　　　　　　　　　2 832 000

10.2.3　应付债券

1. 应付债券的概念

　　应付债券是企业按照法定程序发行，约定在未来某一特定日期还本付息的一种有价证券。企业发行的期限在1年以上的债券，构成了一项非流动负债，按照付息方式的不同，可分为分期付息到期还本的债券和到期一次还本付息的债券两种。

　　债券的发行方式有三种，即面值发行、溢价发行、折价发行。

　　(1) 如果债券的票面利率与同期银行存款利率相同，则可以按照债券面值发行，这种发行方式称为面值发行。

　　(2) 假设其他条件不变，当债券的票面利率高于同期银行存款利率时，可以按照超过债券面值的价格发行，这种发行方式称为溢价发行。溢价发行表明企业要为以后各期多付利息而预先得到补偿，投资者要为以后各期多得利息而预先付出代价。

　　(3) 假设其他条件不变，当债券的票面利率低于同期银行存款利率时，可以按照低于债券面值的价格发行，这种发行方式称为折价发行。折价发行表明企业要为以后各期少付利息而预先付出代价，投资者要为以后各期少得利息而预先得到补偿。

　　溢价或折价是发行债券企业在债券存续期内对利息费用的一种调整。

　　利息调整应在债券存续期内采用实际利率法进行摊销。实际利率法，是指按照应付债券的实际利率计算其摊余成本以及各期利息费用的方法。实际利率，是指将应付债券在债券存续期间的未来现金流量，折现为该债券当前账面价值所使用的利率。

　　在实际利率法中，溢折价的摊销额是倒挤出来的。其计算方法如下：

　　(1) 按照摊余成本和实际利率计算的利息费用＝摊余成本×实际利率　　　(式10-4)

　　(2) 按照面值和票面利率计算的应付未付利息＝面值×票面利率　　　(式10-5)

　　(3) 在溢价发行的情况下，当期溢价的摊销额＝应付未付利息－利息费用　　　(式10-6)

　　(4) 在折价发行的情况下，当期折价的摊销额＝利息费用－应付未付利息　　　(式10-7)

　　其中，债券的摊余成本＝面值＋尚未摊销的溢价（或－尚未摊销的折价）。

2. 应付债券核算应设置的账户

　　为了核算债券的发行、利息的计提与支付、溢价与折价的摊销、债券的偿还情况，应设置"应付债券"账户。该账户为负债类账户，贷方登记发行债券的面值、发行时的债券溢价、按期计提的利息和摊销的债券折价；借方登记发行时的债券折价、按期摊销的债券溢价、到期偿还的债券本息；余额在贷方，反映企业尚未偿还的应付债券。该账户可按"面值"、"利息调整"、"应计利息"等明细账户进行核算。

　　需要注意的是，分期付息到期还本的债券的利息，应通过"应付利息"账户进行核算；到期一次还本付息的债券的利息，应通过"应付债券——应计利息"账户进行核算。

3. 应付债券的账务处理

　　(1) 分期付息到期还本的债券的账务处理

　　1) 发行债券时，按实际收到的款项，借记"银行存款"账户，按债券面值，贷记"应付债券——面值"账户；按实际收到的款项与面值之间的差额，贷记或借记"应付债券——利息调整"账户。

2) 资产负债表日，摊销利息调整时，按计算确定的利息费用，借记"在建工程"、"财务费用"等账户；按计算确定的应付未付利息，贷记"应付利息"账户；按其差额，借记或贷记"应付债券——利息调整"账户。

3) 每期支付利息时，借记"应付利息"账户，贷记"银行存款"账户。

4) 到期偿还本金并支付最后一期利息时，借记"应付债券——面值"、"应付利息"、"在建工程"、"财务费用"等账户；贷记"银行存款"账户；按借贷双方之间的差额，借记或贷记"应付债券—利息调整"账户。

(2) 到期一次还本付息的债券的账务处理

1) 发行债券时，按实际收到的款项，借记"银行存款"账户；按债券面值，贷记"应付债券——面值"账户；按实际收到的款项与面值之间的差额，贷记或借记"应付债券——利息调整"账户。

2) 资产负债表日，摊销利息调整时，按计算确定的利息费用，借记"在建工程"、"财务费用"等账户；按计算确定的应付未付利息，贷记"应付债券——应计利息"账户；按其差额，借记或贷记"应付债券——利息调整"账户。

3) 到期还本付息时，借记"应付债券——面值、应付利息"、"在建工程"、"财务费用"等账户，贷记"银行存款"账户；按借贷双方之间的差额，借记或贷记"应付债券—利息调整"账户。

【例 10-19】 某房地产开发企业于 2009 年 1 月 1 日发行 3 年期、每年末付息、到期一次还本、面值总额为 500 万元的债券，票面利率为 6%，款已收到并存入银行，假设实际利率也是 6%。发行债券用于购建固定资产，固定资产于 2010 年 6 月 30 日达到预定可使用状态。编制会计分录如下：

(1) 2009 年 1 月 1 日发行债券时：

借：银行存款　　　　　　5 000 000
　　贷：应付债券——面值　　　　5 000 000

(2) 2009 年年末计算利息费用并支付利息时：

借：在建工程　　　　　　300 000
　　贷：应付利息　　　　　　　　300 000
借：应付利息　　　　　　300 000
　　贷：银行存款　　　　　　　　300 000

(3) 2010 年 6 月 30 日计算利息费用时：

借：在建工程　　　　　　150 000
　　贷：应付利息　　　　　　　　150 000

(4) 2010 年年末计算利息费用并支付利息时：

借：财务费用　　　　　　150 000
　　贷：应付利息　　　　　　　　150 000
借：应付利息　　　　　　300 000
　　贷：银行存款　　　　　　　　300 000

(5) 2011 年年末计算利息费用时：

借：财务费用　　　　　　300 000

    贷：应付利息　　　　　　　　　　　　　　　　300 000
（6）2011年年末债券到期归还本金并支付最后一年利息时：
借：应付债券——面值　　5 000 000
　　应付利息　　　　　　　300 000
　　贷：银行存款　　　　　　　　　　　　　　5 300 000

【例10-20】 某房地产开发企业于2007年1月1日发行5年期、到期一次还本付息、面值总额为1 000万元的债券，票面利率为6%，实际利率为5%，已收到1 043.27万元并存入银行。则：

2007年年末确定利息费用和摊销利息调整时的相关计算为：

利息费用=10 432 700×5%=521 635（元）

应付未付利息=10 000 000×6%=600 000（元）

溢价的摊销额（利息调整的摊销）=600 000-521 635=78 365（元）

应付债券摊余成本=10 432 700-78 365=10 354 335（元）

2008年、2009年、2010年、2011年的有关计算同2007年。相关计算结果如表10-1所示。

利息费用一览表　　　　　　　单位：元　　表10-1

付息日期	应付未付利息	利息费用	摊销的利息调整	应付债券摊余成本
2007年1月1日				10 432 700.00
2007年12月31日	600 000.00	521 635.00	78 365.00	10 354 335.00
2008年12月31日	600 000.00	517 716.75	82 283.25	10 272 051.75
2009年12月31日	600 000.00	513 602.59	86 397.41	10 185 654.34
2010年12月31日	600 000.00	509 282.72	90 717.28	10 094 937.06
2011年12月31日	600 000.00	505 062.94*	94 937.06	10 000 000.00

*尾数调整。

根据表10-1的资料，编制会计分录如下：

（1）2007年1月1日发行债券时：

借：银行存款　　　　　　　　　　　　　　　　10 432 700.00
　　贷：应付债券——面值　　　　　　　　　　10 000 000.00
　　　　　　　　——利息调整　　　　　　　　　　432 700.00

（2）2007年年末计算利息费用时：

借：财务费用　　　　　　　　　　　　　　　　　　521 635.00
　　应付债券——利息调整　　　　　　　　　　　　　78 365.00
　　贷：应付债券——应计利息　　　　　　　　　　600 000.00

（3）2008年年末计算利息费用时：

借：财务费用　　　　　　　　　　　　　　　　　　517 716.75
　　应付债券——利息调整　　　　　　　　　　　　　82 283.25
　　贷：应付债券——应计利息　　　　　　　　　　600 000.00

（4）2009年年末计算利息费用时：

借：财务费用　　　　　　　　　　　　　　　　　　513 602.59

　　　　　应付债券——利息调整　　　　　　　　　　86 397.41
　　　　贷：应付债券——应计利息　　　　　　　　　　　　　　600 000.00
（5）2010 年年末计算利息费用时：
　　借：财务费用　　　　　　　　　　　　　　　509 282.72
　　　　应付债券——利息调整　　　　　　　　　　90 717.28
　　　　贷：应付债券——应计利息　　　　　　　　　　　　　　600 000.00
（6）2011 年年末计算利息费用时：
　　借：财务费用　　　　　　　　　　　　　　　505 062.94
　　　　应付债券——利息调整　　　　　　　　　　94 937.06
　　　　贷：应付债券——应计利息　　　　　　　　　　　　　　600 000.00
（7）2011 年年末债券到期归还本息时：
　　借：应付债券——面值　　　　　　　　　　10 000 000.00
　　　　　　　　——应计利息　　　　　　　　　3 000 000.00
　　　　贷：银行存款　　　　　　　　　　　　　　　　　　　13 000 000.00

10.2.4　长期应付款

1. 长期应付款的概念

长期应付款是指企业除长期借款和应付债券以外的其他各种长期应付款项，包括应付融资租入固定资产的租赁费、以分期付款方式购入固定资产发生的应付款项等。

2. 应付融资租入固定资产的租赁费

采用融资租赁方式租入的固定资产，应在租赁开始日，按租赁资产的公允价值与最低租赁付款额现值两者中较低者，加上初始直接费用，作为融资租入固定资产的入账价值，借记"固定资产"等账户；按最低租赁付款额，贷记"长期应付款"账户；按发生的初始直接费用，贷记"银行存款"等账户；按其差额，借记"未确认融资费用"账户。

未确认融资费用应当在租赁期内各个期间进行分摊，企业应当采用实际利率法计算确认当期的融资费用。

3. 具有融资性质的延期付款购买资产

企业购买资产有可能延期支付有关价款。如果延期支付的购买价款超过正常信用条件，实质上具有融资性质的，所购资产的成本应当以延期支付购买价款的现值为基础确定。实际支付的价款与购买价款的现值之间的差额，应当在信用期间内采用实际利率法进行摊销，计入相关资产成本或当期损益。具体来说，企业购入资产超过正常信用条件延期付款实质上具有融资性质时，应按购买价款的现值，借记"固定资产"、"在建工程"等账户；按应支付的价款总额，贷记"长期应付款"账户；按其差额，借记"未确认融资费用"账户。

练习题

习题一

一、目的：练习短期借款的核算。

二、资料：某企业于某年 4 月 1 日向银行借入期限为 3 个月的短期借款 60 万元，年利率 5%，款项已存入银行。

三、要求：(1) 若该借款到期一次还本付息，根据上述经济业务编制会计分录。(2) 若该借款利息按月支付，到期还本，根据上述经济业务编制会计分录。

习题二

一、目的：练习应付款项的核算。

二、资料：某房地产开发企业甲公司 10 月发生下列经济业务。

1. 9 月 8 日从乙公司购入材料一批，价款 50 万元，增值税率 17%。材料采用实际成本法核算，已经验收入库，货款暂欠。

2. 9 月 20 日持期限 3 个月面值 58.5 万元的商业汇票向银行申请承兑，支付承兑手续费 292.5 元。

3. 9 月 20 日将上述银行承兑汇票交付乙公司抵付材料款。

4. 12 月 20 日汇票到期支付票款。

三、要求：根据上述经济业务编制会计分录。

习题三

一、目的：练习应付职工薪酬的核算。

二、资料：某房地产开发企业 6 月发生如下与职工薪酬有关的业务：

1. 某上海房地产开发公司 2012 年 2 月应发工资为 100 万元，其中，商品房开发现场管理人员工资 20 万元，公司行政管理人员工资 50 万元，公司专设销售机构人员工资 30 万元。根据上海市有关规定，分别按照工资总额的 12%、22%、2% 和 7% 计提医疗保险费、养老保险费、失业保险费和住房公积金。公司预计 2011 年应承担的职工福利费义务金额为职工工资总额的 3.5%，职工福利的受益对象为上述所有人员。公司分别按照职工工资总额的 2% 和 1.5% 计提工会经费和职工教育经费。

2. 分别按照工资总额的 2%、8%、1% 和 7%，从职工薪酬中扣除应由职工个人缴纳的医疗保险费、养老保险费、失业保险费和住房公积金，代扣职工个人所得税 35 000 元，将实发工资通过银行转账支付给职工。

3. 将公司和个人负担的社会保险费和住房公积金分别转账缴纳给社会保险经办机构和住房公积金管理机构。

4. 转账缴纳职工的个人所得税。

5. 以现金支付职工李某因公负伤赴外地就医的路费 3 000 元。

6. 报销职工的培训费用 2 000 元。

7. 为总经理免费提供一套住房使用，住房每月折旧额 8 000 元。

三、要求：根据上述经济业务编制会计分录。

习题四

一、目的：练习长期借款的核算。

二、资料：某房地产开发企业于 2011 年年初向银行借款人民币 100 万元，2 年到期，年利率 5%。该借款用于固定资产的建造，该项固定资产 2011 年年末完工交付使用。

三、要求：

1. 若该借款每年末付息，到期还本，根据上述经济业务编制会计分录。

2. 若该借款到期一次还本付息，根据上述经济业务编制会计分录。

习题五

一、目的：练习应付债券的核算。

二、资料：某房地产开发企业于 2008 年 1 月 1 日发行 5 年期、到期一次还本付息、面值总额为 200 万元的债券，票面利率为 10%，实际利率为 8%，已收到 215.97 万元并存入银行，发行债券所筹资金用于企业日常的经营活动。

三、要求：根据上述经济业务编制会计分录（单位保留至元）。

11 所有者权益

11.1 所有者权益概述

11.1.1 所有者权益的概念

所有者权益是指所有者在企业资产中享有的经济利益,又称产权或净资产。其金额为资产减去负债后的余额。

任何企业取得资产的渠道主要有以下两个:一是由投资者投入,二是由债权人提供。两者都向企业提供了资产,因而他们对企业资产也就有了相应的要求权,这种要求权被称为权益。债权人对企业资产的要求权称为债权人权益,形成企业的负债,投资者对企业资产的要求权称为所有者权益,形成企业的所有者权益。因此,就形成了"资产=负债+所有者权益"这一会计恒等式。但是,所有者权益与债权人权益(负债)之间又存在一定的区别,主要表现在:

(1) 所有者权益不需要偿还,除非发生减资、清算。而负债通常都有约定的偿还日期。

(2) 所有者享有参与企业经营决策以及收益分配的权益。同时,也承担了企业债务、经营亏损等风险责任。而债权人只享有按期收回利息和本金的权利,无需承担企业经营活动的风险责任,债权人所承担的财务风险要小于所有者。

(3) 在企业破产清算时,债权人对企业资产的要求权优先于所有者的要求权,即企业的资产只有在清偿所有的负债后,才能按规定在所有者之间进行分配。

11.1.2 所有者权益的组成内容

企业的所有者权益主要有以下几个部分组成:

1. 投入资本。包括国家、其他单位、个人对企业的各种投资。
2. 资本公积。包括资本溢价(或股本溢价)和直接计入所有者权益的利得和损失等。
3. 盈余公积。是从税后利润中提取的具有特定用途的资金,包括法定盈余公积和任意盈余公积。
4. 未分配利润。是企业税后利润分配后的剩余部分。

11.2 实收资本

11.2.1 实收资本概述

1. 实收资本的概念

企业要进行经营,必须有一定的资本积累,这笔资本积累就是企业的资本金。我国

《企业法人登记管理条例》规定，企业申请开业，必须具有符合国家规定并与其生产经营和服务规模相适应的注册资本。资本金就是企业在工商行政管理部门登记的注册资金。企业筹集的资本金主要有国家资本金、法人资本金、个人资本金、外商资本金。

实收资本是企业根据国家有关规定和合同、协议约定，实际收到投资人作为资本投入到企业中的各种资产的价值，是企业注册登记的法定资本总额的来源。投资者的出资比例也是企业向投资者进行利润分配的主要依据。我国目前实行的是注册资本制度，要求企业的实收资本与注册资本一致。我国企业法人登记管理条例规定，除国家另有规定外，企业的实收资本应当与注册资本相一致。企业的实收资本比原注册资本数额增减超过20%时，应持资金使用证明或者验资证明，向原登记主管机关申请变更登记。

投资者可以用货币出资，也可以用实物、知识产权、土地使用权等可用货币估价并能依法转让的非货币资产作价出资。对作为出资的非货币资产应当评估作价，不得高估或低估作价。法律、行政法规对评估作价有规定的，从其规定。有限责任公司全体投资者的货币出资金额不得低于其注册资本总额的30%。

2. 实收资本的范围

一般而言，投资者投入企业的资金应构成实收资本。但在某些情况下，投资者投入企业的资金并不全部构成实收资本。投资者投入的资金，只有按投资比例计算的部分，才作为实收资本，超过按投资比例计算的部分应作为资本溢价或股本溢价单独核算，不作为实收资本核算。如有限责任公司在增加注册资本时，新加入的投资者缴纳的出资额超过按约定比例计算的其在注册资本中所占的份额部分，应作为资本溢价，计入"资本公积"账户。股份有限公司溢价发行股票取得的超过面值的股票溢价收入应作为股本溢价，计入"资本公积"账户。

11.2.2 实收资本的核算

由于组织形式不同，所有者投入资本的会计核算方法也有所不同。企业组织形式有独资企业、合伙企业、有限责任公司、国有独资公司和股份有限公司。除股份有限公司对股东投入资本应设置"股本"账户外，其余企业均设置"实收资本"账户，核算企业实际收到的投资者投入的资本。

1. 一般企业实收资本的核算

这里的一般企业是指除股份有限公司以外的其他类型企业。为核算投资者投入资本的增减变动情况，企业应设置"实收资本"账户。该账户为所有者权益类账户，贷方登记企业实际收到投资者投入的资本数额以及以资本公积金和盈余公积金转增的资本数额；借方登记按法定程序批准减少的资本数额。期末贷方余额反映投资者实际投入企业的资本额。本账户应按投资人设置明细账，进行明细分类核算。

实收资本账务处理方法如下：

（1）企业收到投资者以货币资金、实物资产、无形资产投入的资本时，应按实际收到的金额或投资各方确认的价值，借记"银行存款"、"库存现金"、"固定资产"、"原材料"、"库存商品"、"无形资产"等有关资产账户，贷记"实收资本"账户。有限责任公司在增加注册资本时，如有新投资者加入，应按其缴纳的出资额，借记"银行存款"等有关资产账户；按其在企业注册资本中所占的份额部分，贷记"实收资本"账户；出资额大于其在注册资本中所占的份额部分，贷记"资本公积"账户。

（2）企业收到投资者投入的外币时，无论是否有合同约定汇率，均采用交易日即期汇率折算。企业应按收到外币当日的即期汇率折合的人民币金额，借记"银行存款"账户，贷记"实收资本"账户。

（3）企业用资本公积、盈余公积转增资本时，借记"资本公积"、"盈余公积"账户，贷记"实收资本"账户。需要注意的是，资本公积和盈余公积转为实收资本时，企业如为独资企业，直接结转即可；如为有限责任公司，应按原投资者所持股份同比例增加各股东的股权。

（4）企业将重组债务转为资本的，应按重组债务的账面余额，借记"应付账款"等账户；按债权人因放弃债权而享有本企业股份的面值总额，贷记"实收资本"账户；按股份的公允价值总额与相应的实收资本之间的差额，贷记或借记"资本公积——资本溢价"账户；按其差额，贷记"营业外收入——债务重组利得"账户。

（5）以权益结算的股份支付换取职工或其他方提供服务的，应在行权日，按实际行权情况确定的金额，借记"资本公积——其他资本公积"账户；按应记入实收资本的金额，贷记"实收资本"账户。

（6）企业因资本过剩等原因，按法定程序报经批准减少注册资本的，借记"实收资本"账户，贷记"库存现金"、"银行存款"等账户。

【例 11-1】 某企业收到国家以货币资金投入的资本 90 万元，已存入银行。编制会计分录如下：

借：银行存款　　　　　　　　　　　　　　　　　　900 000
　　贷：实收资本——国家资本金　　　　　　　　　　　　900 000

【例 11-2】 某新建企业由甲、乙、丙三个企业各投资 100 万元，甲企业以银行存款投资 100 万元；乙企业投资 30 万元专利权，另 70 万元以原材料投入；丙企业以 100 万元的设备作为投资。编制会计分录如下：

借：银行存款　　　　　　　　　　　　　　　　　1 000 000
　　无形资产　　　　　　　　　　　　　　　　　　300 000
　　原材料　　　　　　　　　　　　　　　　　　　700 000
　　固定资产　　　　　　　　　　　　　　　　　1 000 000
　　贷：实收资本——法人资本金（甲）　　　　　　　1 000 000
　　　　　　　——法人资本金（乙）　　　　　　　1 000 000
　　　　　　　——法人资本金（丙）　　　　　　　1 000 000

【例 11-3】 某企业收到某外商投入的外币资本 100 000 美元，合同未约定汇率，收到出资额当日的市场汇率为 1 美元 = 6.42 元人民币。编制会计分录如下：

借：银行存款——美元户（100 000×6.42）　　　　　642 000
　　贷：实收资本——外商资本金　　　　　　　　　　　642 000

【例 11-4】 某企业因资本过剩，经批准减少注册资本 50 万元，以银行存款支付。编制会计分录如下：

借：实收资本　　　　　　　　　　　　　　　　　　500 000
　　贷：银行存款　　　　　　　　　　　　　　　　　　500 000

2. 股份有限公司股本的核算

为了核算股东投入企业的股本,股份有限公司应设置"股本"账户,企业应将核定的股本总额、股份总数、每股面值,在股本账户中作备查记录。该账户为所有者权益类账户,贷方登记在核定的股份总额范围内实际发行的股票面值总额,借方登记公司按照法定程序经批准减少的股本总额,期末贷方余额表示公司实有的股本数额。本账户应按股东单位或姓名设置明细账。

股份有限公司股本的账务处理方法如下:

(1) 股份有限公司股票的发行价格有面值发行、溢价发行和折价发行三种。我国不允许企业折价发行股票,主要是为了与目前的注册资本制度相符,以稳定股份有限公司的财产基础。发行股票时,按实际收到的金额,借记"银行存款"等账户;按每股面值与核定的股份总额计算的股票面值总额,贷记"股本"账户;差额部分在扣除发行手续费、佣金等发行费用后记入"资本公积——股本溢价"账户的贷方。

(2) 股份有限公司采取发放股票股利的方式增资时,应按实际发放的股票股利数,借记"利润分配——转作股本的普通股股利"账户,贷记"股本"账户。

(3) 股份有限公司用资本公积、盈余公积转增股本时,按转增的金额,借记"资本公积"、"盈余公积"账户,贷记"股本"账户。转增股本时,应按原股东所持股份同比例增加各股东的股权。

(4) 股份有限公司发行的可转换公司债券按规定转为股票时,按可转换公司债券的余额,借记"应付债券——可转换公司债券(面值、利息调整)"账户;按其权益成分的金额,借记"资本公积——其他资本公积"账户;按股票面值和转换的股数计算的股票面值总额,贷记"股本"账户;按其差额,贷记"资本公积——股本溢价"账户。

(5) 企业将重组债务转为资本的,应按重组债务的账面余额,借记"应付账款"等账户,按债权人因放弃债权而享有本企业股份的面值总额,贷记"股本"账户,按股份的公允价值总额与相应的股本之间的差额,贷记或借记"资本公积——股本溢价"账户,按其差额,贷记"营业外收入——债务重组利得"账户。

(6) 以权益结算的股份支付换取职工或其他方提供服务的,应在行权日,按实际行权情况确定的金额,借记"资本公积——其他资本公积"账户;按应记入股本的金额,贷记"股本"账户。

(7) 股份有限公司采用收购本公司股票的方式减资的,由于回购股票的价格可能与股票面值不同,会计处理比较复杂,在此不作具体介绍。

(8) 股份有限公司发行股票所支付的手续费、佣金等发行费用,从溢价款中抵消;无溢价或溢价不够支付的部分,应直接计入当期损益。

【例 11-5】 某股份有限公司委托某证券公司代理发行普通股 1 000 万股,每股面值 1 元,每股发行价格 5 元。支付证券公司发行费用 100 万元,从发行收入中扣除。发行完毕,股款已收到并存入银行。

实际收到股款 = 1 000×5−100 = 4 900(万元)

应记入"股本"账户的金额 = 1 000×1 = 1 000(万元)

应记入"资本公积"账户的金额 = (5−1)×1 000−100 = 3 900(万元)

编制会计分录如下:

```
借：银行存款                                49 000 000
    贷：股本                                10 000 000
        资本公积                            39 000 000
```

【例 11-6】 某股份有限公司经股东大会批准，用资本公积 300 万元、法定盈余公积 200 万元转增普通股股本 500 万元，已按规定办理增资手续。编制会计分录如下：

```
借：资本公积                                 3 000 000
    盈余公积                                 2 000 000
    贷：股本                                 5 000 000
```

11.3 资本公积

11.3.1 资本公积概述

资本公积是指由投资者或其他单位及个人投入到企业，所有权归属于投资者，但不能作为实收资本（或股本）的那部分资本或者资产。资本公积主要包括资本溢价（或股本溢价）和其他资本公积。

资本溢价是指投资者实际缴付的出资额超过其在注册资本中所占份额的部分。股本溢价是股份有限公司溢价发行股票时实际收到的款项超过股票面值总额的差额。

其他资本公积是指除资本溢价（或股本溢价）项目以外所形成的资本公积，主要包括直接计入所有者权益的利得和损失。直接计入所有者权益的利得和损失是指不应计入当期损益、会导致所有者权益发生增减变动的、与所有者投入资本或者向所有者分配利润无关的利得和损失。主要由以下交易或事项引起：①采用权益法核算长期股权投资，由于被投资单位除净损益以外所有者权益的其他变动，投资企业按持股比例计算应享有的份额。②以权益结算的股份支付换取职工或其他方提供服务，按规定形成的资本公积。③自用房地产或作为存货的房地产转换为采用公允价值模式计量的投资性房地产，按规定形成的资本公积。④可供出售金融资产公允价值变动形成的资本公积。⑤金融资产的重分类形成的资本公积。

资本公积是企业的一种准资本，其用途主要是用于转增资本（或股本）。资本公积与盈余公积有本质区别，盈余公积是企业实现净利润的转化形式，而资本公积不是由企业实现的净利润转化而来，而是投资者投入的资本金额中超过注册资本部分的资本以及其他单位和个人投入的不能够成为实收资本的资产的转化形式。因此，从本质上讲，资本公积应属于投入资本的范畴。资本公积与实收资本虽然都属于投入资本范畴，但两者又有区别。实收资本是投资者投入、为谋求价值增值的原始投资，属于企业的法定资本，应与企业的注册资本相一致，因此，实收资本无论是在来源上还是金额上，都有比较严格的限制。资本公积在金额上并没有严格的限制，来源上也多样化，可以来源于投资者投入的资本（或股本）溢价，也可以来源于其他交易或事项。

11.3.2 资本公积的核算

为了核算资本公积的增减变动及其结存情况，企业应设置"资本公积"账户。该账户为所有者权益类账户，贷方登记不同来源形成的资本公积，借方登记按规定用途转增资本（或股本）而减少的资本公积，期末贷方余额表示企业资本公积的结余数额。在"资本公积"账户下，应设置"资本溢价"、"股本溢价"、"其他资本公积"等明细账户，进行明细分类核算。

1. 资本溢价或股本溢价的核算

（1）资本溢价的核算

资本溢价是指投资者实际缴付的出资额超过其在注册资本中所占份额的部分。就一般企业而言，在企业创立时，出资者认缴的出资额全部计入"实收资本"账户。在企业重组并有新的投资者加入时，为了维护原有投资者的权益，新加入的投资者的出资额并不一定全部作为实收资本处理。因为在企业正常经营过程中投入的资金即使与企业创立时投入的资金在数量上一致，但由于出资时间不同，其对企业的影响程度不同，企业从创立到投资回报，创立者付出了一定的代价，由此而带给投资者的权力也不同，往往前者大于后者。所以，新加入的投资者要付出大于原有投资者的出资额，才能取得与原投资者相同的比例。另外，企业生产经营过程中实现利润的一部分留在企业，形成留存收益，如果新的投资者加入，则将与原有投资者共享这部分留存收益。因此，为补偿原有投资者的权益损失，新加入的投资者也应付出大于原有投资者的出资额。

投资者实际缴付出资额时，按其在企业注册资本中所占有的份额，贷记"实收资本"账户。投资者实际缴付的出资额超过其在企业注册资本中所占的份额部分，作为资本溢价，记入"资本公积"账户的贷方。

【例11-7】某有限责任公司由甲、乙两位股东各自出资100万元而设立，设立时的实收资本为200万元。经过2年的经营，公司的留存收益为50万元，这时又有丙投资者有意加入该公司，并表示愿意出资130万元而仅占该企业股份的1/3。编制会计分录如下：

借：银行存款　　　　　　　　　　　　　　　1 300 000
　　贷：实收资本　　　　　　　　　　　　　　1 000 000
　　　　资本公积　　　　　　　　　　　　　　　 300 000

（2）股本溢价的核算

股本溢价是股份有限公司溢价发行股票时实际收到的款项超过股票面值总额的差额。股份有限公司是以发行股票的方式筹集股本的，股票是企业签发的证明股东按其所持股份享有权利和承担义务的书面证明。股票可以按面值发行，也可以溢价发行，我国目前不允许折价发行。股份有限公司的股本总额应按股票面值与股票总数的乘积计算。国家规定，实收股本总额应与注册资本相符。在溢价发行股票的情况下，企业发行股票取得的收入，相当于股票面值部分计入"股本"账户的贷方；超过股票面值的溢价收入在扣除发行股票支付的手续费、佣金等发行费用后，计入"资本公积"账户的贷方。在按面值发行的情况下，企业没有溢价收入，应将发行收入全部计入"股本"账户的贷方，支付的股票发行费用应直接列入当期损益。

股本溢价的会计处理可参看本章例11-5。

2. 其他资本公积的核算

（1）采用权益法核算的长期股权投资

投资企业采用权益法核算长期股权投资时，对于被投资单位除净损益以外所有者权益的其他变动，在持股比例不变的情况下，投资企业应按其在被投资企业中的持股比例计算应享有的份额，相应调整长期股权投资的账面价值，同时增加或减少资本公积。如果是利得，应当增加长期股权投资和资本公积，借记"长期股权投资——其他权益变动"账户，贷记"资本公积——其他资本公积"账户；如果是损失，应当作相反的分录。当处置采用权益法核算的长期股权投资时，应当将原记入资本公积的相关金额转入投资收益。

（2）以权益结算的股份支付换取职工或其他方提供服务，按规定形成的资本公积

企业以权益结算的股份支付换取职工或其他方提供服务的，应按照确定的金额，借记"管理费用"等账户，贷记"资本公积——其他资本公积"账户。在行权日，应按实际行权的权益工具数量计算确定的金额，借记"资本公积——其他资本公积"账户；按记入实收资本或股本的金额，贷记"实收资本"或"股本"账户；按其差额，借记或贷记"资本公积——资本溢价"或"资本公积——股本溢价"账户。

（3）将自用房地产或作为存货的房地产转换为投资性房地产

企业将自用房地产转换为采用公允价值模式计量的投资性房地产时，应按该项房地产在转换日的公允价值，借记"投资性房地产——成本"账户；原已计提减值准备的，借记"固定资产减值准备"账户；按已计提的累计折旧，借记"累计折旧"账户，按其账面余额，贷记"固定资产"账户；转换日的公允价值大于账面价值的差额，贷记"资本公积——其他资本公积"账户；转换日的公允价值小于账面价值的差额，借记"公允价值变动损益"账户。

企业将作为存货的房地产转换为采用公允价值模式计量的投资性房地产时，应按该项作为存货的房地产在转换日的公允价值，借记"投资性房地产——成本"账户；原已计提跌价准备的，借记"存货跌价准备"账户；按其账面余额，贷记"开发产品"账户；转换日的公允价值大于账面价值的差额，贷记"资本公积——其他资本公积"账户；转换日的公允价值小于账面价值的差额，借记"公允价值变动损益"账户。

待该项投资性房地产处置时，因转换记入资本公积的部分应转入当期的其他业务收入，借记"资本公积——其他资本公积"账户，贷记"其他业务收入"账户。

（4）可供出售金融资产公允价值的变动

可供出售金融资产公允价值变动形成的利得，借记"公允价值变动损益"账户，贷记"资本公积——其他资本公积"账户。公允价值变动形成的损失，做相反的分录。

（5）金融资产的重分类

企业将持有至到期投资重分类为可供出售金融资产，并以公允价值进行后续计量的，在重分类日，该项投资的账面价值与其公允价值之间的差额记入"资本公积——其他资本公积"账户的借方或贷方，在该可供出售金融资产发生减值或终止确认时转出，计入当期损益。

按照金融工具确认和计量的规定，应当以公允价值计量，但以前公允价值不能可靠计量的可供出售金融资产，企业应当在其公允价值能够可靠计量时改按公允价值计量，将相关账面价值与公允价值之间的差额记入"资本公积——其他资本公积"账户，在其发生减值或终止确认时转出差额，计入当期损益。

3. 资本公积转增资本（或股本）的核算

企业形成的资本公积，按照规定程序，可以转增资本或股本。按照《公司法》的规

定，法定公积金（资本公积和盈余公积）转为资本或股本时，所留存的该项公积金不得少于转增前公司注册资本的 25%。资本公积转增资本（或股本）时，借记"资本公积"账户，贷记"实收资本"或"股本"账户。并按转增资本（或股本）前的投资比例，在实收资本（或股本）明细账中相应增加各投资者的实收资本（或股本）数额。

【例 11-8】 某企业经批准将资本公积 200 万元转增资本，已按法定程序办妥转增手续。编制会计分录如下：

借：资本公积　　　　　　　　　　　　　　　　　　　　2 000 000
　　贷：实收资本　　　　　　　　　　　　　　　　　　　　2 000 000

11.4　盈余公积

11.4.1　盈余公积概述

1. 盈余公积的内容

盈余公积是指企业按照规定从税后利润中提取的各种积累资金。企业的盈余公积分为法定盈余公积和任意盈余公积。

法定盈余公积是指企业按照规定比例从净利润中提取的盈余公积。根据公司法规定，公司制企业（有限责任公司、股份有限公司）的法定盈余公积按照税后利润的 10% 提取，非公司制企业也可按照超过 10% 的比例提取。当计提的法定盈余公积累计额达到注册资本的 50% 以上时，可以不再提取。

任意盈余公积是指企业经股东大会或类似机构批准，按照规定比例从净利润中提取的盈余公积。任意盈余公积的提取不具有强制性，公司制企业和非公司制企业可自行决定提取，可提也可不提，可以多提也可以少提。

2. 盈余公积的用途

法定盈余公积和任意盈余公积的用途主要包括以下三个方面：

（1）弥补亏损。企业发生亏损，应由企业自行弥补，弥补亏损的渠道主要有：1）用以后年度税前利润弥补。根据规定，企业发生亏损，可以用发生亏损后五年内实现的税前利润弥补，即用税前利润弥补亏损的期限为五年。2）用以后年度税后利润弥补。发生的亏损在五年内仍不足弥补的，尚未弥补的亏损应用交纳所得税后的利润弥补。3）用盈余公积弥补。用盈余公积弥补亏损应当由公司董事会提议，并经股东大会批准。

（2）转增资本（或股本）

当提取的盈余公积累积较多时，经股东大会或类似机构批准，可以用盈余公积转增资本（或股本），转增资本时，应按股东原有持股比例结转。股份有限公司可采用派送新股的方法增加股本。按照《公司法》的规定，法定公积金（资本公积和盈余公积）转为资本或股本时，所留存的该项公积金不得少于转增前公司注册资本的 25%。

（3）扩大企业生产经营

企业提取盈余公积，并不是单独将这部分资金从企业资金周转过程中抽出，实际上，企业提取的盈余公积是企业生产经营资金的一项来源，其形成的资金可表现为一定的货币资金和实物资产，随同企业的其他来源所形成的资金进行循环周转，用于企业的生产经营。

11.4.2 盈余公积的核算

为了核算盈余公积的提取和使用情况，企业应设置"盈余公积"账户。该账户为所有者权益类账户，贷方登记企业按规定提取的各项盈余公积的数额，借方登记企业因弥补亏损、转增资本（或股本）、分配现金股利或利润而减少的盈余公积数额，期末贷方余额表示企业盈余公积的结存数。在本账户下应设置"法定盈余公积"、"任意盈余公积"等明细账户。

盈余公积的账户处理方法如下：

1. 企业提取盈余公积时，借记"利润分配——提取法定盈余公积"、"利润分配——提取任意盈余公积"账户，贷记"盈余公积——法定盈余公积"、"盈余公积——任意盈余公积"账户。

2. 企业用盈余公积弥补亏损时，应借记"盈余公积"账户，贷记"利润分配——盈余公积补亏"账户。

3. 企业用盈余公积转增资本（或股本）时，按实际转增金额，借记"盈余公积"账户，贷记"实收资本"或"股本"账户。

【例11-9】 某企业某年度实现税后利润50万元，分别按税后利润的10%、5%提取法定盈余公积和任意盈余公积。编制会计分录如下：

借：利润分配——提取法定盈余公积　　　　　　　　　　50 000
　　　　　　——提取任意盈余公积　　　　　　　　　　25 000
　贷：盈余公积——法定盈余公积　　　　　　　　　　　50 000
　　　　　　——任意盈余公积　　　　　　　　　　　　25 000

【例11-10】 企业经股东大会批准用法定盈余公积15万元弥补以前年度亏损。编制会计分录如下：

借：盈余公积——法定盈余公积　　　　　　　　　　　150 000
　贷：利润分配——盈余公积补亏　　　　　　　　　　　150 000

【例11-11】 企业经批准，用法定盈余公积200万元转增资本。编制会计分录如下：

借：盈余公积——法定盈余公积　　　　　　　　　　2 000 000
　贷：实收资本　　　　　　　　　　　　　　　　　　2 000 000

需要说明的是，外商投资企业按净利润的一定比例提取的储备基金、企业发展基金、职工奖励及福利基金，应借记"利润分配——提取储备基金"、"利润分配——提取企业发展基金"、"利润分配——提取职工奖励及福利基金"账户，贷记"盈余公积——储备基金"、"盈余公积——企业发展基金"、"应付职工薪酬"账户。

11.5 未分配利润

11.5.1 未分配利润的概念

未分配利润是企业留待以后年度进行分配的结存利润，也是企业所有者权益的组成部分。从数量上来说，未分配利润是期初未分配利润，加上本期实现的税后利润，减去提取的各种盈余公积和分配利润后的余额。

11.5.2 未分配利润的核算

未分配利润是通过"利润分配"账户进行核算的。"利润分配"账户应当分别设置"提取法定盈余公积"、"提取任意盈余公积"、"应付现金股利或利润"、"转作股本的股利"、"盈余公积补亏"、"未分配利润"等明细账户进行明细核算。为了反映企业历年累积的未分配利润情况，企业应在"利润分配"账户下设置"未分配利润"明细账户。在会计期末，企业应将在生产经营过程中取得的收入和发生的成本费用都归集到"本年利润"账户下，计算出净利润（或净亏损）。年度终了，企业应将全年实现的净利润，从"本年利润"账户的借方转入"利润分配——未分配利润"账户的贷方，应借记"本年利润"账户，贷记"利润分配——未分配利润"账户。如发生亏损，则作相反分录。同时，将"利润分配"账户下的其他各明细账户（提取法定盈余公积、提取任意盈余公积、应付现金股利或利润、转作股本的股利、盈余公积补亏等）的余额转入"未分配利润"明细账户。结转后，"利润分配——未分配利润"明细账户的贷方余额就是未分配利润的数额，如为借方余额，则表示未弥补的亏损数额。"利润分配"账户所属的其他明细账户应无余额。

练习题

习题一

一、目的：练习投入资本和资本公积的核算。

二、资料：

1. 某有限责任公司由 A、B 两企业各投资 150 万元而设立。A 企业以 20 万元商标权及 130 万元的现金作为投资，已办妥有关手续，款项已存入银行。B 企业则以 150 万元的机械设备作为投资。机械设备已验收并交付使用。

2. 某股份有限公司委托某证券公司代理发行普通股 2 000 万股，每股面值 1 元，每股发行价 5.5 元。该证券公司按承销协议收取发行费用 220 万元，从发行收入中扣除。其余发行收入已存入股份公司的银行存款账户。

3. 某股份有限公司经股东大会批准，以资本公积 700 万元转增资本，已办理增资手续。

三、要求：根据上述经济业务编制会计分录。

习题二

一、目的：练习盈余公积的核算。

二、资料：某企业某年度有关盈余公积的经济业务如下：

1. 分别按税后利润 126 万元的 10% 和 5% 提取法定盈余公积和任意盈余公积。

2. 经批准，企业以法定盈余公积 100 万元转增资本。已办妥转增手续。

三、要求：根据上述经济业务编制会计分录。

习题三

一、目的：练习未分配利润的核算。

二、资料：某房地产企业 2005 年度发生亏损 50 万元，2006 年、2007 年、2008 年、2009 年、2010 年实现税前利润分别为 6 万元、10 万元、5 万元、8 万元、12 万元。2011 年实现税前利润 15 万元，无其他纳税调整事项，所得税率 25%。

三、要求：

1. 编制有关会计分录。
2. 计算 2011 年年末未分配利润数额。

12 开发产品成本

12.1 开发产品成本概述

房地产开发企业在开发经营过程中发生的各种耗费，统称为开发经营费用。而其中为某个特定开发项目所发生的各种费用，应将它对象化，计入各开发项目的成本，称为开发产品成本。开发产品成本按其用途，分为土地开发成本、房屋开发成本、配套设施开发成本以及代建工程开发成本。

12.1.1 开发产品成本的核算对象

开发产品成本的核算对象，就是在开发产品成本的计算过程中，为归集和分配费用而确定的费用承担者。房地产开发企业应结合开发工程的地点、用途、结构、装修、层高、施工队伍等因素，确定成本核算对象。

（1）一般的开发项目，应以每一独立编制的设计概（预）算，或每一独立的施工图预算所列的单项工程作为一个成本核算对象。

（2）同一开发地点、结构类型相同的群体开发项目，如果开工、竣工时间相近，又由同一施工队伍施工，可以合并为一个成本核算对象。

（3）对个别规模较大、工期较长的开发项目，可以结合经济责任制的需要，按开发项目的一定区域或部位划分成本核算对象。

12.1.2 开发产品成本的成本项目

开发产品成本按照经济用途可以分为六个成本项目：

（1）土地征用及拆迁补偿费或批租地价。指因开发房地产项目征用土地所发生的各项费用，包括土地征用费、耕地占用税、劳动力安置费以及原有建筑物的拆迁补偿费，或采用批租方式取得土地的批租地价。

（2）前期工程费。指房地产开发项目在开发前发生的规划、设计、项目可行性研究以及水文地质勘察、测绘、"三通一平"（即通水、通电、通道路和平整场地）等费用。

（3）基础设施费。指房地产开发项目在开发过程中发生的供水、供电、供气、排污、排洪、通讯、照明、绿化、环卫设施以及道路等基础设施费用。

（4）建筑安装工程费。指房地产开发项目在开发过程中发生的各项建筑安装工程费和设备费。

（5）配套设施费。指在开发小区内发生，可计入土地、房屋开发成本的不能有偿转让的公共配套设施费用，如锅炉房、水塔、居委会、派出所、儿童乐园、消防、自行车棚、公厕等设施支出。

(6) 开发间接费。指房地产开发企业内部独立核算单位及开发现场管理机构,为组织管理开发项目的开发建设而发生的费用,包括现场管理机构人员的薪酬、折旧费、修理费、办公费、水电费、保险费、劳动保护费、资本化利息支出和周转房摊销等。

12.1.3 开发产品成本核算应设置的账户

(1) "开发成本"账户。该账户为成本类账户,用来核算房地产项目开发过程中所发生的各项费用。借方登记成本核算对象所发生的费用,若为直接费用,直接计入本账户;若为间接费用,则先在"开发间接费用"账户进行归集,月末再按一定的分配标准分配计入有关的成本核算对象。贷方登记结转已开发完成竣工验收的开发项目的实际成本。期末借方余额反映在建开发项目的实际成本。本账户应按开发成本的种类设置明细账,如"土地开发成本"、"房屋开发成本"、"配套设施开发成本"和"代建工程开发成本",并在明细账下,按成本核算对象和成本项目进行明细核算。

(2) "开发间接费用"账户。该账户为成本类账户,用来核算房地产开发企业内部独立核算单位及开发现场管理机构,为组织管理开发项目的开发建设而发生的各项间接费用。借方登记当期开发过程中发生的各项间接费用,贷方登记期末分配结转的间接费用,结转后期末无余额。本账户应按企业内部不同的单位、部门(分公司)分户进行明细核算。

(3) "开发产品"账户。该账户为资产类账户,用来核算开发产品的增加、减少和结存情况。借方登记已竣工验收的开发产品的实际成本,贷方登记期末结转的已销售、转让、结算或出租的开发产品的实际成本。期末借方余额表示结存的各种开发产品的实际成本。本账户应按开发成本的种类设置明细账,如"土地"、"房屋"、"配套设施"和"代建工程",并在明细账户下,按成本核算对象进行明细核算。

12.2 开发间接费用的核算

房地产开发企业的开发间接费用,在发生时先记入"开发间接费用"账户,每月终了,采用一定的方法分配计入各项受益的开发产品的成本。为了简化核算手续并防止重复分配,可仅对有关开发房屋、商品性土地、能有偿转让的配套设施及代建工程进行分配。

开发间接费用的分配标准,一般为月份内各项开发项目实际发生的直接费用(包括土地征用及拆迁补偿费或批租地价、前期工程费、基础设施费、建筑安装工程费、公共配套设施费等)。计算公式如下:

$$\text{分配率} = \frac{\text{本月实际发生的开发间接费用}}{\text{本月各开发项目的直接费用总额}} \quad (\text{式 } 12\text{-}1)$$

$$\text{某项开发项目应负担的开发间接费用} = \text{本月该开发项目直接费用} \times \text{分配率} \quad (\text{式 } 12\text{-}2)$$

【例 12-1】 某房地产开发企业一内部独立核算单位在 2011 年 11 月发生如下开发间接费用:

(1) 分配、确认现场管理人员工资等薪酬共 68 400 元。编制会计分录如下:

借:开发间接费用　　　　　　　　　　68 400

　　　　贷：应付职工薪酬　　　　　　　　　　　　　　　　　68 400
　　(2) 计提开发现场管理机构用房折旧 9 600 元。编制会计分录如下：
　　　　借：开发间接费用　　　　　　　　　　　　　　　　9 600
　　　　　　贷：累计折旧　　　　　　　　　　　　　　　　　9 600
　　(3) 以银行存款支付修理费、水电费等共 18 000 元。编制会计分录如下：
　　　　借：开发间接费用　　　　　　　　　　　　　　　　18 000
　　　　　　贷：银行存款　　　　　　　　　　　　　　　　　18 000
　　(4) 月末，按各开发项目直接费用比例分配转出开发间接费用。应分配开发间接费用的各开发项目及其实际发生的直接费用为：商品房 5 000 000 元，商品性土地 2 000 000 元，大配套设施商店 1 000 000 元。

　　本月开发间接费用分配如下：

$$\text{分配率} = \frac{68\,400 + 9\,600 + 18\,000}{8\,000\,000} \times 100\% = 1.2\%$$

商品房：　　　5 000 000×1.2%=60 000（元）
商品性土地：　2 000 000×1.2%=24 000（元）
大配套设施：　1 000 000×1.2%=12 000（元）
　　编制会计分录如下：
　　借：开发成本——房屋开发成本（商品房）　　　　　60 000
　　　　　　——土地开发成本（商品性土地）　　　　　24 000
　　　　　　——配套设施开发成本（商店）　　　　　　12 000
　　　　贷：开发间接费用　　　　　　　　　　　　　　　　96 000

12.3　土地开发成本的核算

12.3.1　土地开发成本的归集

　　房地产开发企业开发的土地，按其用途可分为两种：一种是为了转让、出租而开发的商品性土地（也叫商品性建设场地）；另一种是为开发商品房、出租房等房屋而开发的自用土地。前者是企业的最终开发产品，其费用支出单独构成土地的开发成本；而后者则是企业的中间开发产品，其费用支出应直接计入商品房、出租房、周转房等有关房屋开发成本。如果企业开发的自用土地，分不清负担对象，应由两个或两个以上成本核算对象负担的，其费用可先通过"开发成本——土地开发成本"账户进行归集，待土地开发完成投入使用时，再按一定的标准（如房屋占地面积或房屋建筑面积等）将其分配计入有关房屋开发成本。

12.3.2　土地开发成本的成本项目的设置

　　企业开发的土地，因其设计要求不同，开发的层次、程度和内容都不相同。有的土地开发项目只进行场地的清理平整，而有的土地开发项目除场地平整外，还要进行地下各种线路铺设、地面道路建设等有关基础设施的施工。因此，就各个具体的土地开发项目来说，它的开发支出内容是不完全相同的。企业要根据所开发土地的具体情况和会计制度规定的成本项目，设置必要的成本项目。

一般而言，土地开发成本可设置如下几个成本项目：①土地征用及拆迁补偿费或批租地价；②前期工程费；③基础设施费；④开发间接费。需要进行建筑安装施工及公共配套设施建设的土地开发项目，可增设"建筑安装工程费"和"配套设施费"成本项目。单独核算土地开发成本的自用建设场地的开发，为防止开发项目重复负担某些费用，在计算土地开发成本时，可先不分摊公共配套设施费和开发间接费用，不设置"配套设施费"和"开发间接费"成本项目。

12.3.3 土地开发成本的核算

企业在土地开发过程中发生的各项支出，除将可直接计入房屋开发成本的自用土地开发支出在"开发成本——房屋开发成本"账户核算外，其他土地开发支出均应在"开发成本——土地开发成本"账户进行核算，可设置"商品性土地开发成本"和"自用土地开发成本"两个明细账户，并按成本核算对象和成本项目进行明细分类核算。

对能够分清受益对象的土地开发支出，如土地征用及拆迁补偿费或批租地价、前期工程费、基础设施费、建筑安装工程费等，应直接借记"开发成本——土地开发成本"账户，贷记"银行存款"、"应付账款——应付工程款"等账户；不能分清受益对象的土地开发支出，如开发间接费用，应先在"开发间接费用"账户进行核算，于月份终了再采用一定的方法分配计入土地开发成本。应由商品性土地开发成本负担的开发间接费用，应借记"开发成本——土地开发成本"账户，贷记"开发间接费用"账户。

【例 12-2】 某公司 2012 年初开始开发甲和乙两块土地。甲土地为商品性土地，准备于竣工后对外销售；乙土地为自用建设场地，计划用于本公司某小区楼盘建设。本月发生如下经济业务：

（1）以银行存款支付土地征用及拆迁补偿费 1 500 万元，其中甲土地 700 万元，乙土地 800 万元。编制会计分录如下：

借：开发成本——土地开发成本（商品性土地甲）　　7 000 000
　　　　　　——土地开发成本（自用土地乙）　　　　8 000 000
　　贷：银行存款　　　　　　　　　　　　　　　　　　　　　　15 000 000

（2）以银行存款支付承包设计单位前期工程款 50 万元，其中甲土地 20 万元，乙土地 30 万元。编制会计分录如下：

借：开发成本——土地开发成本（商品性土地甲）　　200 000
　　　　　　——土地开发成本（自用土地乙）　　　　300 000
　　贷：银行存款　　　　　　　　　　　　　　　　　　　　　　500 000

（3）结算应付承包施工单位基础设施款 70 万元，其中甲土地 30 万元，乙土地 40 万元，款项未付。编制会计分录如下：

借：开发成本——土地开发成本（商品性土地甲）　　300 000
　　　　　　——土地开发成本（自用土地乙）　　　　400 000
　　贷：应付账款——应付工程款　　　　　　　　　　　　　　　700 000

（4）甲土地公共配套设施水塔竣工，结算应付工程款 20 万元，款项未付。编制会计分录如下：

　　借：开发成本——土地开发成本（商品性土地甲）　　200 000
　　　　贷：应付账款——应付工程款　　　　　　　　　　　　　　　　200 000

（5）结转甲土地应负担的开发间接费用 6 万元。编制会计分录如下：

　　借：开发成本——土地开发成本（商品性土地甲）　　60 000
　　　　贷：开发间接费用　　　　　　　　　　　　　　　　　　　　　60 000

12.3.4　土地开发成本的结转

已完成开发的土地开发项目，土地开发成本的结转，应根据开发土地的用途，采用不同的成本结转方法。

（1）为转让、出租而开发的商品性土地，在开发完成并经验收后，应将其实际成本自"开发成本——土地开发成本"账户的贷方转入"开发产品——土地"账户的借方。

【例 12-3】承例 12-2，月末，甲土地开发完成竣工验收，结转开发成本。编制会计分录如下：

　　借：开发产品——土地（商品性土地甲）　　　　7 760 000
　　　　贷：开发成本——土地开发成本（商品性土地甲）　　　7 760 000

房地产开发企业为出租而开发的商品性土地，若事先已签订了租赁合同，在开发完成竣工验收时起租，则可将其实际开发成本直接结转到"投资性房地产"账户，借记"投资性房地产"，贷记"开发成本——土地开发成本"账户，不必再通过"开发产品"账户。

（2）为本企业房屋开发自用的土地，开发完成后近期投入使用的，按其实际成本结转计入有关房屋的开发成本，自"开发成本——土地开发成本"账户的贷方转入"开发成本——房屋开发成本"账户的借方。

【例 12-4】承例 12-2，月末，乙土地开发完成用于建造 A 小区商品房，结转开发成本。编制会计分录如下：

　　借：开发成本——房屋开发成本（商品房 A）　　8 700 000
　　　　贷：开发成本——土地开发成本（自用土地乙）　　　　8 700 000

（3）若为本企业房屋开发自用的土地，且开发完成后近期暂不使用的，应视同企业最终产品，在竣工验收时，将其实际成本自"开发成本——土地开发成本"账户的贷方转入"开发产品——土地"账户的借方。投入使用时，再从"开发产品——土地"账户的贷方转入"开发成本——房屋开发成本"等账户的借方。

12.4　配套设施开发成本的核算

12.4.1　配套设施的种类及其开发成本的归集

1. 配套设施的种类

房地产开发企业开发的配套设施，可以分为如下两类：

（1）不能有偿转让的公共配套设施，如开发小区内的变电站、水塔、消防设施、自行车棚、儿童乐园、居委会等。

(2) 能有偿转让的城市建设规划中规定的大配套设施项目，包括：①开发小区内营业性公共配套设施，如商店、银行、邮局等；②开发小区内非营业性配套设施，如中小学、医院等；③开发项目外为居民服务的给排水、供电、供气的增容增压、交通道路等，如果这类配套设施在实际中没有投资来源，不能有偿转让，也应归入第一类中。

2. 配套设施开发成本的归集

(1) 第一类配套设施，如果与房屋等开发产品同步建设，且仅为一个开发产品服务，则可将其开发成本直接计入有关房屋等开发产品的开发成本，并在"开发成本——房屋开发成本"等账户中归集其开发成本。

(2) 第一类配套设施，如果不是与房屋等开发产品同步建设，或者虽然同步建设，但是为两个或两个以上的开发产品服务，则不能将其开发成本直接计入有关房屋等开发产品的开发成本，应将其开发成本先在"开发成本——配套设施开发成本"账户中进行归集，于开发完成后再按一定标准分配计入有关房屋等开发产品的开发成本中。

(3) 能有偿转让的第二类大配套设施，其开发成本应在"开发成本——配套设施开发成本"账户中进行归集。

由上可知，在"开发成本——配套设施开发成本"账户核算的配套设施成本，只包括不能有偿转让、不能直接计入有关房屋等成本核算对象的第一类配套设施成本和能有偿转让的第二类大配套设施成本。

12.4.2 配套设施开发成本的成本项目的设置

(1) 对不能有偿转让、不能直接计入各成本核算对象的各项公共配套设施，在核算时一般可设置如下四个成本项目：①土地征用及拆迁补偿费或批租地价；②前期工程费；③基础设施费；④建筑安装工程费。由于这些配套设施的成本需由房屋等开发产品负担，为简化核算手续，对这些配套设施，可不再分配其他配套设施成本。它本身应负担的开发间接费用，也可直接分配计入有关的房屋等开发成本。

(2) 对能有偿转让的大配套设施项目，其开发成本应设置如下六个成本项目：①土地征用及拆迁补偿费或批租地价；②前期工程费；③基础设施费；④建筑安装工程费；⑤配套设施费；⑥开发间接费。其中"配套设施费"项目用以核算分配的其他配套设施费。因为要使这些设施投入运转，有时还需其他配套设施为其提供服务，所以应分配为其服务的有关配套设施的开发成本。

12.4.3 配套设施开发成本的核算

企业发生的各项配套设施支出，应在"开发成本——配套设施开发成本"账户进行核算，并按成本核算对象和成本项目进行明细分类核算。具体来说：

(1) 对发生的土地征用及拆迁补偿费或批租地价、前期工程费、基础设施费、建筑安装工程费等支出，可直接计入各配套设施开发成本明细分类账的相应成本项目，借记"开发成本——配套设施开发成本"账户，贷记"银行存款"、"应付账款——应付工程款"等账户。

(2) 对能有偿转让的大配套设施分配的其他配套设施支出，应计入各大配套设施的开发成本，借记"开发成本——配套设施开发成本（××）"账户，贷记"开发成本——配套设施开发成本（××）"账户。

（3）对能有偿转让的大配套设施分配的开发间接费用，应计入各配套设施的开发成本，借记"开发成本——配套设施开发成本"账户，贷记"开发间接费用"账户。

（4）对配套设施与房屋等开发产品不同步开发，或房屋等开发完成等待出售或出租，而配套设施尚未全部完成的，经批准后可按配套设施的预算成本或计划成本，预提配套设施费，将其计入房屋等的开发成本，借记"开发成本——房屋开发成本"等账户，贷记"应付账款——预提费用"账户。开发产品预提的配套设施费的计算，一般可按以下公式进行：

$$配套设施费预提率 = \frac{该配套设施的预算成本（或计划成本）}{应负担该配套设施费的各开发项目的预算成本（或计划成本）合计} \quad (式12-3)$$

$$某开发项目预提的配套设施费 = 该开发项目预算成本（或计划成本） \times 配套设施费预提率 \quad (式12-4)$$

式中"应负担配套设施费的开发项目"一般应包括开发房屋、能有偿转让的且在开发小区内开发的大配套设施。

【例12-5】某开发小区内儿童乐园开发成本应由商品房和大配套设施商店负担。由于儿童乐园在商品房等完工出售、出租时尚未完工，为了及时结转完工的商品房等成本，应先将儿童乐园的配套设施费预提计入商品房等的开发成本。商品房的预算成本为1 400万元，商店的预算成本为200万元，儿童乐园的预算成本为128万元。则：

$$儿童乐园的配套设施费预提率 = \frac{128}{1\,400 + 200} \times 100\% = 8\%$$

商品房预提儿童乐园的配套设施费 = 1 400 × 8% = 112（万元）

商店预提儿童乐园的配套设施费 = 200 × 8% = 16（万元）

按预提率计算各开发项目的配套设施费时，其与实际支出数的差额，应在配套设施完工时，按预提数的比例，调整增加或减少有关开发产品的成本。

【例12-6】某房地产开发企业在开发小区内负责建设一间商店、一座水塔和一所儿童乐园。上述设施均发包给施工企业施工，商店建成后有偿转让给商业部门，水塔和儿童乐园的开发支出按规定计入有关开发产品的成本。水塔与商品房等同步开发，儿童乐园与商品房等不同步开发，其支出采用预提办法。上述各配套设施发生的有关支出见表12-1。

配套设施开发成本项目表　　　　　　　　　　单位：万元　表12-1

项　目	商　店	水　塔	儿童乐园
支付征地拆迁费	20	2	20
支付承包设计单位前期工程款	12	8	12
应付承包施工企业基础设施工程款	20	12	20
应付承包施工企业建筑安装工程款	80	98	76

续表

项 目	商 店	水 塔	儿童乐园
分配水塔设施配套设施费	15		
分配开发间接费	22		
预提儿童乐园配套实施费	16		

具体业务如下：
(1) 用银行存款支付征地拆迁补偿费。编制会计分录如下：
借：开发成本——配套设施开发成本（商店）　　　200 000
　　　　　　——配套设施开发成本（水塔）　　　 20 000
　　　　　　——配套设施开发成本（儿童乐园）　200 000
　　贷：银行存款　　　　　　　　　　　　　　　420 000
(2) 用银行存款支付设计单位前期工程款。编制会计分录如下：
借：开发成本——配套设施开发成本（商店）　　　120 000
　　　　　　——配套设施开发成本（水塔）　　　 80 000
　　　　　　——配套设施开发成本（儿童乐园）　120 000
　　贷：银行存款　　　　　　　　　　　　　　　320 000
(3) 结算应付施工企业基础设施工程款，款项未付。编制会计分录如下：
借：开发成本——配套设施开发成本（商店）　　　200 000
　　　　　　——配套设施开发成本（水塔）　　　120 000
　　　　　　——配套设施开发成本（儿童乐园）　200 000
　　贷：应付账款——应付工程款　　　　　　　　520 000
(4) 结算应付施工企业建筑安装工程款，款项未付。编制会计分录如下：
借：开发成本——配套设施开发成本（商店）　　　800 000
　　　　　　——配套设施开发成本（水塔）　　　980 000
　　　　　　——配套设施开发成本（儿童乐园）　760 000
　　贷：应付账款——应付工程款　　　　　　　2 540 000
(5) 分配应计入商店配套设施开发成本的水塔设施支出。编制会计分录如下：
借：开发成本——配套设施开发成本（商店）　　　150 000
　　贷：开发成本——配套设施开发成本（水塔）　150 000
(6) 分配应计入商店配套设施开发成本的开发间接费用。编制会计分录如下：
借：开发成本——配套设施开发成本（商店）　　　220 000
　　贷：开发间接费用　　　　　　　　　　　　　220 000
(7) 预提应由商店配套设施开发成本负担的儿童乐园支出。编制会计分录如下：
借：开发成本——配套设施开发成本（商店）　　　160 000
　　贷：应付账款——预提配套设施费（儿童乐园）160 000

12.4.4　已完工配套设施开发成本的结转

企业对于已完工的配套设施，应按其不同情况和用途结转其开发成本：
(1) 对能有偿转让给有关部门的大配套设施，如上述商店，应在完工验收后，将其实际开发成本自"开发成本——配套设施开发成本"账户的贷方转入"开发产品——配套设施"账户的借方。

【例12-7】 承例12-6，商店完工验收，结转实际开发成本。编制会计分录如下：

借：开发产品——配套设施（商店）　　　　1 850 000
　　贷：开发成本——配套设施开发成本（商店）　　1 850 000

商店等大配套设施有偿转让时取得的收入应作为主营业务收入处理。

（2）按规定应将其开发成本分配计入商品房等开发产品成本的公共配套设施，如上述水塔，应在完工验收后，将其实际开发成本按一定的标准（有关开发产品的实际成本、预算成本或计划成本），分配计入有关房屋和大配套设施的开发成本。

【例12-8】 承例12-6，水塔完工验收，结转实际开发成本。应分配计入商品房开发成本105万元，商店开发成本15万元。编制会计分录如下：

借：开发成本——房屋开发成本（商品房）　　1 050 000
　　开发成本——配套设施开发成本（商店）　　150 000
　　贷：开发成本——配套设施开发成本（水塔）　　1 200 000

将水塔开发成本中的15万元分配计入商店开发成本的分录在例12-6中出现过，实际核算中不应重复转账。

（3）对用预提方式将配套设施支出记入有关开发产品成本的公共配套设施，如上述儿童乐园，应在完工验收后，将其实际开发成本冲减预提的配套设施费，借记"应付账款——预提费用"账户，贷记"开发成本——配套设施开发成本"账户。如果预提配套设施费大于或小于实际开发成本，可将其多提数或少提数冲减有关开发产品成本或作追加的分配。如有关开发产品已完工并办理竣工决算，可将其差额冲减或追加分配于尚未办理竣工决算的开发产品成本。

【例12-9】 承例12-6，儿童乐园完工验收，结转实际开发成本。编制会计分录如下：

借：应付账款——预提配套设施费（儿童乐园）　　1 280 000
　　贷：开发成本——配套设施开发成本（儿童乐园）　　1 280 000

12.5 房屋开发成本的核算

12.5.1 开发房屋的种类

房屋开发是房地产开发企业的主要经济活动。开发建设的房屋按用途可以分为四类：①为销售而开发的商品房；②为作为投资性房地产出租经营而开发的出租房；③为安置被拆迁居民周转使用而开发的周转房；④受其他单位委托代为开发建设的代建房。

以上四种房屋虽然用途不同，但在成本核算上可采用相同的方法。在会计上除设置"开发成本——房屋开发成本"账户外，还应分别设置"商品房"、"出租房"、"周转房"和"代建房"等三级账户，并按各成本核算对象和成本项目进行明细分类核算。

12.5.2 房屋开发成本的成本项目的设置

房地产开发企业对房屋开发成本的核算，应设置如下几个成本项目：①土地征用及拆迁补偿费或批租地价；②前期工程费；③基础设施费；④建筑安装工程费；⑤配套设施费；⑥开发间接费。

12.5.3 房屋开发成本的核算

1. 土地征用及拆迁补偿费或批租地价

（1）房屋开发过程中发生的土地征用及拆迁补偿费或批租地价，能分清成本核算对象的，应直接计入有关房屋开发成本核算对象的"土地征用及拆补偿费或批租地价"成本项目，借记"开发成本——房屋开发成本"账户，贷记"银行存款"等账户。

（2）房屋开发过程中发生的土地征用及拆迁补偿费或批租地价，不能分清成本核算对象的，应先将其支出通过"开发成本——土地开发成本"账户进行归集，待土地开发完成投入使用时，再按一定标准将其分配计入有关房屋开发成本核算对象的"土地征用及拆迁补偿费或批租地价"成本项目，借记"开发成本——房屋开发成本"账户，贷记"开发成本——土地开发成本（自用土地）"账户。

（3）房屋开发占用的土地，如属企业综合开发的商品性土地的一部分，则应将其发生的土地征用及拆迁补偿费或批租地价，先在"开发成本——土地开发成本（商品性土地）"账户进行归集，待土地开发完成投入使用时，再按一定标准将其分配计入有关房屋开发成本核算对象的"土地征用及拆迁补偿费或批租地价"成本项目，借记"开发成本——房屋开发成本"账户，贷记"开发成本——土地开发成本（商品性土地）"账户。

（4）开发完成的商品性土地，若开发成本已经转入"开发产品"账户，则在用以建造房屋时，将其应负担的土地征用及拆迁补偿费或批租地价计入有关房屋开发成本核算对象的"土地征用及拆迁补偿费或批租地价"成本项目，借记"开发成本——房屋开发成本"账户，贷记"开发产品——土地（商品性土地）"账户。

2. 前期工程费

房屋开发过程中发生的规划、设计、可行性研究以及水文地质勘察、测绘、场地平整等各项前期工程支出，应直接或分配计入有关房屋开发成本核算对象的"前期工程费"成本项目，借记"开发成本——房屋开发成本"账户，贷记"银行存款"等账户。

3. 基础设施费

房屋开发过程中发生的供水、供电、供气、排污、排洪、通讯、绿化、环卫设施以及道路等基础设施支出，应直接或分配计入有关房屋开发成本核算对象的"基础设施费"成本项目，借记"开发成本——房屋开发成本"账户，贷记"银行存款"等账户。

如开发完成的商品性土地已转入"开发产品——土地"账户，则在用以建造房屋时，将其应负担的基础设施费计入有关房屋开发成本核算对象的"基础设施费"成本项目，借记"开发成本——房屋开发成本"账户，贷记"开发产品——土地"账户。

4. 建筑安装工程费

房屋开发过程中发生的建筑安装工程支出，应根据工程的不同施工方式，采用不同的核算方法。

（1）采用发包方式进行建筑安装工程施工的房屋开发项目，其建筑安装工程支出，应根据企业承付的已完工程价款确定，直接计入有关房屋开发成本核算对象的"建筑安装工程费"成本项目，借记"开发成本——房屋开发成本"账户，贷记"应付账款——应付工程款"等账户。如果开发企业对建筑安装工程采用招标方式发包,并将几个工程一并招标发包,则应在工程完工结算工程价款时,按各项工程的预算造价的比例,计算它们的标价,即实际建筑安装工程费。

(2) 采用自营方式进行建筑安装工程施工的房屋开发项目,其发生的各项建筑安装工程支出,一般可直接计入有关房屋开发成本核算对象的"建筑安装工程费"成本项目,即借记"开发成本——房屋开发成本"账户,贷记"原材料"、"应付职工薪酬"、"银行存款"等账户。如果房地产开发企业自行施工大型建筑安装工程,可以设置"工程施工"等账户核算和归集各项建筑安装工程支出,月末将其实际成本转入"开发成本——房屋开发成本"账户,并计入有关房屋开发成本核算对象的"建筑安装工程费"成本项目。

(3) 企业用于房屋开发的各项设备,即附属于房屋工程主体的各项设备,应在出库交付安装时,计入有关房屋开发成本核算对象的"建筑安装工程费"成本项目,借记"开发成本——房屋开发成本"账户,贷记"库存设备"账户。

5. 配套设施费

房屋开发成本应负担的配套设施费是指开发小区内不能有偿转让的公共配套设施支出。核算时应分以下两种情况:

(1) 配套设施与房屋同步开发

配套设施与房屋同步开发,发生的公共配套设施支出,能够分清并可直接计入有关成本核算对象的,直接计入有关房屋开发成本核算对象的"配套设施费"项目,借记"开发成本——房屋开发成本"账户,贷记"应付账款——应付工程款"等账户。如果发生的配套设施支出,应由两个或两个以上成本核算对象负担的,则先在"开发成本——配套设施开发成本"账户归集,待配套设施完工时,再按一定标准(如有关项目的预算成本或计划成本),分配计入有关房屋开发成本核算对象的"配套设施费"成本项目,借记"开发成本——房屋开发成本"账户,贷记"开发成本——配套设施开发成本"账户。

(2) 配套设施与房屋非同步开发

配套设施与房屋非同步开发,即先开发房屋,后建配套设施;或房屋已开发等待出售或出租,而配套设施尚未全部完成。在结算完工房屋的开发成本时,对应负担的配套设施费,可采取预提的办法。即根据配套设施的预算成本(或计划成本)和一定的分配标准,计算完工房屋负担的配套设施支出,计入有关房屋开发成本核算对象的"配套设施费"成本项目,借记"开发成本——房屋开发成本"账户,贷记"应付账款——预提费用"账户。预提数与实际支出数的差额,在配套设施完工时调整有关房屋开发成本。

6. 开发间接费

企业内部独立核算单位及开发现场管理机构,为组织管理开发项目的开发建设而发生的各项间接费用,应先通过"开发间接费用"账户进行归集,每月终了,按一定标准分配计入各有关开发产品成本。应由房屋开发成本负担的开发间接费用,自"开发间接费用"账户的贷方转入"开发成本——房屋开发成本"账户的借方,并计入有关房屋开发成本核算对象的"开发间接费"成本项目。

【例 12-10】 某房地产开发企业在 2011 年度内,发生的有关房屋开发支出见表 12-2 所示:

12.5 房屋开发成本的核算

房屋开发成本支出　　　　　　　　　　　　　　单位：万元　　表 12-2

项　目	101 商品房	102 商品房	出租房
支付土地征用及拆迁补偿费	200		
结转自用土地开发成本		310	150
支付前期工程费	60	120	60
应付基础设施费	180	290	140
应付建筑安装工程费	1 200	1 860	900
分配水塔配套设施费	160	250	120
预提儿童乐园配套设施费	160	272	128
分配开发间接费	164	256	124

具体业务如下：

(1) 用银行存款支付 101 商品房开发使用土地的征地拆迁费 200 万元。编制会计分录如下：

借：开发成本——房屋开发成本（101 商品房）　　2 000 000
　　贷：银行存款　　　　　　　　　　　　　　　　　　　2 000 000

(2) 结转 102 商品房开发使用土地应负担的自用土地的开发成本 310 万元，该土地刚开发完成未结转成本。编制会计分录如下：

借：开发成本——房屋开发成本（102 商品房）　　3 100 000
　　贷：开发成本——土地开发成本（自用土地）　　　　3 100 000

(3) 结转出租房开发使用土地应负担的自用土地的开发成本 150 万元，该土地原已开发完成暂未使用，其成本已转入"开发产品——土地"账户的借方。编制会计分录如下：

借：开发成本——房屋开发成本（出租房）　　　　1 500 000
　　贷：开发产品——土地（自用土地）　　　　　　　　1 500 000

(4) 以银行存款支付设计单位前期工程款共 240 万元。编制会计分录如下：

借：开发成本——房屋开发成本（101 商品房）　　600 000
　　　　　——房屋开发成本（102 商品房）　　1 200 000
　　　　　——房屋开发成本（出租房）　　　　600 000
　　贷：银行存款　　　　　　　　　　　　　　　　　　　2 400 000

(5) 结算施工企业基础设施工程款共 610 万元，款项未付。编制会计分录如下：

借：开发成本——房屋开发成本（101 商品房）　　1 800 000
　　　　　——房屋开发成本（102 商品房）　　2 900 000
　　　　　——房屋开发成本（出租房）　　　　1 400 000
　　贷：应付账款——应付工程款　　　　　　　　　　　　6 100 000

(6) 结算施工企业建筑安装工程款共 3 960 万元，款项未付。编制会计分录如下：

借：开发成本——房屋开发成本（101 商品房）　　12 000 000
　　　　　——房屋开发成本（102 商品房）　　18 600 000
　　　　　——房屋开发成本（出租房）　　　　9 000 000
　　贷：应付账款——应付工程款　　　　　　　　　　　　39 600 000

(7) 分配应由房屋开发成本负担的水塔配套设施支出 530 万元。编制会计分录如下：

借：开发成本——房屋开发成本（101 商品房）　1 600 000
　　　　　　——房屋开发成本（102 商品房）　2 500 000
　　　　　　——房屋开发成本（出租房）　　　1 200 000
　　贷：开发成本——配套设施开发成本（水塔）　　5 300 000
(8) 预提应由房屋开发成本负担的儿童乐园配套设施支出 560 万元。编制会计分录如下：
借：开发成本——房屋开发成本（101 商品房）　1 600 000
　　　　　　——房屋开发成本（102 商品房）　2 720 000
　　　　　　——房屋开发成本（出租房）　　　1 280 000
　　贷：应付账款——预提配套设施费（儿童乐园）　5 600 000
(9) 分配应由房屋开发成本负担的开发间接费用 544 万元。编制会计分录如下：
借：开发成本——房屋开发成本（101 商品房）　1 640 000
　　　　　　——房屋开发成本（102 商品房）　2 560 000
　　　　　　——房屋开发成本（出租房）　　　1 240 000
　　贷：开发间接费用　　　　　　　　　　　　　5 440 000

12.5.4 已完工房屋开发成本的结转

房地产开发企业对已完成开发过程的房屋，应在竣工验收以后将其实际开发成本结转至"开发产品"账户，借记"开发产品——房屋"账户，贷记"开发成本——房屋开发成本"账户。

【例 12-11】 承例 12-10，101 商品房、102 商品房和出租房已完工验收，结转实际开发成本。编制会计分录如下：
借：开发产品——房屋（101 商品房）　　　21 240 000
　　　　　　——房屋（102 商品房）　　　33 580 000
　　　　　　——房屋（出租房）　　　　　16 220 000
　　贷：开发成本——房屋开发成本（101 商品房）　21 240 000
　　　　　　　　——房屋开发成本（102 商品房）　33 580 000
　　　　　　　　——房屋开发成本（出租房）　　　16 220 000

当已验收的房屋按预定用途销售、出租或投入使用时，将其成本自"开发产品——房屋"账户的贷方转入"主营业务成本"或"投资性房地产"账户的借方。

房地产开发企业已完成开发过程的房屋，若事先已签订了租赁合同，在开发完成竣工验收时起租，则可将其实际开发成本直接结转到"投资性房地产"账户，借记"投资性房地产"，贷记"开发成本——房屋开发成本"账户，不必再通过"开发产品——房屋"账户。

12.6 代建工程开发成本的核算

12.6.1 代建工程的种类

代建工程是指房地产开发企业接受有关单位的委托，代为开发建设的工程。企业承接的代建工程，既有建设场地和房屋，又有其他工程，如城市道路、基础设施、园林绿化、旅游风景等市政工程。

企业接受委托代为开发的建设场地和房屋，由于其建设内容和特点与企业开发的商品性建设场地和房屋基本相同，因此，代为建设的场地和房屋成本可比照土地及房屋开发的成本核算，分别通过"开发成本——土地开发成本"及"开发成本——房屋开发成本"两个明细账户进行。

企业代委托单位开发建设的除建设场地及房屋以外的其他工程，如市政工程等，其发生的开发成本，通过"开发成本——代建工程开发成本"账户进行核算。

12.6.2 代建工程开发成本的成本项目的设置

代建工程开发成本的核算，一般应设置如下几个成本项目：①土地征用及拆迁补偿费或批租地价；②前期工程费；③基础设施费；④建筑安装工程费；⑤开发间接费。在实际核算工作中，应根据代建工程支出内容设置使用。

12.6.3 代建工程开发成本的核算

企业发生的各项代建工程支出和代建工程分配的开发间接费用，应借记"开发成本——代建工程开发成本"账户，贷记"银行存款"、"应付账款——应付工程款"、"原材料"、"应付职工薪酬"、"开发间接费用"等账户。

【例 12-12】 某房地产开发企业接受市政建设指挥部委托，代为扩建某风景旅游区，发生如下经济业务：

（1）用银行存款支付拆迁补偿费 60 万元。编制会计分录如下：

借：开发成本——代建工程开发成本　　　　600 000
　　贷：银行存款　　　　　　　　　　　　　　　　600 000

（2）用银行存款支付前期工程费 24 万元。编制会计分录如下：

借：开发成本——代建工程开发成本　　　　240 000
　　贷：银行存款　　　　　　　　　　　　　　　　240 000

（3）结算应付基础设施费 50 万元，款项未付。编制会计分录如下：

借：开发成本——代建工程开发成本　　　　500 000
　　贷：应付账款——应付工程款　　　　　　　　500 000

（4）结转应负担的开发间接费用 6 万元。编制会计分录如下：

借：开发成本——代建工程开发成本　　　　60 000
　　贷：开发间接费用　　　　　　　　　　　　　　60 000

12.6.4 已完工代建工程开发成本的结转

完成全部开发过程并经验收的代建工程，应将其实际开发成本自"开发成本——代建工程开发成本"账户的贷方转入"开发产品——代建工程"账户的借方，并在将代建工程移交委托代建单位，办妥工程价款结算手续后，将代建工程开发成本自"开发产品——代建工程"账户的贷方转入"主营业务成本"账户的借方。

【例 12-13】 承例 12-12，风景旅游区扩建完工，验收合格，结转其实际成本 140 万元。编制会计分录如下：

借：开发产品——代建工程　　　　　　　　　　1 400 000
　　贷：开发成本——代建工程开发成本　　　　　　1 400 000

练习题

习题一

一、目的：练习开发间接费用的核算。

二、资料：某房地产开发企业在施工现场设置机构，负责开发项目的组织管理工作，本月发生有关开发间接费用的经济事项如下：

1. 分配、确认现场管理人员工资等薪酬共 60 000 元。
2. 计提施工现场机构用房折旧 10 000 元。
3. 以银行存款支付办公费 4 000 元，以现金支付办公费 1 000 元。
4. 以银行存款支付修理费 5 000 元。
5. 月末，按各开发项目直接费用比例分配转出开发间接费用。应分配开发间接费用的各开发产品实际发生的直接费用为：商品房直接费用 500 000 元，出租房直接费用 300 000 元。

三、要求：根据上述经济事项编制会计分录。

习题二

一、目的：练习土地开发成本的核算。

二、资料：

（一）某公司于 2012 年初开始开发 A、B 两块土地。A 土地为商品性土地，B 土地为自用建设场地。2012 年 1 月发生的有关土地开发支出见下表。

土地开发成本项目表　　　　　　　　　　　单位：元

项　目	A 土地	B 土地
支付土地征用及拆迁补偿费	156 000	144 000
支付承包设计单位前期工程款	40 000	36 000
应付承包施工企业基础设施工程款	50 000	36 000
分配开发间接费用	20 000	

（二）2012 年 1 月末，B 土地开发完成用于建造某商品房，结转开发成本。

（三）2012 年 2 月末，A 土地开发完成竣工验收，结转开发成本，1 月和 2 月共发生开发成本 350 000 元。

三、要求：根据上述经济事项编制会计分录。

习题三

一、目的：练习房屋开发成本的核算。

二、资料：

（一）某房地产开发企业在 2011 年度内开发一商品房，共发生了下列有关房屋开发支出：

1. 用银行存款支付商品房开发使用土地的征地拆迁费350万元。
2. 以银行存款支付设计单位前期工程款130万元。
3. 结算施工企业基础设施工程款共300万元，款项未付。
4. 结算施工企业建筑安装工程款共2 100万元，款项未付。
5. 分配应由房屋开发成本负担的居委会配套设施支出320万元。
6. 预提应由房屋开发成本负担的儿童乐园配套设施支出280万元。
7. 分配应由房屋开发成本负担的开发间接费用220万元。

（二）年底该商品房开发完成，竣工验收，结转实际开发成本。

三、要求：根据上述经济事项编制会计分录。

13 收入、费用和利润

13.1 收 入

13.1.1 收入概述

1. 收入的定义和分类

收入,是指企业在销售商品、提供劳务及让渡资产使用权等日常活动中所形成的经济利益的总流入。收入一般分为主营业务收入和其他业务收入。

主营业务收入是企业从事主要经营活动所取得的收入。房地产开发企业的主营业务收入主要是土地转让收入、商品房销售收入、配套设施销售收入、代建工程结算收入等。

其他业务收入是指从事主营业务活动以外的其他业务活动所取得的收入。房地产开发企业的其他业务收入主要包括商品房售后服务收入、材料销售收入、无形资产出租收入、固定资产出租收入和投资性房地产租金收入等。另外,房地产开发企业还可能从事多种经营,比如有附属的商业、饮食服务业等,从事多种经营取得的收入也应属于其他业务收入的范围。

2. 营业收入核算应设置的账户

为了核算和监督房地产开发企业营业收入的实现情况,以及与营业收入有关的成本的结转情况和税费的计算情况,**应设置如下会计账户**:

(1)"主营业务收入"账户。该账户为损益类账户,用来核算企业对外转让、销售和结算开发产品等所取得的收入。贷方登记本期实现的各项主营业务收入,借方登记销售退回、销售折让的金额及期末结转入"本年利润"账户的金额,结转后期末无余额。本账户应按主营业务收入的类别设置明细账,如"土地转让收入"、"商品房销售收入"、"配套设施销售收入"、"代建工程结算收入"等。

(2)"主营业务成本"账户。该账户为损益类账户,用来核算企业对外转让、销售和结算开发产品等应结转的成本。借方登记本期已对外转让、销售和结算开发产品的实际成本,贷方登记销售退回的开发产品的成本及期末结转入"本年利润"账户的金额,结转后期末无余额。本账户应按主营业务成本的种类设置明细账,如"土地转让成本"、"商品房销售成本"、"配套设施销售成本"、"代建工程结算成本"等。

(3)"其他业务收入"账户。该账户为损益类账户,用来核算企业取得的其他业务收入。贷方登记本期实现的各项其他业务收入,借方登记期末结转入"本年利润"账户的金额,结转后期末无余额。本账户应按其他业务收入的类别设置明细账。

(4)"其他业务成本"账户。该账户为损益类账户,用来核算与其他业务收入相关的成本、费用。借方登记本期实际发生的其他业务成本，贷方登记期末结转入"本年利润"账户的金额，结转后期末无余额。本账户应与"其他业务收入"账户相对应设置明细账。

（5）"营业税金及附加"账户。该账户为损益类账户，用来核算应由当期营业收入负担的营业税金及附加，包括按规定应交纳的营业税、城市维护建设税、教育费附加和土地增值税等。借方登记本期按规定计算出的应由营业收入负担的营业税金及附加，贷方登记期末结转入"本年利润"账户的金额，结转后期末无余额。

13.1.2 主营业务收入的核算

1. 开发产品转让、销售的确认

根据《企业会计准则第 14 号——收入》的规定，房地产开发企业转让、销售开发产品，必须同时满足以下条件才能予以确认：

（1）企业已将商品所有权上的主要风险和报酬转移给购货方；
（2）企业既没有保留通常与所有权相联系的继续管理权，也没有对已售出的商品实施有效控制；
（3）收入的金额能够可靠地计量；
（4）相关的经济利益很可能流入企业；
（5）相关的已发生或将发生的成本能够可靠地计量。

一般来说，房地产开发企业应在开发产品办妥移交手续，将结算账单提交买方并收到价款或者得到了买方的付款承诺时，确认营业收入实现。

由于房地产行业的特殊性，房地产开发企业一般没有分期收款发出商品。有个别情况，房屋已经交付，但款项没有收齐，此时已符合收入确认条件，应全额确认收入，未收房款部分应记入"应收账款"账户。如果合同约定剩余房款交付时间较长，应记入"长期应收款"账户进行核算。

2. 开发产品转让、销售的核算

（1）土地转让的核算

房地产开发企业向其他单位转让土地，应在土地移交转让、并将发票账单提交买主时，按其转让价格借记"银行存款"、"应收账款"等账户，贷记"主营业务收入"账户。月份终了，应将转让土地的实际开发成本自"开发产品"账户的贷方结转至"主营业务成本"账户的借方。

【例 13-1】 甲公司开发的一块商品性建设场地已竣工验收合格，根据转让协议，将该场地 2 000 m² 移交市旅游局，协议规定的转让价格为 1 000 元/ m²，交接手续已办妥，款项尚未收到。编制会计分录如下：

借：应收账款 2 000 000
　　贷：主营业务收入——土地转让收入 2 000 000

【例 13-2】 月末结转例 13-1 中的土地开发成本 140 万元。编制会计分录如下：

借：主营业务成本——土地转让成本 600 000
　　贷：开发产品——土地（商品性土地） 600 000

（2）房屋销售的核算

企业开发完成的房屋，在竣工验收取得验收合格证书并办理登记手续后，即可出售。

房屋可以整幢出售，也可以分套出售。整幢房屋分套出售前，企业应明确各套房屋的建筑面积及相应的土地使用权比例。

对外销售的房屋，应在移交商品房、并将发票账单提交买主时，按其销售收入借记"银行存款"、"应收账款"等账户，贷记"主营业务收入"账户。

企业预售商品房的，必须按照国家法律、法规的规定取得预售许可证后，方可上市交易。预售商品房所得的价款，只能用于相关的工程建设，并记入"预收账款"账户的贷方，商品房竣工验收办理移交手续后，再从"预收账款"账户的借方结转至"主营业务收入"账户的贷方。

月份终了，应将销售房屋的实际开发成本自"开发产品"账户的贷方结转至"主营业务成本"账户的借方。

【例 13-3】 甲公司对外一次收款销售商品房 2 套，建筑面积 300m²，售价 8 000 元/m²，价款共计 240 万元。房屋已移交，并将发票账单提交买主，价款收讫存入银行。编制会计分录如下：

借：银行存款　　　　　　　　　　2 400 000
　　贷：主营业务收入——商品房销售收入　　2 400 000

【例 13-4】 月末结转例 13-3 中的商品房成本 150 万元。编制会计分录如下：

借：主营业务成本——商品房销售成本　1 500 000
　　贷：开发产品——房屋（商品房）　　1 500 000

【例 13-5】 甲公司以预售方式销售别墅一套，建筑面积 500m²，售价 4 000 元/m²，已按合同规定预收购房款 80 万元。该别墅现已建设完工并验收合格，公司已将发票账单提交买主，并办妥移交手续，余款收讫存入银行。编制会计分录如下：

1）确认已实现营业收入
借：预收账款　　　　　　　　　　2 000 000
　　贷：主营业务收入——商品房销售收入　　2 000 000

2）收到余款
借：银行存款　　　　　　　　　　1 200 000
　　贷：预收账款　　　　　　　　　1 200 000

【例 13-6】 月末结转例 13-5 中的别墅成本 130 万元。编制会计分录如下：

借：主营业务成本——商品房销售成本　1 300 000
　　贷：开发产品——房屋（商品房）　　1 300 000

（3）配套设施转让的核算

企业在房地产开发过程中按照市政建设规划开发的大配套设施如商店等，可以进行有偿转让。向有关单位有偿转让的配套设施，应在办理财产交接手续、并在将配套设施工程价款账单提交有关单位时，按其转让价格借记"银行存款"、"应收账款"等账户，贷记"主营业务收入"账户。

月份终了，应将转让配套设施的实际开发成本自"开发产品"账户的贷方转入"主营业务成本"账户的借方。

【例 13-7】 甲公司销售商品房住宅小区配套设施商店用房 1 套，销售价款 60 万元。房屋已经移交，发票已提交买主，同时收到买主开具并承兑的商业汇票。编制会计分录如下：
  借：应收票据　　　　　　　　　　　　600 000
    贷：主营业务收入——配套设施销售收入　600 000

【例 13-8】 月末结转例 13-7 中的配套设施开发成本 40 万元。编制会计分录如下：
  借：主营业务成本——配套设施销售成本　400 000
    贷：开发产品——配套设施（商店）　　　400 000

  企业如将开发的大配套设施如商店用于本企业从事第三产业经营用房，应视同自用"固定资产"进行处理，并将用于经营的配套设施的实际开发成本，自"开发产品"账户的贷方转入"固定资产"账户的借方。

  （4）代建工程结算的核算

  房地产开发企业的代建工程包括代建房屋、场地和城市道路、基础设施等市政工程。在工程竣工验收办妥交接手续，并将代建工程价款结算账单提交有关单位时，按照委托方确认的工程价款，借记"银行存款"、"应收账款"等账户，贷记"主营业务收入"账户的贷方。

  企业的代建工程，一般采用竣工后一次结算办法。企业可向委托方预收一定数额的工程款和备料款，预收的款项在"预收账款"账户中核算。竣工后或期末结算工程价款时，从应收工程款中扣除。

  确认代建工程结算收入的月份终了，应将移交代建工程的实际开发成本自"开发产品"账户的贷方转入"主营业务成本"账户的借方。

【例 13-9】 甲公司 2011 年 7 月接受市政工程局的委托，代建某项工程，收到按合同规定拨付的建筑用水泥，价值 30 万元，水泥采用实际成本法进行核算。编制会计分录如下：
  借：原材料　　　　　　　　　　　　　300 000
    贷：预收账款　　　　　　　　　　　300 000

【例 13-10】 甲公司 2011 年 9 月按工程实际进度向市政工程局预收工程价款 20 万元。编制会计分录如下：
  借：银行存款　　　　　　　　　　　　200 000
    贷：预收账款　　　　　　　　　　　200 000

【例 13-11】 2011 年 12 月，甲公司代建的工程全部竣工，验收合格，根据代建合同规定，向市政工程局提交"工程价款结算账单"，工程全部价款为 100 万元。编制会计分录如下：
  借：预收账款　　　　　　　　　　　　1 000 000
    贷：主营业务收入——代建工程结算收入　1 000 000

【例 13-12】 2011 年 12 月，甲公司与市政工程局结清代建工程价款，收取余款 50 万元。编制会计分录如下：
  借：银行存款　　　　　　　　　　　　500 000
    贷：预收账款　　　　　　　　　　　500 000

【例 13-13】 2011 年 12 月末结转上述例子中的代建工程实际开发成本 70 万元。编制会计分录如下：

借：主营业务成本——代建工结算成本　　　　　　700 000
　　贷：开发产品——代建工程　　　　　　　　　　　　700 000

13.1.3　其他业务收入的核算

房地产开发企业的其他业务收入主要包括商品房售后服务收入、材料销售收入、无形资产出租收入、固定资产出租收入和投资性房地产租金收入等。

【例 13-14】　某公司开发建设的某小区商品房销售后设立了非独立核算的小区物业管理机构。本月发生售后服务支出如下：分配管理服务人员薪酬共 17 100 元，计提办公用房折旧 1 200 元，另以现金支付各项零星费用 1 170 元。向业主收取当月管理服务费 39 000 元，款项已存入银行。编制会计分录如下：

借：其他业务成本——商品房售后服务成本　　　　19 470
　　贷：应付职工薪酬　　　　　　　　　　　　　　　17 100
　　　　累计折旧　　　　　　　　　　　　　　　　　 1 200
　　　　库存现金　　　　　　　　　　　　　　　　　 1 170
借：银行存款　　　　　　　　　　　　　　　　　　39 000
　　贷：其他业务收入——商品房售后服务收入　　　　39 000

材料销售收入、无形资产出租收入、固定资产出租收入和投资性房地产租金收入的核算详见相关章节。

13.1.4　营业税金及附加的核算

房地产开发企业取得营业收入时，按照税法的规定，要交纳相应的营业税金及附加，主要包括：营业税、城市维护建设税、教育费附加和土地增值税。营业税金及附加是营业收入的一个抵减项目。

月份终了，企业按照规定计算出应由当期营业收入负担的营业税金及附加时，借记"营业税金及附加"账户，贷记"应交税费"账户。

【例 13-15】　某公司本月应纳营业税的营业收入为 360 万元，这些营业收入的营业税税率为 5%，按营业税额的 7%交纳城市维护建设税，按营业税额的 3%交纳教育费附加，计算出应交的土地增值税为 30 万元。

计算如下：
应交营业税＝3 600 000×5%＝180 000（元）
应交城市维护建设税＝180 000×7%＝12 600（元）
应交教育费附加＝180 000×3%＝5 400（元）
编制会计分录如下：
借：营业税金及附加　　　　　　　　　　　　　　498 000
　　贷：应交税费——应交土地增值税　　　　　　　300 000
　　　　　　　　——应交营业税　　　　　　　　　180 000
　　　　　　　　——应交城市维护建设税　　　　　 12 600
　　　　　　　　——应交教育费附加　　　　　　　 5 400

13.2 期间费用

期间费用是指房地产开发企业本期发生的、不能直接或间接计入某个特定开发项目成本的、应直接计入损益的各项费用,包括销售费用、管理费用和财务费用。

13.2.1 销售费用

销售费用,是指房地产开发企业为销售开发产品而发生的费用,包括开发产品销售之前的改装修复费、看护费、采暖费,开发产品销售过程中发生的广告宣传费、展览费、代销手续费、销售服务费,以及为销售开发产品而专设的销售机构的职工薪酬、业务费、折旧费、固定资产修理费等费用。

【例13-16】 某房地产开发企业2012年1月发生如下销售费用:

(1) 某销售人员报销差旅费2 800元,原已预支3 000元,余额归还现金。编制会计分录如下:

借:销售费用　　　　　　　　　　　　　2 800
　　库存现金　　　　　　　　　　　　　　200
　　贷:其他应收款　　　　　　　　　　　　　3 000

(2) 为推销商品房,用银行存款支付广告费40万元。编制会计分录如下:

借:销售费用　　　　　　　　　　　　400 000
　　贷:银行存款　　　　　　　　　　　　　400 000

(3) 在销售某套商品房之前,根据客户需要进行改装,发生改装费用5万元,款项尚未支付。编制会计分录如下:

借:销售费用　　　　　　　　　　　　 50 000
　　贷:应付账款　　　　　　　　　　　　　 50 000

(4) 结算本期销售人员薪酬28 500元。编制会计分录如下:

借:销售费用　　　　　　　　　　　　 28 500
　　贷:应付职工薪酬　　　　　　　　　　　 28 500

(5) 计提销售部门固定资产折旧费1 000元。编制会计分录如下:

借:销售费用　　　　　　　　　　　　　1 000
　　贷:累计折旧　　　　　　　　　　　　　 1 000

13.2.2 管理费用

管理费用,是指房地产开发企业为组织和管理企业生产经营活动所发生的各项费用,包括企业在筹建期间内发生的开办费、董事会和行政管理部门在企业的经营管理中发生的或者应当由企业统一负担的公司经费(包括行政管理部门职工薪酬、物料消耗、低值易耗品摊销、修理费、折旧费、办公费和差旅费等)、工会经费、董事会费、聘请中介机构费、咨询费(含顾问费)、诉讼费、业务招待费、房产税、车船税、土地使用税、印花税、技术转让费、矿产资源补偿费、研究费用、排污费等。

为了核算企业的管理费用,应设置"管理费用"账户,该账户为损益类账户,借方登记发生的各项管理费用,贷方登记期末结转入"本年利润"账户的金额,结转后期末无余额。

【例 13-17】 某房地产开发公司 2011 年 12 月发生如下管理费用:

(1) 发生各项办公费用 2 800 元,以银行存款支付。编制会计分录如下:

借:管理费用　　　　　　　　　　　　　　　2 800
　　贷:银行存款　　　　　　　　　　　　　　2 800

(2) 总经理办公室工作人员报销差旅费 2 760 元,原已预支 3 000 元,余额归还现金。编制会计分录如下:

借:管理费用　　　　　　　　　　　　　　　2 760
　　库存现金　　　　　　　　　　　　　　　　240
　　贷:其他应收款　　　　　　　　　　　　　3 000

(3) 用支票支付审计费 10 万元。编制会计分录如下:

借:管理费用　　　　　　　　　　　　　　100 000
　　贷:银行存款　　　　　　　　　　　　　100 000

(4) 接税务部门通知,本期房产税和车船税分别为 4 000 元和 3 500 元。编制会计分录如下:

借:管理费用　　　　　　　　　　　　　　　7 500
　　贷:应交税费——应交房产税　　　　　　　4 000
　　　　　　　　——应交车船税　　　　　　　3 500

(5) 结算本期管理人员薪酬 13 680 元。编制会计分录如下:

借:管理费用　　　　　　　　　　　　　　　13 680
　　贷:应付职工薪酬　　　　　　　　　　　　13 680

(6) 发生业务招待费 1 600 元,以现金支票支付。编制会计分录如下:

借:管理费用　　　　　　　　　　　　　　　1 600
　　贷:银行存款　　　　　　　　　　　　　　1 600

(7) 计提固定资产折旧费 1 800 元。编制会计分录如下:

借:管理费用　　　　　　　　　　　　　　　1 800
　　贷:累计折旧　　　　　　　　　　　　　　1 800

13.2.3 财务费用

财务费用,是指房地产开发企业为筹集生产经营所需资金等而发生的费用,包括应当作为期间费用的利息支出(减利息收入)、汇兑损失(减汇兑收益)以及相关的手续费、企业发生的现金折扣或收到的现金折扣等。

企业为购建固定资产而筹集资金所发生的费用,在固定资产达到预定可使用状态之前,按规定应予资本化的部分,不计入财务费用。

企业在筹建期间发生的利息净支出、汇兑净损失等,也不计入财务费用,而应计入开办费或有关固定资产成本当中。

为了核算企业的财务费用,应设置"财务费用"账户,该账户为损益类账户,借方登记发生的各项财务费用,贷方登记应作冲减处理的利息收入、汇兑收益和期末结转入"本年利润"账户的金额，结转后期末无余额。

【例 13-18】 某房地产开发企业 2012 年 1 月发生如下财务费用：

（1）收到开户银行通知，已从企业存款账户扣收银行结算业务手续费 3 000 元。编制会计分录如下：

借：财务费用　　　　　　　　　　　　　　　3 000
　　贷：银行存款　　　　　　　　　　　　　　　3 000

（2）公司去年从银行取得三年期、到期一次还本付息的周转性贷款，计提本月应付借款利息 1.2 万元。编制会计分录如下：

借：财务费用　　　　　　　　　　　　　　　12 000
　　贷：长期借款　　　　　　　　　　　　　　　12 000

（3）收到开户银行通知，取得利息收入 8 000 元。编制会计分录如下：

借：银行存款　　　　　　　　　　　　　　　8 000
　　贷：财务费用　　　　　　　　　　　　　　　8 000

13.3 利　润

13.3.1 利润的构成

利润是企业在一定会计期间的经营成果。利润包括收入减去费用后的净额、直接计入当期利润的利得和损失等。

直接计入当期利润的利得和损失，是指应当计入当期利润、会导致所有者权益发生增减变动的、与所有者投入资本或者向所有者分配利润无关的利得和损失。

利润相关计算公式如下：

1. 营业利润

营业利润＝营业收入－营业成本－营业税金及附加－销售费用－管理费用－财务费用－资产减值损失＋公允价值变动收益（－公允价值变动损失）＋投资收益（－投资损失）

(式 13-1)

其中：

（1）营业收入是企业从事经营活动所取得的收入总额，包括主营业务收入和其他业务收入。

（2）营业成本是企业从事经营活动所发生的成本总额，包括主营业务成本和其他业务成本。

（3）营业税金及附加是企业经营活动应缴纳的营业税、城市维护建设税、教育费附加和土地增值税等。

（4）销售费用、管理费用和财务费用是企业本期发生的、不能直接或间接计入某个特定开发项目成本的、应直接计入损益的各项费用。

（5）资产减值损失是企业计提各项资产减值准备所形成的损失。

（6）公允价值变动收益（或损失）是企业持有的交易性金融资产等公允价值变动形成的应计入当期损益的利得（或损失）。

(7) 投资收益（或损失）是指企业以各种方式对外投资所取得的收益（或发生的损失）。

2. 利润总额

$$\text{利润总额} = \text{营业利润} + \text{营业外收入} - \text{营业外支出} \qquad (\text{式 13-2})$$

其中，营业外收入、营业外支出是企业发生的与其日常经营活动无直接关系的各项利得或损失。

3. 净利润

$$\text{净利润} = \text{利润总额} - \text{所得税费用} \qquad (\text{式 13-3})$$

其中，所得税费用是企业确认的应从当期利润总额中扣除的所得税费用。

13.3.2 营业外收支的核算

1. 营业外收入的核算

营业外收入是指企业发生的与日常经营活动没有直接关系的各项利得。营业外收入并不是由企业的经营资金耗费所产生的，不需要付出代价，实际上是一种纯收入，不可能也不需要与有关费用进行配比。因此，在会计核算上，应当严格区分营业外收入与营业收入的界限。

营业外收入主要包括：非流动资产处置利得、非货币性资产交换利得、债务重组利得、政府补助、盘盈利得、捐赠利得以及其他与日常经营活动没有直接关系的利得。

（1）非流动资产处置利得包括固定资产处置利得和无形资产出售利得。固定资产处置利得，指企业出售固定资产所取得价款或报废固定资产的残料价值和变价收入等，扣除固定资产的账面价值、清理费用、处置相关税费后的净收益；无形资产出售利得，指企业出售无形资产所取得价款扣除出售无形资产的账面价值、出售相关税费后的净收益。

（2）非货币性资产交换利得，指在非货币性资产交换中换出资产为固定资产、无形资产的，换入资产公允价值大于换出资产账面价值的差额，扣除相关费用后计入营业外收入的金额。

（3）债务重组利得，指重组债务的账面价值超过清偿债务的现金、非现金资产的公允价值、所转股份的公允价值，或者重组后债务账面价值之间的差额。

（4）政府补助，指企业从政府无偿取得货币性资产或非货币性资产形成的利得。

（5）盘盈利得，指企业对于现金等资产清查盘点中盘盈的资产，报经批准后计入营业外收入的金额。

（6）捐赠利得，指企业接受捐赠产生的利得。

（7）其他与日常经营活动没有直接关系的利得，如：罚款收入、确实无法支付而按规定程序批准后转作营业外收入的应付账款等。

为了核算和监督营业外收入的发生和结转情况，企业应设置"营业外收入"账户。该账户为损益类账户，贷方登记企业取得的各项营业外收入，借方登记期末转入"本年利润"账户的营业外收入，结转后期末无余额。

【例13-19】甲公司出售一台多余轿车，净收益为8 000元。编制会计分录如下：

借：固定资产清理　　　　　　　　　　　　　8 000
　　贷：营业外收入　　　　　　　　　　　　　　　　8 000

【例13-20】 甲公司所管理的A小区内一业主违反规定进行装修,从其原交纳的装修保证金5 000元中扣除1 800,余款退还业主。编制会计分录如下:

借:其他应付款　　　　　　　　　　　　5 000
　　贷:库存现金　　　　　　　　　　　　　3 200
　　　　营业外收入　　　　　　　　　　　　1 800

2. 营业外支出的核算

营业外支出是指企业发生的与日常经营活动没有直接关系的各项损失。

营业外支出主要包括:非流动资产处置损失、非货币性资产交换损失、债务重组损失、公益性捐赠支出、非常损失、盘亏损失以及其他与日常经营活动没有直接关系的损失。

(1) 非流动资产处置损失包括固定资产处置损失和无形资产出售损失。固定资产处置损失,指企业出售固定资产所取得的价款或报废固定资产的残料价值和变价收入等,不足抵补处置固定资产的账面价值、清理费用、处置相关税费后的净损失;无形资产出售损失,指企业出售无形资产所取得的价款,不足抵补出售无形资产的账面价值、出售相关税费后的净损失。

(2) 非货币性资产交换损失,指在非货币性资产交换中换出资产为固定资产、无形资产的,换入资产公允价值小于换出资产账面价值的差额,扣除相关费用后计入营业外支出的金额。

(3) 债务重组损失,指重组债权的账面余额与受让资产的公允价值、所转股份的公允价值,或者重组后债权的账面价值之间的差额。

(4) 公益性捐赠支出,指企业对外进行公益性捐赠发生的支出。

(5) 非常损失,指企业对于因客观因素(如自然灾害等)造成的损失,在扣除保险公司赔偿后计入营业外支出的净损失。

(6) 盘亏损失,指企业对于固定资产等清查盘点中盘亏的固定资产等,报经批准后计入营业外支出的金额。

(7) 其他与日常经营活动没有直接关系的损失,如:罚款支出、税收滞纳金支出等。

为了核算和监督营业外支出的发生和结转情况,企业应设置"营业外支出"账户。该账户为损益类账户,借方登记企业发生的各项营业外支出,贷方登记期末转入"本年利润"账户的营业外支出,结转后期末无余额。

【例13-21】 甲公司向希望工程基金会捐款50 000元。编制会计分录如下:

借:营业外支出　　　　　　　　　　　　50 000
　　贷:银行存款　　　　　　　　　　　　　50 000

【例13-22】 甲公司因未按借款合同约定的用途使用借款,按规定向银行支付罚金4 000元。编制会计分录如下:

借:营业外支出　　　　　　　　　　　　4 000
　　贷:银行存款　　　　　　　　　　　　　4 000

需要注意的是,营业外收入和营业外支出应当分别核算。在具体核算时,不得以营业外支出直接冲减营业外收入,也不得以营业外收入冲减营业外支出。

13.3.3 所得税费用的核算

所得税是指国家对企业的生产经营所得和其他所得依法征收的一种税。

利润表中的所得税费用由两个部分组成：当期所得税和递延所得税。即：

$$所得税费用 = 当期所得税 + 递延所得税 \qquad (式13\text{-}4)$$

1. 当期所得税的计算

当期所得税，是指企业按照税法规定计算确定的针对当期发生的交易和事项，应交纳给税务机关的所得税金额，即应交所得税。

当期所得税并不是直接根据税前会计利润（即利润总额）来计算的，而应当以适用的税收法规为基础计算确定。企业在确定当期所得税时，对于当期发生的交易或事项，会计处理与税收处理不同的，应在税前会计利润的基础上，按照适用税收法规的要求进行调整，计算出当期应纳税所得额，按照应纳税所得额与适用所得税税率计算确定当期所得税。

计算公式为：

$$应纳税所得额 = 税前会计利润 + 纳税调整增加额 - 纳税调整减少额 \qquad (式13\text{-}5)$$
$$当期所得税 = 应纳税所得额 \times 所得税税率 \qquad (式13\text{-}6)$$

纳税调整增加额主要包括税法规定允许扣除项目中，企业已计入当期费用但超过税法规定扣除标准的金额（如超过税法规定的业务招待费支出），以及企业已计入当期损失但税法规定不允许扣除项目的金额（如税收滞纳金、违法经营的罚款、被没收财物的损失等）。

纳税调整减少额主要包括按税法规定允许弥补的损失和准予免税的项目，如5年内的未弥补亏损和国债利息收入等。

【例13-23】 甲公司2011年度的税前会计利润（利润总额）为2 560 000元，当年营业外支出中有30 000元为税收滞纳金，本年国库券利息收入为50 000元，所得税税率为25%。假定无其他纳税调整事项。则：

应纳税所得额 = 2 560 000 + 30 000 - 50 000 = 2 540 000（元）

当期所得税 = 2 540 000 × 25% = 635 000（元）

2. 递延所得税的计算

按照《企业会计准则》的规定，我国企业采用资产负债表债务法对所得税进行会计处理。企业在取得资产、负债时，应当分别确定它们的计税基础，每个资产负债表日应当分析比较资产、负债的账面价值与其计税基础，两者之间存在差异的，确认递延所得税资产、递延所得税负债及相应的递延所得税（费用）。

递延所得税，是指按照《企业会计准则》规定应予确认的递延所得税资产和递延所得税负债在期末应有的金额相对于原已确认金额之间的差额，即递延所得税资产及递延所得税负债的当期发生额，但不包括直接计入所有者权益的交易或事项及企业合并的所得税影响。

计算公式为：

$$递延所得税 = 当期递延所得税负债的增加 + 当期递延所得税资产的减少$$
$$- 当期递延所得税负债的减少 - 当期递延所得税资产的增加$$

$$(式13\text{-}7)$$

3. 所得税费用的核算

利润表中的所得税费用由当期所得税和递延所得税组成。

为了核算和监督企业所得税费用的发生和结转情况,企业应设置"所得税费用"账户。该账户为损益类账户,借方登记所得税费用的增加,贷方登记所得税费用的减少,期末将余额转入"本年利润"账户,结转后应无余额。该账户可按"当期所得税费用"、"递延所得税费用"设置明细账户。

资产负债表日,企业按照税法规定计算确定当期应交所得税,借记"所得税费用——当期所得税费用"账户,贷记"应交税费——应交所得税"账户。根据递延所得税资产的应有余额大于"递延所得税资产"账户余额的差额,借记"递延所得税资产"账户,贷记"所得税费用——递延所得税费用"、"资本公积——其他资本公积"等账户;递延所得税资产的应有余额小于"递延所得税资产"账户余额的差额做相反的会计分录。企业应予确认的递延所得税负债,应当比照上述原则调整"所得税费用——递延所得税费用"、"递延所得税负债"账户及有关账户。

【例 13-24】承例 13-23,甲公司递延所得税负债年初数为 40 000 元,年末数为 50 000 元,递延所得税资产年初数为 25 000 元,年末数为 20 000 元。甲公司所得税费用的计算如下:

递延所得税=(50 000−40 000)+(25 000−20 000)=15 000(元)

所得税费用=635 000+15 000=650 000(元)

编制会计分录如下:

借:所得税费用　　　　　　　　　　　　　　650 000
　　贷:应交税费——应交所得税　　　　　　　　635 000
　　　　递延所得税负债　　　　　　　　　　　　10 000
　　　　递延所得税资产　　　　　　　　　　　　 5 000

13.3.4 利润形成的核算

为了核算和监督企业净利润(或净亏损)的形成情况,企业应设置"本年利润"账户,该账户为所有者权益类账户。企业期(月)末结转利润时,应将各损益类账户的余额转入本账户,结平各损益类账户。即该账户贷方登记期末结转的主营业务收入、其他业务收入、公允价值变动净收益、投资净收益和营业外收入,借方登记期末结转的主营业务成本、其他业务成本、营业税金及附加、销售费用、管理费用、财务费用、资产减值损失、公允价值变动净损失、投资净损失、营业外支出和所得税费用。年度终了,应将本账户贷方发生额和借方发生额相抵之后结出"本年利润"账户的余额,如果"本年利润"账户为贷方余额,反映企业本年度累计实现的净利润;如果为借方余额,反映企业本年度累计发生的净亏损。无论是实现的净利润还是发生的净亏损,最终都应转入"利润分配——未分配利润"账户,结转后期末无余额。

【例 13-25】甲公司 2011 年 12 月 1 日"本年利润"账户的贷方余额为 270 万元。12 月 31 日各损益类账户的余额如表 13-1 所示:

损益类账户余额表 单位：元 表13-1

账户名称	借方余额	贷方余额
主营业务收入		1 250 000
其他业务收入		80 000
投资收益		31 500
营业外收入		50 000
主营业务成本	850 000	
其他业务成本	35 000	
营业税金及附加	15 000	
销售费用	48 000	
管理费用	110 000	
财务费用	4 800	
资产减值损失	20 000	
营业外支出	9 700	
所得税费用	52 000	

（1）月末结转各收入、利得类账户的余额。编制会计分录如下：

借：主营业务收入　　　　　　　　1 250 000
　　　其他业务收入　　　　　　　　　80 000
　　　投资收益　　　　　　　　　　　31 500
　　　营业外收入　　　　　　　　　　50 000
　　贷：本年利润　　　　　　　　　　　　　　1 411 500

（2）月末结转各费用、损失类账户的余额。编制会计分录如下：

借：本年利润　　　　　　　　　　1 144 500
　　贷：主营业务成本　　　　　　　　　　　　850 000
　　　　其他业务成本　　　　　　　　　　　　 35 000
　　　　营业税金及附加　　　　　　　　　　　 15 000
　　　　销售费用　　　　　　　　　　　　　　 48 000
　　　　管理费用　　　　　　　　　　　　　　110 000
　　　　财务费用　　　　　　　　　　　　　　 4 800
　　　　资产减值损失　　　　　　　　　　　　 20 000
　　　　营业外支出　　　　　　　　　　　　　 9 700
　　　　所得税费用　　　　　　　　　　　　　 52 000

（3）年末结转"本年利润"账户的余额（即全年的净利润）。编制会计分录如下：

借：本年利润　　　　　　　　　　2 967 000
　　贷：利润分配——未分配利润　　　　　　　2 967 000

13.4 利润分配

13.4.1 利润分配的顺序

企业当年实现的净利润，一般应当按照如下顺序进行分配：

1. 弥补以前年度亏损

企业发生的年度亏损，可以用下一年度的税前利润弥补；下一年度利润不足弥补的，可以在5年以内延续弥补，如延续5年未弥补完，用税后净利润弥补。

2. 提取法定盈余公积

企业的法定盈余公积按照当年净利润的10%提取，如当年净利润弥补了以前年度亏损的，则应按照当年净利润扣除弥补的以前年度亏损后的10%提取，企业法定盈余公积累计达到注册资本的50%以上时，可不再提取。

3. 提取任意盈余公积

企业从净利润中提取法定盈余公积后，经股东会或者股东大会决议，还可以从净利润中提取一定比例的任意盈余公积。它与法定盈余公积的区别在于其提取比例由企业自主决定。

4. 向投资者分配利润

企业实现的净利润在扣除上述项目后，再加上期初未分配利润，即为可供投资者分配的利润。有限责任公司可按投资各方的出资比例进行分配，股份有限公司可按投资各方持有股份的比例进行分配。股份有限责任公司分配时，先分配优先股现金股利，再分配普通股现金股利、股票股利。

可供投资者分配的利润，在经过上述分配后，即为未分配利润（或未弥补亏损）。未分配利润可留待以后年度进行分配。企业如发生亏损，可以按规定由以后年度利润进行弥补。

13.4.2 利润分配的核算

为了核算和监督企业利润的分配情况，应设置"利润分配"账户。该账户为所有者权益类账户，用来核算企业利润的分配（或亏损的弥补）和历年利润分配（或亏损弥补）后的结存余额。其贷方登记转入的本年利润数额和用盈余公积弥补的亏损额；借方登记分配的利润数额和转入的本年亏损额；年末贷方余额反映历年积存的未分配利润，年末借方余额反映历年积存的未弥补亏损。企业通常应在本账户下设置"提取法定盈余公积"、"提取任意盈余公积"、"应付现金股利或利润"、"转作股本的股利"、"盈余公积补亏"和"未分配利润"等明细账户进行明细分类核算。

年度终了，企业除了应将全年实现的净利润，自"本年利润"账户转入"利润分配"账户外，同时还应在利润分配后将"利润分配"账户下的其他明细账户的余额转入"利润分配——未分配利润"明细账户。结转后，除"利润分配——未分配利润"明细账户外，"利润分配"的其他明细账户应无余额。

【例13-26】 承例13-25，甲公司以前年度无亏损，2009年实现的净利润为2 967 000元。按净利润的10%提取法定盈余公积，按净利润的5%提取任意盈余公积，并向投资者分配利润1 200 000元，通过银行转账支付。编制会计如下：

（1）提取法定盈余公积和任意盈余公积：

借：利润分配——提取法定盈余公积　　　　　296 700
　　　　　　——提取任意盈余公积　　　　　148 350
　贷：盈余公积——法定盈余公积　　　　　　296 700

——任意盈余公积		148 350

（2）向投资者分配利润：
借：利润分配——应付现金股利或利润　　1 200 000
　　贷：应付股利　　　　　　　　　　　　　　　　1 200 000
（3）实际通过银行转账支付分配的利润：
借：应付股利　　　　　　　　　　　　1 200 000
　　贷：银行存款　　　　　　　　　　　　　　　　1 200 000
（4）年终结转"利润分配"各明细账户余额：
借：利润分配——未分配利润　　　　　1 645 050
　　贷：利润分配——提取法定盈余公积　　　　　　296 700
　　　　　　　　——提取任意盈余公积　　　　　　148 350
　　　　　　　　——应付现金股利或利润　　　　 1 200 000

练习题

习题一

一、目的：练习开发产品转让、销售和结算的核算。
二、资料：
（一）某房地产开发企业本月发生如下开发产品转让、销售和结算的经济业务：
1. 销售商品房一套，收到价款 150 万元存入银行。
2. 转让一块已竣工验收的商品性建设场地，价款为 80 万元，交接手续已办妥，收到买主开具并承兑的商业汇票一张。
3. 销售商品房住宅小区配套设施商店用房一套，售价 120 万元。房屋已移交，发票已提交买主，款项尚未收到。
4. 某代建工程竣工验收，向委托单位提交"工程价款结算账单"，工程全部价款为 150 万元。
（二）月末结转以上开发产品的实际开发成本。以上开发产品的实际开发成本分别为：90 万元、50 万元、70 万元、80 万元。
（三）月末计算以上营业收入应交纳的税金及附加。营业税的税率为 5%，城市维护建设税的税率为营业税的 7%，教育费附加的费率为营业税的 3%，计算出应交的土地增值税为 40 万元。
三、要求：根据上述经济业务编制会计分录。

习题二

一、目的：练习期间费用的核算。
二、资料：某房地产开发企业本月发生下列与期间费用有关的经济业务：
1. 行政管理部门购入办公用品 300 元，以现金支付。
2. 收到开户银行通知，已从企业存款账户扣收银行结算业务手续费 700 元。
3. 结算本期管理人员薪酬 50 000 元，专设销售机构人员薪酬 30 000 元。
4. 开出支票支付业务招待费 7 000 元。

5. 行政管理人员报销差旅费1 200元，原已预支1 500元，余额归还现金。

6. 计提公司总部的固定资产折旧额20 000元。

7. 支付广告宣传费20 000元。

8. 按规定计算出本月应交纳的房产税2 000元、车船税1 000元。

9. 支付房展会摊位费50 000元。

10. 向技术咨询服务公司支付咨询费4 000元。

11. 收到开户银行通知，本月发生的银行存款利息收入为1 500元。

12. 月终结转本月发生的期间费用。

三、要求：根据上述经济业务编制会计分录。

习题三

一、目的：练习利润及利润分配的核算。

二、资料：某房地产开发企业2011年12月1日"本年利润"账户的贷方余额为2 658 000元。12月31日各损益类账户的余额如表13-2所示：

损益类账户余额表　　　　　　　单位：元　表13-2

会计账户	借方余额	会计账户	贷方余额
主营业务成本	311 000	主营业务收入	667 600
其他业务成本	100 000	其他业务收入	197 400
营业税金及附加	73 000	投资收益	17 000
销售费用	30 000	营业外收入	10 000
管理费用	33 600		
财务费用	2 400		
营业外支出	5 000		
所得税费用	75 000		

三、要求：为以下经济业务编制会计分录。

1. 结转各损益类账户余额。

2. 年末结转全年净利润（"本年利润"账户的余额）。

3. 分别按全年净利润的10%提取法定盈余公积和任意盈余公积。

4. 向投资者分配利润1 000 000元，通过银行转账支付。

5. 年末结转"利润分配"各明细账户的余额。

14 财务会计报告

14.1 财务会计报告概述

14.1.1 财务会计报告的概念

财务会计报告,是指企业对外提供的反映企业某一特定日期财务状况和某一会计期间经营成果、现金流量等会计信息的文件。

企业日常发生的经济业务,经过会计的确认、计量、记录后,已经反映在会计账簿中。账簿中的会计资料虽然比会计凭证更加系统化、条理化,但是仍然比较分散,它只能反映某一个账户或企业经营活动某一个方面的情况,不能集中概括地表现企业经济活动的全貌,也无法对外报送。因此,还需要对账簿中的核算资料做进一步的加工提炼,以表格或文字的形式即财务会计报告表现出来,使之成为能够全面概括地反映企业财务状况、经营成果和现金流量的综合会计信息。

编制财务会计报告是对会计核算工作的总结,财务会计报告是会计核算工作的最终产品。

财务会计报告的目标是向财务会计报告使用者提供与企业财务状况、经营成果和现金流量等有关的会计信息,反映企业管理层受托责任履行情况,有助于财务会计报告使用者作出经济决策。

14.1.2 财务会计报告的组成和分类

财务会计报告包括会计报表(也叫财务报表)和其他应当在财务会计报告中披露的相关信息和资料。

会计报表是对企业财务状况、经营成果和现金流量的结构性表述,至少应当包括资产负债表、利润表、现金流量表、所有者权益(或股东权益,下同)变动表和附注。小企业编制的会计报表可以不包括现金流量表。

会计报表可以按照不同的标准进行分类:

(1)按会计报表编报期间的不同,可以分为中期会计报表和年度会计报表。中期会计报表是以短于一个完整会计年度的报告期间为基础编制的会计报表,包括月报、季报和半年报等。

(2)按会计报表编报主体的不同,可以分为个别会计报表和合并会计报表。个别会计报表是由企业在自身会计核算基础上对账簿记录进行加工而编制的会计报表,它主要用以反映企业自身的财务状况、经营成果和现金流量情况。合并会计报表是以母公司和子公司组成的企业集团为会计主体,根据母公司和所属子公司的会计报表,由母公司编制的综合反映企业集团财务状况、经营成果及现金流量的会计报表。

14.1.3 编制会计报表的基本要求

为了充分发挥会计报表的作用,让会计信息使用者清楚地了解企业的财务状况、经营成果和现金流量情况,企业编制会计报表应当遵循下列基本要求:

(1) 企业应当以持续经营为基础,根据实际发生的交易和事项,按照《企业会计准则——基本准则》和其他各项会计准则的规定进行确认和计量,在此基础上编制会计报表。企业不应以附注披露代替确认和计量。

(2) 会计报表项目的列报应当在各个会计期间保持一致,不得随意变更,但下列情况除外:①会计准则要求改变会计报表项目的列报;②企业经营业务的性质发生重大变化后,变更会计报表项目的列报能够提供更可靠、更相关的会计信息。

(3) 性质或功能不同的项目,应当在会计报表中单独列报,但不具有重要性的项目除外。性质或功能类似的项目,其所属类别具有重要性的,应当按其类别在会计报表中单独列报。

(4) 会计报表中的资产项目和负债项目的金额、收入项目和费用项目的金额不得相互抵消,但其他会计准则另有规定的除外。

资产项目按扣除减值准备后的净额列示,不属于抵消。非日常活动产生的损益,以收入扣减费用后的净额列示,不属于抵消。

(5) 当期会计报表的列报,至少应当提供所有列报项目上一可比会计期间的比较数据,以及与理解当期会计报表相关的说明,但其他会计准则另有规定的除外。

会计报表项目的列报发生变更的,应当对上期比较数据按照当期的列报要求进行调整,并在附注中披露调整的原因和性质,以及调整的各项目金额。对上期比较数据进行调整不切实可行的,应当在附注中披露不能调整的原因。

(6) 企业应当在会计报表的显著位置披露下列各项:①编报企业的名称;②资产负债表日或会计报表涵盖的会计期间;③人民币金额单位;④会计报表是合并会计报表的,应当予以标明。

(7) 企业至少应当按年编制会计报表。年度会计报表涵盖的期间短于一年的,应当披露年度会计报表的涵盖期间,以及涵盖期间短于一年的原因。

14.2 资产负债表

14.2.1 资产负债表的概念和作用

资产负债表是反映企业在某一特定日期财务状况的会计报表。这里的"某一特定日期"一般是指月末、季末、半年末、年末;"财务状况"是指全部资产、负债和所有者权益的情况。

资产负债表是企业的主要会计报表之一,主要有以下作用:

(1) 资产负债表可以提供某一日期资产的总额及其结构,表明企业拥有或控制的资源及其分布情况，使用者可以一目了然地从资产负债表上了解企业在某一特定日期所拥有的资产总量及其结构。

（2）资产负债表可以提供某一日期的负债总额及其结构，表明企业未来需要用多少资产或劳务清偿债务以及清偿时间。

（3）资产负债表可以反映所有者所拥有的权益，据以判断资本保值、增值的情况以及对负债的保障程度。

（4）资产负债表可以提供进行财务分析的基本资料，如将流动资产与流动负债进行比较，计算出流动比率。

14.2.2 资产负债表的结构

1. 资产负债表的结构

在我国，资产负债表采用账户式结构，报表分为左右两方，左方列示资产各项目，反映全部资产的分布及存在形态；右方列示负债和所有者权益各项目，反映全部负债和所有者权益的内容及构成情况。资产负债表左右双方平衡，资产总计等于负债和所有者权益总计，即"资产＝负债＋所有者权益"。

此外，为了使报表使用者通过比较不同时点资产负债表的数据，掌握企业财务状况的变动情况及发展趋势，企业需要提供比较资产负债表，资产负债表还根据各项目再分为"年初余额"和"期末余额"两栏分别填列。

资产负债表的具体格式如表 14-1 所示。

资产负债表　　　　　　　　　　　　　　　　表 14-1

会企 01 表

编制单位：　　　　　　　　　　年　　　月　　　日　　　　　　　　　单位：元

资　产	期末余额	年初余额	负债和股东权益	期末余额	年初余额
流动资产：			流动负债：		
货币资金			短期借款		
交易性金融资产			交易性金融负债		
应收票据			应付票据		
应收账款			应付账款		
预付款项			预收款项		
应收利息			应付职工薪酬		
应收股利			应交税费		
其他应收款			应付利息		
存货			应付股利		
一年内到期的非流动资产			其他应付款		
其他流动资产			一年内到期的非流动负债		
流动资产合计			其他流动负债		
非流动资产：			流动负债合计		
可供出售金融资产			非流动负债：		
持有至到期投资			长期借款		
长期应收款			应付债券		

续表

资　产	期末余额	年初余额	负债和股东权益	期末余额	年初余额
长期股权投资			长期应付款		
投资性房地产			专项应付款		
固定资产			预计负债		
在建工程			递延所得税负债		
工程物资			其他非流动负债		
固定资产清理			非流动负债合计		
生产性生物资产			负债合计		
油气资产			股东权益：		
无形资产			股本		
开发支出			资本公积		
商誉			减：库存股		
长期待摊费用			盈余公积		
递延所得税资产			未分配利润		
其他非流动资产			股东权益合计		
非流动资产合计					
资产总计			负债及股东权益总计		

2. 资产负债表项目的列示

（1）资产类项目按流动性大小列示，流动资产列示在前，非流动资产列示在后。

满足下列条件之一的资产，应当归类为流动资产：

1）预计在一个正常营业周期中变现、出售或耗用；

2）主要为交易目的而持有；

3）预计在资产负债表日起一年内（含一年）变现；

4）自资产负债表日起一年内，交换其他资产或清偿负债的能力不受限制的现金或现金等价物。

流动资产以外的资产应当归类为非流动资产。

（2）负债类项目按偿还期长短列示，偿还期短的流动负债列示在前，偿还期长的非流动负债列示在后。

满足下列条件之一的负债，应当归类为流动负债：

1）预计在一个正常营业周期中清偿；

2）主要为交易目的而持有；

3）自资产负债表日起一年内到期应予清偿；

4）企业无权自主地将清偿推迟至资产负债表日后一年以上。

流动负债以外的负债应当归类为非流动负债。

（3）所有者权益项目按永久性程度列示，一般分为实收资本（或股本）、资本公积、盈余公积和未分配利润等。

14.2.3　资产负债表的填列方法

1."年初余额"的填列方法

表中"年初余额"栏内各项目数字，应根据上年末资产负债表"期末余额"栏内所列数字填列。如果本年度资产负债表规定的各个项目的名称和内容同上年度不相一致，应对上年年末资产负债表各项目的名称和数字按照本年度的规定进行调整，按调整后的数字填入"年初余额"栏内。

2."期末余额"的填列方法

（1）直接根据总账账户的余额填列

例如，交易性金融资产、固定资产清理、长期待摊费用、递延所得税资产、短期借款、交易性金融负债、应付职工薪酬、应交税费、应付利息、应付股利、其他应付款、递延所得税负债、实收资本、资本公积、库存股、盈余公积等项目，应当根据相关总账账户的余额直接填列。

（2）根据几个总账账户的余额计算填列

例如，"货币资金"项目，应当根据"库存现金"、"银行存款"、"其他货币资金"等账户期末余额合计填列。

（3）根据有关明细账户的余额计算填列

例如，"应付账款"项目，应当根据"应付账款"、"预收账款"等账户所属明细账户期末贷方余额合计填列。

（4）根据总账账户和明细账户的余额分析计算填列

例如，"长期借款"项目，应当根据"长期借款"总账账户余额扣除"长期借款"账户所属明细账户中将于一年内到期的部分填列；"应付债券"项目，应当根据"应付债券"总账账户余额扣除"应付债券"账户所属明细账户中将于一年内到期的部分填列。

（5）根据有关账户余额减去其备抵账户余额后的净额填列

例如，"固定资产"项目，应当根据"固定资产"总账账户的期末余额减去"累计折旧"、"固定资产减值准备"备抵账户余额后的净额填列。

（6）综合运用上述填列方法分析填列

例如，"存货"项目，需要根据"原材料"、"库存商品"、"委托加工物资"、"周转材料"、"材料采购"、"在途物资"、"发出商品"、"材料成本差异"等总账账户期末余额的分析汇总数，再减去"存货跌价准备"账户余额后的净额填列。

3."期末余额"各项目的内容与填列说明

资产负债表中资产、负债和所有者权益主要项目的填列说明如下：

（1）资产项目的填列说明

1）"货币资金"项目，反映企业库存现金、银行结算账户存款、外埠存款、银行汇票存款、银行本票存款、信用卡存款、信用证保证金存款和在途资金等的合计数。本项目应根据"库存现金"、"银行存款"、"其他货币资金"账户期末余额的合计数填列。

2）"交易性金融资产"项目，反映企业持有的以公允价值计量且其变动计入当期损益的、为交易目的所持有的债券投资、股票投资、基金投资、权证投资等金融资产。本项目应当根据"交易性金融资产"账户的期末余额填列。

3）"应收票据"项目，反映企业收到的未到期收款、也未向银行贴现的应收票据，包括银行承兑汇票和商业承兑汇票。本项目应根据"应收票据"账户的期末余额，减去"坏账准备"账户中有关应收票据计提的坏账准备期末余额后的金额填列。

4）"应收账款"项目，反映企业应收的与企业经营业务有关的各项款项。本项目应根据"应收账款"和"预收账款"账户所属各明细账户的期末借方余额合计数,减去"坏账准备"账户中有关应收账款计提的坏账准备期末余额后的金额填列。如"应收账款"账户所属明细账户期末有贷方余额的,应在本表"预收款项"项目内填列。

5)"预付款项"项目,反映企业按照购货合同规定预付给供应单位的款项等。本项目应根据"预付款项"和"应付账款"账户所属各明细账户的期末借方余额合计数,减去"坏账准备"账户中有关预付款项计提的坏账准备期末余额后的金额填列。如"预付款项"账户所属各明细账户期末有贷方余额的,应在本表"应付账款"项目内填列。

6)"应收利息"项目,反映企业应收取的债券投资等的利息。本项目应根据"应收利息"账户的期末余额填列。

7)"应收股利"项目,反映企业应收取的现金股利和应收取其他单位分配的利润。本项目应根据"应收股利"账户的期末余额填列。

8)"其他应收款"项目,反映企业对其他单位和个人的各种应收、暂付的款项。本项目应根据"其他应收款"账户的期末余额,减去"坏账准备"账户中有关其他应收款计提的坏账准备期末余额后的金额填列。

9)"存货"项目,反映企业期末在库、在途和在加工中的各项存货的成本与其可变现净值中较低的金额。本项目应根据"材料采购"、"在途物资"、"原材料"、"材料成本差异"、"库存商品"、"周转材料"、"委托加工物资"、"开发成本"、"开发产品"、"库存设备"等账户的期末余额,减去"存货跌价准备"账户期末余额后的金额填列。

10)"一年内到期的非流动资产"项目,反映企业将于一年内到期的非流动资产项目金额。本项目应根据有关账户的期末余额填列。

11)"其他流动资产"项目,反映企业除以上流动资产项目外的其他流动资产的实际成本,应根据有关账户的期末余额填列。

12)"流动资产合计"项目,将以上各项流动资产项目相加计算出的数额填入本项目。

13)"可供出售金融资产"项目,反映企业持有的以公允价值计量、可供出售的债券投资、股票投资、基金投资等金融资产。本项目应根据"可供出售金融资产"账户的期末余额减去"可供出售金融资产减值准备"账户的期末余额后的金额填列。

14)"持有至到期投资"项目,反映企业持有的以摊余成本计量的持有至到期投资。本项目应根据"持有至到期投资"账户的期末余额,减去"持有至到期投资减值准备"账户的期末余额后的金额填列。

15)"长期应收款"项目,反映企业融资租赁产生的应收款项、采用递延方式具有融资性质的销售商品和提供劳务等产生的长期应收款项。本项目根据"长期应收款"账户期末余额,减去相应的"未实现融资收益"账户和"坏账准备"账户所属相关明细账户余额后的金额填列。

16)"长期股权投资"项目,反映企业持有的对子公司、联营企业和合营企业的长期股权投资。本项目应根据"长期股权投资"账户的期末余额,减去"长期股权投资减值准备"账户的期末余额后的金额填列。

17)"投资性房地产"项目,反映企业持有的投资性房地产。企业采用成本模式计量投资性房地产的,本项目根据"投资性房地产"账户的期末余额,减去"投资性房地产累计折旧(摊销)"和"投资性房地产减值准备"账户期末余额后的金额填列。

18)"固定资产"项目，反映企业各种固定资产原价减去累计折旧和累计减值准备后的净额。本项目应根据"固定资产"账户的期末余额，减去"累计折旧"和"固定资产减值准备"账户期末余额后的金额填列。

19)"在建工程"项目，反映企业期末各项未完工程的实际支出，包括交付安装的设备价值、未完建筑安装工程成本，已经建筑安装完毕但尚未交付使用的建筑安装工程成本等。本项目应根据"在建工程"账户的期末余额，减去"在建工程减值准备"账户期末余额后的金额填列。

20)"工程物资"项目，反映企业尚未使用的各项工程物资的实际成本。本项目应根据"工程物资"账户的期末余额填列。

21)"固定资产清理"项目，反映企业因出售、毁损、报废等原因转入清理但尚未清理完毕的固定资产净值，以及固定资产清理过程中所发生的清理费用和变价收入等各项金额的差额。本项目应根据"固定资产清理"账户的期末借方余额填列，如"固定资产清理"期末为贷方余额，本项目以"－"号填列。

22)"无形资产"项目，反映企业持有的无形资产的原价扣除摊销后的净额。本项目应根据"无形资产"账户的期末余额，减去"累计摊销"和"无形资产减值准备"账户期末余额后的金额填列。

23)"开发支出"项目，反映企业开发无形资产过程中能够资本化形成无形资产成本的支出部分。本项目应根据"研发支出"账户中所属的"资本化支出"明细账户期末余额填列。

24)"商誉"项目，反映企业合并中形成的商誉的价值。本项目应根据"商誉"账户期末余额，减去相应减值准备后的金额填列。

25)"长期待摊费用"项目，反映企业已经发生的应由本期和以后各期负担的摊销期限在1年以上（不含1年）的各种费用，长期待摊费用中在1年内（含1年）摊销的部分，在本表"一年内到期的非流动资产"项目填列。本项目应根据"长期待摊费用"账户的期末余额减去1年内（含1年）摊销的数额后的金额填列。

26)"递延所得税资产"项目，反映企业确认的可抵扣暂时性差异产生的递延所得税资产。本项目应根据"递延所得税资产"账户的期末余额填列。

27)"其他非流动资产"项目，反映企业除以上资产以外的其他非流动资产。本项目应根据有关账户的期末余额填列。

28)"非流动资产合计"项目，将以上各项非流动资产项目相加计算出的金额填入本项目。

29)"资产总计"项目，将"流动资产合计"和"非流动资产合计"两个项目的合计数填入本项目。

(2) 负债项目的填列说明

1)"短期借款"项目，反映企业向银行或其他金融机构等借入的期限在1年以下（含1年）的各种借款。本项目应根据"短期借款"账户的期末余额填列。

2)"交易性金融负债"项目，反映企业承担的以公允价值计量且其变动计入当期损益的，为交易目的所持有的金融负债。本项目应根据"交易性金融负债"账户的期末余额填列。

3)"应付票据"项目,反映企业购买材料、商品和接受劳务供应等开出、承兑的尚未到期付款的商业汇票,包括银行承兑汇票和商业承兑汇票。本项目应根据"应付票据"账户的期末余额填列。

4)"应付账款"项目,反映企业因购买材料、商品和接受劳务供应等经营活动应支付的款项。本项目应根据"应付账款"和"预付账款"账户所属各明细账户的期末贷方余额合计数填列。如"应付账款"账户所属明细账户期末有借方余额的,应在本表"预付款项"项目内填列。

5)"预收款项"项目,反映企业按照合同规定预收客户的款项。本项目应根据"预收账款"和"应收账款"账户所属各明细账户的期末贷方余额合计数填列。如"预收账款"账户所属各明细账户期末有借方余额,应在本表"应收账款"项目内填列。

6)"应付职工薪酬"项目,反映企业根据有关规定应付给职工的各种薪酬。本项目应根据"应付职工薪酬"账户期末贷方余额填列。"应付职工薪酬"账户期末如为借方余额,本项目以"-"号填列。

7)"应交税费"项目,反映企业应交未交的各种税费。本项目应根据"应交税费"账户的期末贷方余额填列。如"应交税费"账户期末为借方余额,本项目以"-"号填列。

8)"应付利息"项目,反映企业按照规定应付未付的利息。本项目应当根据"应付利息"账户的期末余额填列。

9)"应付股利"项目,反映企业应付未付给投资者的现金股利或利润。本项目应根据"应付股利"账户的期末余额填列。

10)"其他应付款"项目,反映企业应付、暂收其他单位或个人的款项。本项目应根据"其他应付款"账户的期末余额填列。

11)"一年内到期的非流动负债"项目,反映企业非流动负债中将于资产负债表日后一年内到期部分的金额,如将于一年内偿还的长期借款。本项目应根据有关账户的期末余额填列。

12)"其他流动负债"项目,反映企业除以上流动负债以外的其他流动负债。本项目应根据有关账户的期末余额填列。

13)"流动负债合计"项目,将以上各流动负债项目的数额相加以合计数填入本项目。

14)"长期借款"项目,反映企业向银行或其他金融机构借入的期限在1年以上(不含1年)的各项借款。本项目应根据"长期借款"账户的期末余额填列。

15)"应付债券"项目,反映企业发行的尚未偿还的各种债券的本金和利息。本项目应根据"应付债券"账户的期末余额,减去1年内到期的部分填列。

16)"长期应付款"项目,反映企业的各种长期应付款项。本项目应根据"长期应付款"账户的期末余额,减去相应的"未确认融资费用"账户的期末余额,再减去1年内到期的部分填列。

17)"专项应付款"项目,反映企业取得政府作为企业所有者投入的具有专项或特定用途的款项。本项目应根据"专项应付款"账户的期末余额填列。

18)"预计负债"项目,反映企业预计负债的期末余额。本项目应根据"预计负债"账户的期末余额填列。

19)"递延所得税负债"项目,反映企业确认的可抵扣暂时性差异产生的递延所得税负债。本项目应根据"递延所得税负债"账户的期末余额填列。

20)"其他非流动负债"项目,反映企业除以上非流动负债项目以外的其他非流动负债。本项目应根据有关账户期末余额减去将于 1 年内(含 1 年)到期偿还数后的余额填列。

非流动负债各项目中将于 1 年内(含 1 年)到期的非流动负债,应在"一年内到期的非流动负债"项目内单独反映。上述非流动负债各项目均应根据有关账户期末余额扣除将于 1 年内到期偿还数后的余额填列。

21)"非流动负债合计"项目,将以上各非流动负债项目的数额相加以合计数填入本项目。

22)"负债合计"项目,将"流动负债合计"和"非流动负债合计"项目的合计数填入本项目。

(3)所有者权益(或股东权益)项目的填列说明

1)"实收资本(或股本)"项目,反映企业各投资者实际投入的资本(或股本)总额。本项目应根据"实收资本(或股本)"账户的期末余额填列。

2)"资本公积"项目,反映企业资本公积的期末余额。本项目应根据"资本公积"账户的期末余额填列。

3)"库存股"项目,反映企业持有尚未转让或注销的本公司股份金额。本项目应根据"库存股"账户的期末余额填列。

4)"盈余公积"项目,反映企业盈余公积的期末余额。本项目应根据"盈余公积"账户的期末余额填列。

5)"未分配利润"项目,反映企业尚未分配的利润数额。1~11 月,本项目应根据"本年利润"账户的余额和"利润分配"账户的余额计算填列,如果以上两个账户均为贷方余额,则将二者之和填入本项目;如果以上两个账户中有一个为贷方余额另一个为借方余额,则以二者的差额填入本项目,贷方余额大于借方余额之差,直接填列,贷方余额小于借方余额之差,用"一"号填列;如果以上两个账户均为借方余额,则将二者之和填入本项目,并用"一"号填列。年末,则根据"利润分配"账户的年末贷方余额直接填列本项目,该账户年末如为借方余额(未弥补亏损),则以"一"号填列。

6)"所有者权益(或股东权益)合计"项目,将"实收资本(或股本)"、"资本公积"、"盈余公积"和"未分配利润"四个项目的合计数填入本项目。

7)"负债和所有者权益(或股东权益)总计"项目,将"负债合计"和"所有者权益(或股东权益)合计"两个项目的合计数填入本项目。

此外,资产负债表的补充资料部分应根据有关的明细账户账簿记录资料或备查簿的记录资料填列。

14.3 利 润 表

14.3.1 利润表的概念和作用

利润表是反映企业一定会计期间经营成果的会计报表。这里的"一定会计期间"一般是指月度、季度、半年度、年度;"经营成果"是指利润或亏损。

利润表是企业的主要会计报表之一,主要有以下作用:

(1) 利润表能反映企业在一定期间的收入和费用情况以及获得利润或发生亏损的数额,表明企业收入与产出之间的关系;

(2) 通过利润表提供的不同时期的比较数字,可以分析判断企业损益发展变化的趋势,预测企业未来的盈利能力;

(3) 通过利润表可以考核企业的经营成果以及利润计划的执行情况,分析企业利润增减变化原因。

(4) 将利润表中的信息与资产负债表中的信息相结合,可以提供进行财务分析的基本资料,如将净利润与资产总额进行比较,计算出资产收益率。

14.3.2 利润表的结构

利润表是根据"收入-费用=利润"这一会计基本等式编制的。利润表常见的格式有单步式和多步式两种。多步式的利润表把利润的计算分解为多个步骤,把不同性质的收入与其相应的耗费、支出进行比较,分别计算出其收益。我国采用多步式结构,主要反映以下几方面的内容:

1. 营业收入

营业收入由主营业务收入和其他业务收入组成。

2. 营业利润

营业收入减去营业成本(主营业务成本、其他业务成本)、营业税金及附加、管理费用、财务费用、资产减值损失,加上公允价值变动收益、投资收益,即为营业利润。

3. 利润总额

营业利润加上营业外收入,减去营业外支出,即为利润总额。

4. 净利润

利润总额减去所得税费用,即为净利润。

5. 每股收益

每股收益包括基本每股收益和稀释每股收益两项指标。

此外,为了使报表使用者通过比较不同期间利润的实现情况,判断企业经营成果的发展趋势,企业需要提供比较利润表,利润表还根据各项目再分为"本期金额"和"上期金额"两栏分别填列。

利润表的具体格式如表14-2所示。

利润表 表14-2

会企02表

编制单位:　　　　　　　　　　年　　　月　　　　　　　　单位:元

项　目	本期金额	上期金额
一、营业收入		
减:营业成本		
营业税金及附加		

续表

项　目	本期金额	上期金额
销售费用		
管理费用		
财务费用		
资产减值损失		
加：公允价值变动收益（损失以"－"号填列）		
投资收益（亏损以"－"号填列）		
其中：对联营企业和合营企业的投资收益		
二、营业利润（亏损以"－"号填列）		
加：营业外收入		
减：营业外支出		
其中：非流动资产处置损失		
三、利润总额（亏损总额以"－"号填列）		
减：所得税费用		
四、净利润（净亏损以"－"号填列）		
五、每股收益：		
（一）基本每股收益		
（二）稀释每股收益		

14.3.3　利润表的填列方法

1. "上期金额"的填列方法

利润表"上期金额"栏内各项数字，应根据上一年该期利润表"本期金额"栏内所列数字填列。如果上一年该期利润表规定的各个项目的名称和内容同本期不完全一致，应对上一年该期利润表各项目的名称和数字按本期的规定进行调整，填入利润表"上期金额"栏内。

2. "本期金额"的填列方法

利润表"本期金额"栏内各项数字，除"每股收益"项目外，主要根据损益类账户的发生额分析填列。

各项目的填列说明如下：

（1）"营业收入"项目，反映企业经营主要业务和其他业务所确认的收入总额，本项目应根据"主营业务收入"和"其他业务收入"账户的发生额分析填列。

（2）"营业成本"项目，反映企业经营主要业务和其他业务所发生的成本总额。本项目应根据"主营业务成本"和"其他业务成本"账户的发生额分析填列。

（3）"营业税金及附加"项目，反映企业经营业务应负担的营业税、城市建设维护税和教育费附加等税费。本项目应根据"营业税金及附加"账户的发生额分析填列。

（4）"销售费用"项目，反映企业为销售开发产品而发生的费用，本项目应根据"销售费用"的发生额分析填列。

（5）"管理费用"项目，反映企业为组织和管理生产经营发生的管理费用。本项目应根据"管理费用"的发生额分析填列。

（6）"财务费用"项目，反映企业筹集生产经营所需资金等而发生的筹资费用。本项目应根据"财务费用"账户的发生额分析填列。

（7）"资产减值损失"项目，反映企业各项资产发生的减值损失。本项目应根据"资产减值损失"账户的发生额分析填列。

（8）"公允价值变动收益"项目，反映企业应当计入当期损益的资产或负债公允价值变动收益。本项目应根据"公允价值变动损益"账户的发生额分析填列，如为净损失，本项目以"－"号填列。

（9）"投资收益"项目，反映企业以各种方式对外投资所取得的收益。本项目应根据"投资收益"账户的发生额分析填列。如为投资损失，本项目用"－"号填列。

（10）"营业利润"项目，反映企业实现的营业利润。如为亏损，本项目以"－"号填列。

（11）"营业外收入"项目，反映企业发生的与经营业务无直接关系的各项收入。本项目应根据"营业外收入"账户的发生额分析填列。

（12）"营业外支出"项目，反映企业发生的与经营业务无直接关系的各项支出。本项目应根据"营业外支出"账户的发生额分析填列。

（13）"利润总额"项目，反映企业实现的税前利润总数。如为亏损，本项目用"－"号填列。

（14）"所得税费用"项目，反映企业应从当期利润总额中扣除的所得税费用。本项目应根据"所得税费用"账户的发生额分析填列。

（15）"净利润"项目，反映企业实现的净利润。如为亏损，本项目以"－"号填列。

14.4 现金流量表

14.4.1 现金流量表的概念和作用

现金流量表是反映企业在一定会计期间内现金和现金等价物的流入和流出情况的会计报表。这里的"一定会计期间"一般是指年度，也可以是月度、季度和半年度；"现金"是指企业的库存现金和可以随时用于支付的存款；"现金等价物"是指企业持有的期限短（一般指从购买日起，三个月内到期）、流动性强、易于转换为已知金额现金、价值变动风险很小的投资。现金等价物通常包括三个月内到期的债券投资等。权益性投资变现的金额通常不确定，因而不属于现金等价物。企业应当根据具体情况，确定现金等价物的范围，一经确定不得随意变更。

现金流量表是企业的主要会计报表之一，主要有以下作用：

（1）现金流量表可以反映企业一定时期内现金流入与流出的原因。现金流量表以收付实现制为基础，真实地反映了企业当期实际收入的现金及其来源、实际支出的现金及其用途以及现金流入流出相抵后的净额，从而分析利润表中净利润与现金流量之间的差异，阐述有的企业利润表上反映盈利但却无法偿还到期债务的原因，有利于正确评价企业的经营成果。

（2）现金流量表可以帮助报表使用者分析企业的偿债能力和支付能力。企业的偿债能力和支付能力虽然可以通过对资产负债表和利润表的分析体现,但是,它们主要取决于企业获取现金的能力,因此,现金流量表的反映更为直接。

(3) 现金流量表可以反映企业产生未来现金流量的能力,以帮助企业潜在的投资者作出正确的投资决策。

(4) 通过现金流量表可以了解那些虽然与现金收付无关,但却对企业有重要影响的投资和筹资活动。这些活动在它们发生当期虽然不产生现金流量,但却会对企业未来的经营成果和财务状况产生重要的影响。

14.4.2 现金流量表的结构

我国企业的现金流量表包括正表和补充资料两部分。

1. 现金流量表正表

正表是现金流量表的主体,企业一定会计期间现金流量的信息主要由正表提供。正表采用报告式的结构,按照现金流量的性质,依次分类反映经营活动产生的现金流量、投资活动产生的现金流量和筹资活动产生的现金流量,最后汇总反映企业现金及现金等价物净增加额。在有外币现金流量及境外子公司的现金流量折算为人民币的企业,正表中还应单设"汇率变动对现金的影响"项目。

2. 现金流量表补充资料

补充资料包括三部分内容:(1) 将净利润调节为经营活动的现金流量;(2) 不涉及现金收支的重大投资和筹资活动;(3) 现金及现金等价物净变动情况。

现金流量表及补充资料的具体格式如表 14-3、表 14-4 所示。

现金流量表　　　　　　　　　　　　　　　　　　　表 14-3

会企 03 表

编制单位:　　　　　　　　　　＿＿＿＿年度　　　　　　　　　　单位:元

项　目	本期金额	上期金额
一、经营活动产生的现金流量:		
销售商品、提供劳务收到的现金		
收到的税费返还		
收到其他与经营活动有关的现金		
经营活动现金流入小计		
购买商品、接受劳务支付的现金		
支付给职工以及为职工支付的现金		
支付的各项税费		
支付其他与经营活动有关的现金		
经营活动现金流出小计		
经营活动产生的现金流量净额		
二、投资活动产生的现金流量:		
收回投资收到的现金		
取得投资收益收到的现金		
处置固定资产、无形资产和其他长期资产所收回的现金净额		
处置子公司及其他营业单位收到的现金净额		
收到其他与投资活动有关的现金		

续表

项 目	本期金额	上期金额
投资活动现金流入小计		
购建固定资产、无形资产和其他长期资产所支付的现金		
投资支付的现金		
取得子公司及其他营业单位支付的现金净额		
支付其他与投资活动有关的现金		
投资活动现金流出小计		
投资活动产生的现金流量净额		
三、筹资活动产生的现金流量：		
吸收投资收到的现金		
取得借款收到的现金		
收到其他与筹资活动有关的现金		
筹资活动现金流入小计		
偿还债务支付的现金		
分配股利、利润或偿付利息支付的现金		
支付其他与筹资活动有关的现金		
筹资活动现金流出小计		
筹资活动产生的现金流量净额		
四、汇率变动对现金及现金等价物的影响		
五、现金及现金等价物净增加额		
加：期初现金及现金等价物余额		
六、期末现金及现金等价物余额		

现金流量表补充资料   表 14-4

补充资料	本期金额	上期金额
1. 将净利润调节为经营活动现金流量：		
净利润		
加：资产减值准备		
固定资产折旧、油气资产折耗、生产性生物资产折旧		
无形资产摊销		
长期待摊费用摊销		
处置固定资产、无形资产和其他长期资产的损失（收益以"－"号填列）		
固定资产报废损失（收益以"－"号填列）		
公允价值变动损失（收益以"－"号填列）		
财务费用（收益以"－"号填列）		
投资损失（收益以"－"号填列）		
递延所得税资产减少（增加以"－"号填列）		
递延所得税负债增加（减少以"－"号填列）		
存货的减少（增加以"－"号填列）		
经营性应收项目的减少（增加以"－"号填列）		
经营性应付项目的增加（减少以"－"号填列）		
其他		
经营活动产生的现金流量净额		

续表

补充资料	本期金额	上期金额
2. 不涉及现金收支的重大投资和筹资活动：		
债务转为资本		
一年内到期的可转换公司债券		
融资租入固定资产		
3. 现金及现金等价物净增加情况：		
现金的期末余额		
减：现金的期初余额		
加：现金等价物的期末余额		
减：现金等价物的期初余额		
现金及现金等价物净增加额		

14.4.3　现金流量表的填列方法

1. 经营活动产生的现金流量

编制现金流量表时，列报经营活动产生的现金流量有两种方法：直接法和间接法。直接法是通过现金收入和支出的主要类别，反映来自企业经营活动的现金流量；间接法是根据利润表中的净收益，调整为现金流量，即从净收益中加上未支付现金的支出，如折旧、摊销等，再减去未收到现金的应收款等项目，求出实际的现金流量。《企业会计准则第31号——现金流量表》要求企业采用直接法报告经营活动的现金流量，同时要求在补充资料中用间接法来计算现金流量。有关经营活动现金流量的信息，可通过以下途径之一取得：

第一，直接根据企业有关账户的会计记录分析填列。

第二，对当期业务进行分析并对有关项目进行调整：（1）将权责发生制下的收入、成本和费用转换为现金基础；（2）将资产负债表和现金流量表中的投资、筹资项目，反映为投资和筹资活动的现金流量；（3）将利润表中有关投资和筹资方面的收入和费用列入现金流量表的投资、筹资现金流量中去。

其主要项目填列方法如下：

（1）"销售商品、提供劳务收到的现金"项目，反映企业销售商品、提供劳务实际收到的现金，包括本期销售商品、提供劳务收到的现金，以及前期销售和前期提供劳务但本期收到的现金和本期预收的账款，扣除本期退回本期销售的商品和前期销售本期退回的商品支付的现金。企业销售材料等其他业务活动所收到的现金，也在本项目中反映。本项目可以根据"库存现金"、"银行存款"、"应收账款"、"应收票据"、"预收账款"、"主营业务收入"、"其他业务收入"等账户的记录分析填列。

（2）"收到的税费返还"项目，反映企业收到返还的各项税费。本项目可以根据"库存现金"、"银行存款"、"营业外收入"、"其他应收款"等账户的记录分析填列。

（3）"收到的其他与经营活动有关的现金"项目，反映企业除了上述各项目外，收到的其他与经营活动有关的现金流入，如罚款收入等。其他现金流入如价值较大，应单列项目反映。本项目可以根据"库存现金"、"银行存款"、"营业外收入"等账户的记录分析填列。

（4）"购买商品、接受劳务支付的现金"项目，反映企业购买商品、接受劳务实际支付的现金,包括本期购入商品、接受劳务支付的现金(包括增值税进项税额),以及本期支付前期购入商品、接受劳务的未付款项和本期预付款项,减去本期发生的购货退回收到的现金。企业代购代销业务支付的现金,也在本项目反映。本项目可以根据"库存现金"、"银行存款"、"应付账款"、"应付票据"、"预付账款"、"主营业务成本"、"其他业务成本"等账户的记录分析填列。

(5)"支付给职工以及为职工支付的现金"项目,反映企业实际支付给职工以及为职工支付的现金,包括本期实际支付给职工的工资、奖金、各种津贴和补贴等,以及为职工支付的养老保险、待业保险、补充养老保险、住房公积金、支付给职工的住房困难补助等,但不包括支付给离退休人员的各项费用和支付给在建工程人员的工资及相关费用。企业支付给离退休人员的各项费用,包括支付的统筹退休金以及未参加统筹的退休人员的费用,在"支付的其他与经营活动有关的现金"项目中反映;支付给在建工程人员的工资及相关费用在"购建固定资产、无形资产和其他长期资产所支付的现金"项目中反映。本项目可以根据"应付职工薪酬"、"库存现金"、"银行存款"等账户的记录分析填列。

(6)"支付的各项税费"项目,反映企业当期实际上缴税务部门的各种税金,以及支付的教育费附加、印花税、车船税等。不包括计入固定资产价值、实际支付的耕地占用税,也不包括本期退回的增值税、所得税。本期退回的增值税、所得税在"收到的税费返还"项目反映。本项目可以根据"应交税费"、"库存现金"、"银行存款"等账户的记录分析填列。

(7)"支付的其他与经营活动有关的现金"项目,反映企业除了上述各项目外,支付的其他与经营活动有关的现金支出,如罚款支出、业务招待费支出、支付差旅费、支付保险费等。其他现金流出如价值较大,应单列项目反映。本项目可以根据"库存现金"、"银行存款"、"管理费用"、"营业外支出"等账户的记录分析填列。

2. 投资活动产生的现金流量

现金流量表中的投资活动范围较广,除了通常所指的对外投资以外,还包括购买与处置固定资产、无形资产和其他长期资产。

(1)"收回投资所收到的现金"项目,反映企业出售、转让或到期收回除现金等价物以外的对其他企业的权益工具、债务工具和合营中的权益等投资收到的现金。收回债务工具实现的投资收益、处置子公司及其他营业单位收到的现金净额不包括在本项目内。本项目可以根据"可供出售金融资产"、"持有至到期投资"、"长期股权投资"、"库存现金"、"银行存款"等账户的记录分析填列。

(2)"取得投资收益所收到的现金"项目,反映企业因各种投资而分得的现金股利、利润、利息等,不包括股票股利。本项目可以根据"库存现金"、"银行存款"、"投资收益"等账户的记录分析填列。

(3)"处置固定资产、无形资产和其他长期资产收到的现金净额"项目,反映企业处置固定资产、无形资产和其他长期资产收回的现金,扣除为处置这些资产而支付的有关费用后的净额。由于自然灾害所造成的固定资产等长期资产损失而收到的保险赔偿收入,也在本项目中反映。本项目可以根据"固定资产清理"、"库存现金"、"银行存款"等账户的记录分析填列。

(4)"处置子公司及其他营业单位收到的现金净额"项目,反映企业处置子公司及其他营业单位所取得的现金,减去相关处置费用以及子公司及其他营业单位持有的现金和现金等价物后的净额。本项目可以根据"长期股权投资"、"银行存款"、"库存现金"等账户的记录分析填列。

(5)"收到的其他与投资活动有关的现金"项目,反映企业除了上述各项以外,收到的其他与投资活动有关的现金流入。收到购买股票和债券时支付的已宣告但尚未领取的现金股利或已到付息期但尚未领取的债券利息,应在本项目中反映。其他现金流入如价值较大,应单列项目反映。本项目可以根据"应收股利"、"应收利息"、"银行存款"、"库存现金"等账户的记录分析填列。

(6)"购建固定资产、无形资产和其他长期资产所支付的现金"项目,反映企业购买、建造固定资产,取得无形资产和其他长期资产支付的现金,不包括为购建固定资产而发生的借款利息资本化的部分,以及融资租入固定资产支付的租赁费。借款利息和融资租入固定资产支付的租赁费,在筹资活动产生的现金流量中单独反映。以分期付款方式购建的固定资产,其首次付款支付的现金作为投资活动的现金流出,以后各期支付的现金作为筹资活动的现金流出。本项目可以根据"固定资产"、"在建工程""无形资产"、"库存现金"、"银行存款"等账户的记录分析填列。

(7)"投资所支付的现金"项目,反映企业取得除现金等价物以外的对其他企业的权益工具、债务工具和合营中的权益投资所支付的现金,以及支付的佣金、手续费等交易费用,但取得子公司及其他营业单位支付的现金净额除外。本项目可以根据"可供出售金融资产"、"持有至到期投资"、"长期股权投资"、"库存现金"、"银行存款"等账户的记录分析填列。

(8)"取得子公司及其他营业单位支付的现金净额"项目,反映企业购买子公司及其他营业单位购买出价中以现金支付的部分,减去子公司及其他营业单位持有的现金和现金等价物后的净额。本项目可以根据"长期股权投资"、"库存现金"、"银行存款"等账户的记录分析填列。

(9)"支付的其他与投资活动有关的现金"项目,反映企业除了上述各项投资以外所支付的其他与投资活动有关的现金流出。企业购买股票和债券时,实际支付的价款中包含的已宣告但尚未领取的现金股利或已到付息期但尚未领取的债券利息,应在本项目中反映。其他现金流出如价值较大,应单列项目反映。本项目可以根据"应收股利"、"应收利息"、"银行存款"、"库存现金"等账户的记录分析填列。

3. 筹资活动产生的现金流量

现金流量表需要单独反映筹资活动产生的现金流量,通过现金流量表中反映的筹资活动的现金流量,可以帮助投资者和债权人预计对企业未来现金流量的要求权,以及获得前期现金流入而付出的代价。

(1)"吸收投资所收到的现金"项目,反映企业收到的投资者投入的现金,包括以发行股票方式筹集资金实际收到的股款净额(发行收入减去支付的佣金等发行费用后的净额)、发行债券实际收到的现金净额等。以发行股票方式筹集资金而由企业直接支付的审计、咨询等费用,以及发行债券支付的发行费用在"支付的其他与筹资活动有关的现金"项目反映。本项目可以根据"实收资本(或股本)"、"库存现金"、"银行存款"等账户的记录分析填列。

（2）"借款所收到的现金"项目，反映企业向银行或其他金融机构等举借的各种短期、长期借款所收到的现金。本项目可以根据"短期借款"、"长期借款"、"库存现金"、"银行存款"等账户的记录分析填列。

（3）"收到的其他与筹资活动有关的现金"项目，反映企业除上述各项目外，收到的其他与筹资活动有关的现金流入，如接受现金捐赠等。其他现金流入如价值较大，应单列项目反映。本项目可以根据"银行存款"、"库存现金"、"营业外收入"等账户的记录分析填列。

（4）"偿还债务所支付的现金"项目，反映企业以现金偿还债务的本金，包括偿还银行或其他金融机构等的本金、偿还债券本金等。企业偿还的借款利息、债券利息，在"偿付利息所支付的现金"项目中反映，不包括在本项目中。本项目可以根据"短期借款"、"长期借款"、"应付债券"、"库存现金"、"银行存款"等账户的记录分析填列。

（5）"分配股利、利润和偿付利息所支付的现金"项目，反映企业实际支付的现金股利、利润，以及支付的借款利息和债券利息。本项目可以根据"应付股利"、"应付利息"、"财务费用"、"库存现金"、"银行存款"等账户的记录分析填列。

（6）"支付的其他与筹资活动有关的现金"项目，反映企业除了上述各项目外，支付的其他与筹资活动有关的现金流出，如捐赠现金支出等。其他现金流出如价值较大，应单列项目反映。本项目可以根据"营业外支出"、"长期应付款"、"银行存款"、"库存现金"等账户的记录分析填列。

4. 汇率变动对现金及现金等价物的影响

该项目反映企业外币现金流量以及境外子公司的现金流量折算为人民币时，所采用的现金流量发生日的即期汇率或按照系统合理的方法确定的、与现金流量发生日即期汇率近似汇率折算的人民币金额与"现金及现金等价物净增加额"中的外币现金净增加额按期末汇率折算的人民币金额之间的差额。

在编制现金流量表时，可逐笔计算外币业务发生的汇率变动对现金的影响，也可不必逐笔计算而采用简化的计算方法，即通过现金流量表补充资料中"现金及现金等价物净增加额"数额与现金流量表中"经营活动产生的现金流量净额"、"投资活动产生的现金流量净额"、"筹资活动产生的现金流量净额"三项之和比较，其差额即为"汇率变动对现金及现金等价物的影响"项目的金额。

5. 现金流量表补充资料

补充资料中的"将净利润调节为经营活动的现金流量"，实际上是以间接法编制的经营活动的现金流量。间接法是以净利润为出发点，净利润是利润表上反映的数字，是按照权责发生制确定的，其中有些收入、费用项目并没有实际发生现金流入和流出，通过对这些项目的调整，即可将净利润调节为经营活动的现金流量。采用间接法将净利润调节为经营活动的现金流量时，需要调整的项目可分为四大类：

（1）实际没有支付现金的费用；
（2）实际没有收到现金的收益；
（3）不属于经营活动的损益；
（4）经营性应收应付项目的增减变动。

14.5 所有者权益变动表

14.5.1 所有者权益变动表的概念和作用

所有者权益变动表是反映企业在一定期间内构成所有者权益的各组成部分当期增减变动情况的报表。所有者权益变动表是年度报表。

所有者权益变动表是企业的主要会计报表之一，主要有以下作用：

（1）所有者权益变动表可以反映企业一定期间的综合收益引起的所有者权益的变动，包括经营收益和直接计入所有者权益的利得和损失。

（2）所有者权益变动表可以反映企业在一定期间内发生的资本的变动业务，如所有者投入资本和向所有者分配利润等。

（3）所有者权益变动表可以反映企业在一定期间内进行的所有者权益内部结构的调整变动，如提取盈余公积。

14.5.2 所有者权益变动表的结构

企业在所有者权益变动表中至少应当单独列示反映下列信息的项目：（1）净利润；（2）直接计入所有者权益的利得和损失项目及其总额；（3）会计政策变更和差错更正的累积影响金额；（4）所有者投入资本和向所有者分配利润等；（5）提取的盈余公积；（6）实收资本（或股本）、资本公积、盈余公积、未分配利润的期初和期末余额及其调节情况。

所有者权益变动表采用矩阵形式列报。

该表的横行按照导致所有者权益变动的交易或事项设置，包括上年年末余额、本年年初余额、本年增减变动金额、本年年末余额四部分内容。其中本年增减变动金额又分别按净利润、直接计入所有者权益的利得和损失、所有者投入和减少资本、利润分配、所有者权益内部结转列示，每部分又包括若干明细项目，以便从所有者权益来源的角度对一定时期内所有者权益的变动情况进行全面反映。

该表的纵列按照所有者权益各组成部分设置，包括实收资本、资本公积、库存股、盈余公积、未分配利润，反映所有者权益各组成部分及其总额，以及交易或事项对所有者权益的影响。根据《企业会计准则》的规定，企业需要提供比较所有者权益变动表，因此所有者权益变动表各项目还分别列示了"本年金额"和"上年金额"。

所有者权益变动表的具体格式如表 14-5 所示。

所有者权益变动表　　　　　　　　　　　　　　　　　　表 14-5

会企 04 表

编制单位：　　　　　　　　　_____年度　　　　　　　　　　单位：元

项目	本年金额						上年金额					
	实收资本（或股本）	资本公积	减：库存股	盈余公积	未分配利润	所有者权益合计	实收资本（或股本）	资本公积	减：库存股	盈余公积	未分配利润	所有者权益合计
一、上年年末余额												
加：会计政策变更												

续表

项 目	本年金额							上年金额						
	实收资本（或股本）	资本公积	减：库存股	盈余公积	未分配利润	所有者权益合计		实收资本（或股本）	资本公积	减：库存股	盈余公积	未分配利润	所有者权益合计
前期差错更正													
二、本年年初余额													
三、本年增减变动金额（减少以"—"号填列）													
（一）净利润													
（二）直接计入所有者权益的利得和损失													
1. 可供出售金融资产公允价值变动净额													
2. 权益法下被投资单位其他所有者权益变动的影响													
3. 与计入所有者权益项目相关的所得税影响													
4. 其他													
上述（一）和（二）小计													
（三）所有者投入和减少资本													
1. 所有者投入资本													
2. 股份支付计入所有者权益的金额													
3. 其他													
（四）利润分配													
1. 提取盈余公积													
2. 对所有者（或股东）的分配													
3. 其他													
（五）所有者权益内部结转													
1. 资本公积转增资本（或股本）													
2. 盈余公积转增资本（或股本）													
3. 盈余公积弥补亏损													
4. 其他													
四、本年年末余额													

14.5.3 所有者权益变动表的填列方法

1. "上年年末余额"项目,反映企业上年资产负债表中实收资本(或股本)、资本公积、盈余公积、未分配利润的年末余额。

2. "会计政策变更"和"前期差错更正"项目,分别反映企业采用追溯调整法处理的会计政策变更的累积影响金额和采用追溯重述法处理的会计差错更正的累积影响金额。

为了体现会计政策变更和前期差错更正的影响,企业应当在上期期末所有者权益余额的基础上进行调整得出本期期初所有者权益,根据"盈余公积"、"利润分配"、"以前年度损益调整"等账户的发生额分析填列。

3. "本年增减变动额"项目分别反映如下内容:

(1) "净利润"项目,反映企业当年实现的净利润(或净亏损)金额,并对应列在"未分配利润"栏。

(2) "直接计入所有者权益的利得和损失"项目,反映企业当年直接计入所有者权益的利得和损失金额。其中:

1) "可供出售金融资产公允价值变动净额"项目,反映企业持有的可供出售金融资产当年公允价值变动的金额,并对应列在"资本公积"栏。

2) "权益法下被投资单位其他所有者权益变动的影响"项目,反映企业对按照权益法核算的长期股权投资,在被投资单位除当年实现的净损益以外其他所有者权益当年变动中应享有的份额,并对应列在"资本公积"栏。

3) "与计入所有者权益项目相关的所得税影响"项目,反映企业根据《企业会计准则第18号——所得税》规定应计入所有者权益项目的当年所得税影响金额,并对应列在"资本公积"栏。

(3) "净利润"和"直接计入所有者权益的利得和损失小计"项目,反映企业当年实现的净利润(或净亏损)金额和当年直接计入所有者权益的利得和损失金额的合计额。

(4) "所有者投入和减少资本"项目,反映企业当年所有者投入的资本和减少的资本。其中:

1) "所有者投入资本"项目,反映企业接受投资者投入形成的实收资本(或股本)和资本溢价或股本溢价,并对应列在"实收资本"和"资本公积"栏。

2) "股份支付计入所有者权益的金额"项目,反映企业处于等待期中的权益结算的股份支付当年计入资本公积的金额,并对应列在"资本公积"栏。

(5) "利润分配"项目,分别反映当年对所有者(或股东)分配的利润(或股利)金额和按照规定提取的盈余公积金额,并对应列在"未分配利润"和"盈余公积"栏。其中:

1) "提取盈余公积"项目,反映企业按照规定提取的盈余公积。

2) "对所有者(或股东)的分配"项目,反映对所有者(或股东)分配的利润(或股利)金额。

(6) "所有者权益内部结转"项目,反映不影响当年所有者权益总额的所有者权益各组成部分当年的增减变动,包括资本公积转增资本(或股本)、盈余公积转增资本(或股本)、盈余公积弥补亏损等项金额。为了全面反映所有者权益各组成部分的增减变动情况,所有者权益内部结转也是所有者权益变动表的重要组成部分，主要指不影响所有者权益总额、所有者权益的各组成部分当期的增减变动。其中：

1) "资本公积转增资本（或股本）"项目，反映企业以资本公积转增资本或股本的金额。

2) "盈余公积转增资本（或股本）"项目，反映企业以盈余公积转增资本或股本的金额。

3) "盈余公积弥补亏损"项目，反映企业以盈余公积弥补亏损的金额。

14.6 附 注

14.6.1 附注的概念和作用

附注是对资产负债表、利润表、现金流量表和所有者权益变动表等报表中列示项目的文字描述或明细资料，以及对未能在这些报表中列示项目的说明等。

附注是财务报表的重要组成部分，对财务报表中未包括的内容或披露不详尽的内容作进一步的解释与说明，有助于信息使用者理解会计信息，充分发挥会计信息的作用。

14.6.2 附注披露的顺序和内容

附注应当按照一定的结构进行系统合理的排列和分类，有顺序地披露信息。一般应按如下顺序披露有关内容。

1. 企业的基本情况

（1）企业注册地、组织形式和总部地址。

（2）企业的业务性质和主要经营活动。

（3）母公司以及集团最终母公司的名称。

（4）财务报告的批准报出者和财务报告批准报出日。

2. 财务报表的编制基础

企业应当说明财务报表的编制是否以持续经营为基础，如未以持续经营为基础编制，应说明不能持续经营的理由。

3. 遵循企业会计准则的声明

企业应当明确说明编制的财务报表符合企业会计准则体系的要求，真实、完整地反映了企业的财务状况、经营成果和现金流量。

4. 重要会计政策和会计估计

企业应当披露采用的重要会计政策和会计估计，不重要的会计政策和会计估计可以不披露。在披露重要会计政策和会计估计时，应当披露重要会计政策的确定依据和财务报表项目的计量基础，以及会计估计中所采用的关键假设和不确定因素。

企业至少应当披露的重要会计政策包括：存货、长期股权投资、投资性房地产、固定资产、无形资产、非货币性资产交换、资产减值、职工薪酬、企业年金基金、股份支付、债务重组、或有事项、收入、建造合同、政府补助、借款费用、所得税、外币折算、企业合并、租赁、金融工具确认和计量、金融资产转移、套期保值、合并财务报表、每股收益、分部报告、金融工具列报等。

5. 会计政策、会计估计变更和差错更正的说明

企业应当按照《企业会计准则第 28 号——会计政策、会计估计变更和差错更正》及其应用指南的规定进行披露。

6. 重要报表项目的说明

企业应当尽可能以列表形式披露重要报表项目的构成或当期增减变动情况。

对重要报表项目的明细说明，应当按照资产负债表、利润表、现金流量表、所有者权益变动表的顺序以及报表项目列示的顺序进行披露，采用文字和数字描述相结合的方法进行披露，并与报表项目相互参照。

7. 或有事项的说明

（1）预计负债的种类、形成原因以及经济利益流出不确定性的说明。

（2）与预计负债有关的预期补偿金额和本期已确认的预期补偿金额。

（3）或有负债的种类、形成原因及经济利益流出不确定性的说明。

（4）或有负债预计产生的财务影响，以及获得补偿的可能性；无法预计的，应当说明原因。

（5）或有资产很可能会给企业带来经济利益的，其形成的原因、预计产生的财务影响等。

（6）在涉及未决诉讼、未决仲裁的情况下，披露全部或部分信息预期对企业造成重大不利影响的，披露该未决诉讼、未决仲裁的性质以及没有披露这些信息的事实和原因。

8. 资产负债表日后事项的说明

每项重要的资产负债表日后非调整事项的性质、内容，及其对财务状况和经营成果的影响。无法作出估计的，应当说明原因。

9. 关联方关系及其交易的说明

（1）母公司和子公司的名称。母公司不是该企业最终控制方的，说明最终控制方名称。母公司和最终控制方均不对外提供财务报表的，说明母公司之上与其最相近的对外提供财务报表的母公司名称。

（2）母公司和子公司的业务性质、注册地、注册资本（或实收资本、股本）及其当期发生的变化。

（3）母公司对该企业或者该企业对子公司的持股比例和表决权比例。

（4）企业与关联方发生关联方交易的，该关联方关系的性质、交易类型及交易要素。交易要素至少应当包括：1）交易的金额；2）未结算项目的金额、条款和条件，以及有关提供或取得担保的信息；3）未结算应收项目的坏账准备金额；4）定价政策。

（5）企业应当分别关联方以及交易类型披露关联方交易。

练习题

习题一

一、目的：练习资产负债表的编制。

二、资料：某房地产开发企业 2011 年度 12 月 31 日各账户的余额如表 14-6 所示：

账户余额表   单位：元　表 14-6

账户名称	借方余额	账户名称	贷方余额
库存现金	1 240	坏账准备	2 200
银行存款	3 100 800	累计折旧	784 000
应收票据	500 000	累计摊销	100 000
应收账款	780 000	短期借款	2 000 000
其他应收款	60 000	应付票据	1 800 000
原材料	280 000	应付账款	2 200 000
开发产品	4 140 000	应付职工薪酬	276 000
长期股权投资	240 000	应交税费	194 000
固定资产	5 800 000	其他应付款	38 000
无形资产	200 000	应付股利	658 500
		长期借款	1 200 000
		实收资本	4 000 000
		盈余公积	510 376
		利润分配	1 338 964
合计	15 102 040	合计	15 102 040

其中：
1. 坏账准备因应收账款发生减值而提取。
2. 长期借款中无一年内到期的债务。

三、要求：根据以上资料编制资产负债表。

习题二

一、目的：练习利润表的编制。

二、资料：某房地产开发企业 2011 年度 11 月份损益类账户发生额如表 14-7 所示。

损益类账户发生额   单位：元　表 14-7

账户名称	借方发生额	贷方发生额
主营业务收入		921 700
其他业务收入		50 000
投资收益		12 000
营业外收入		2 000
主营业务成本	532 000	
其他业务成本	28 000	
营业税金及附加	50 000	
销售费用	122 000	
管理费用	100 000	
财务费用	4 000	
资产减值损失	6 700	
营业外支出	8 000	
所得税费用	47 000	

三、要求：根据上述资料，编制该企业 11 月份的利润表。

参 考 文 献

[1] 中华人民共和国财政部制定. 企业会计准则 [M]. 北京：经济科学出版社，2006.
[2] 中华人民共和国财政部制定. 企业会计准则——应用指南 [M]. 北京：经济科学出版社，2006.
[3] 中国注册会计师协会. 2011年度注册会计师全国统一考试辅导教材——会计 [M]. 北京：中国财政经济出版社，2011.
[4] 财政部会计资格评价中心. 2011年度全国会计专业技术资格考试辅导教材——中级会计实务. 北京：经济科学出版社，2011.
[5] 冯浩. 房地产开发企业会计. 上海：复旦大学出版社，2010.
[6] 徐文丽. 房地产开发企业会计. 上海：立信会计出版社，2009.